Eine Audienz beim König

Entdecke den Weg zum Thron Gottes

Zach Neese

Titel der amerikanischen Originalausgabe:
„How to worship a king"
© 2012 Gateway Create Publishing
ISBN 978-0-9847138-0-6

© 2013 Deutsche Ausgabe: Glaubenszentrum e. V.
Dr.-Heinrich-Jasper-Str. 20, 37581 Bad Gandersheim
www.glaubenszentrum.de
ISBN 978-3-9816146-0-2

1. Auflage 2013
2. Auflage 2015
3. Auflage 2016
4. Auflage 2018
5. Auflage 2020
6. Auflage 2023

Die zitierten Bibelverse sind
der Schlachter-Übersetzung (2000) entnommen.

Aus dem Englischen übersetzt von Daniel Sohl, Dr. Achim Ginsberg
Satz: Glaubenszentrum e. V.
Druck und Bindung: Wydawnictwo ARKA, Cieszyn/Polen
Printed in Poland

EMPFEHLUNGEN

Ich glaube, dass *Eine Audienz beim König* das Potenzial hat, Ihr Leben komplett zu revolutionieren – nicht nur im Bereich von Anbetung, sondern in jedem Bereich Ihres Lebens. Ich weiß aus persönlicher Erfahrung, dass Zach Neese wirklich das lebt, was er in diesem Buch geschrieben hat. Er ist nicht nur ein äußerst gesalbter Lobpreisleiter und Songwriter, sondern seine Leidenschaft für Gott und ihn anzubeten ist in seinem Leben absolut sichtbar. Auf eine ansprechende und biblisch gesunde Art zeigt uns Zach, dass Anbetung äußerst relevant, praktisch und lebensverändernd ist. Denn wenn wir lernen, unseren König wahrhaftig anzubeten, wird die Welt dadurch verändert werden.

Robert Morris
Senior Pastor der Gateway Church und Buchautor

Das Buch von Zach Neese erfreut mein Herz. Es ist aus dem Herzen eines wahren Anbeters geboren, praktisch anwendbar und aus einem Umfeld heraus entstanden, in dem er dient.

Gateway Church in Southlake, Texas (USA) ist ein Quellort von Anbetungsmusik, weil die Leiterschaft aus dem Brunnen der Wahrheit trinkt, welcher durch den Heiligen Geist lebendig gehalten wird. Zach ist in ein Team von Leitern eingebunden, die mehr als nur in einer berühmten Gemeinde dienen: Sie sind darauf fokussiert, Menschen zu fördern, die Teil einer bedeutsamen Gemeinde sind – bedeutsam, weil der Leib Christi den Unterschied zwischen nur guter Musik zu haben und unseren großen Gott anzubeten erkannt hat.

Ich empfehle von Herzen *Eine Audienz beim König* jedem ernsthaften Menschen, der auf eine ehrliche Weise in seinem Verständnis der Reichtümer göttlicher Herrlichkeit vordringen möchte. Diese Herrlichkeit erwartet uns, wenn Menschen den Unterschied zwischen den Mechanismen von Anbetung als einer Übung und der Bedeutung der Herrlichkeit erkennen. Wenn Anbetung den Raum bekommt, um aufrichtig in Gottes Gegenwart und Güte zu treten, werden wir die göttliche Herrlichkeit erleben – und zwar alle Menschen, die ihn suchen und auch finden werden!

Jack W. Hayford
Präsident der King's University, Los Angeles

Eine Audienz beim König hat mir geholfen, Gottes Wesen mehr zu verstehen und ihn dadurch bewusster anbeten zu können. Zach Neese steckt den Leser mit seiner puren Leidenschaft und Sehnsucht an, ins Allerheiligste durchzubrechen, wo man die totale Gegenwart Gottes spüren und erleben darf. Es gibt keinen schöneren Ort auf Erden. Wenn ich könnte, würde ich dieses Buch jedem ans Herz legen, der sich wünscht, Gott intim nahezukommen. Es wird eine Generation prägen, die dabei ist, einen übernatürlichen Gott in seiner Grenzenlosigkeit zu erleben. „The Glory of God covering the earth"? ... Ich wünsche mir nichts mehr, als das erleben zu dürfen, und glaube ganz fest, dass es schon bald geschehen kann.

„Nur wer an einen übernatürlichen Gott glaubt, erlebt auch einen übernatürlichen Gott." Seien Sie gesegnet.

Thomas Enns
Sänger & Lobpreisleiter, Vorstand SOLID-BASE e.V.

Dieses Buch wird Ihr Leben auf den Kopf stellen. Zach Neese schafft es auf seine atemberaubende, scharfe und direkte Art, klare Wahrheiten aus dem Wort Gottes ganz praktisch und greifbar zu vermitteln. Ich kenne Zach Neese persönlich – durfte sogar schon mehrfach Seite an Seite mit ihm dienen – und kann Ihnen versichern, dass Zach einer der besten Theologen und Lehrer ist, der über Lobpreis und Anbetung, neutestamentliches Priestertum und die Gegenwart Gottes schreibt. Dieses Buch ist ein MUSS für alle Lobpreisleiter und – ich behaupte sogar – für jeden Mann und jede Frau auf diesem Planeten, der/die sich Kind Gottes nennt. Dieses Buch ist für den Lobpreismusiker und den Alltagsgläubigen geschrieben – eine Lobpreis-Lektüre sowohl für Lebensstil-Anbeter als auch für Musiker und Sänger im Anbetungsbereich der Gemeinde.

Juri Friesen
ehemaliger Lobpreisleiter & Musikdirektor
im Glaubenszentrum, Bad Gandersheim,
Gründer der Outbreakband und
Worship Pastor der Urban Life Church

INHALT

Warum dieses Buch?..9

Kapitel 1: Du bist an der Reihe..19

Kapitel 2: Was mache ich jetzt damit? 29

Kapitel 3: Warum eine Stiftshütte? 47

Kapitel 4: Was ist Anbetung? 77

Kapitel 5: Den König küssen..95

Kapitel 6: Was ist Lobpreis?..123

Kapitel 7: Biblische Ausdrucksformen von Lobpreis...........155

Kapitel 8: Eintreten...177

Kapitel 9: Der Brandopferaltar 187

Kapitel 10: Das Waschbecken 205

Kapitel 11: Der Schaubrottisch 227

Kapitel 12: Der goldene Leuchter..253

Kapitel 13: Leuchter oder Kerzenhalter? 271

Kapitel 14: Der Räucheraltar..287

Kapitel 15: Die Bundeslade 307

Kapitel 16: Wie steht es um David? 337

Kapitel 17: Bereite den Weg 349

WARUM DIESES BUCH?

Warum ein weiteres Buch über Anbetung schreiben? Haben wir dieses Thema nicht schon genug abgehandelt? Haben wir nicht schon gesagt, was gesagt werden musste, und verstanden, was verstanden werden musste? Die Gemeinde betete schon seit Jahrhunderten an, und Israel tat es weitere Jahrhunderte davor. Was für einen Grund gibt es noch, darüber zu schreiben?

Es ist schon verrückt. Christen feiern jede Woche Tausende Anbetungsgottesdienste auf der ganzen Welt. „Anbetung" wurde zu einem eigenen Musikgenre mit eigenen Künstlern, Verlegern und Fans. Man kann „Anbetung" im Radio hören. Man kann sie produzieren, aufnehmen, verpacken, vermarkten und im Supermarkt verkaufen. Man kann sogar einen Hochschulabschluss in Anbetung erlangen. Aber die Gemeinde hat immer noch keine Ahnung, was sie wirklich bedeutet.

Anbetung ist wie Nebel. Sogar Pastoren und Lobpreisleiter verstehen nicht wirklich, was sie bedeutet. Und traurigerweise finden sich die meisten damit ab.

Meine Frage ist: Wenn sogar die Leiter Anbetung nicht völlig verstehen, wie können sie dann glauben, dass sie Menschen darüber belehren können? Und wenn sie die Menschen nicht über Anbetung lehren, wie können sie dann von ihnen erwarten, daran teilzunehmen? Und wenn die Menschen sich nicht an der Anbetung beteiligen, wie können wir dann mit der Gegenwart Gottes in unseren Gemeinden rechnen? Und wenn wir die Gegenwart Gottes in die Gemeinde nicht einladen, wie können wir dann erwarten, dass seine Kraft im Leben der Menschen wirkt? Und wenn seine Kraft nicht im Leben der Menschen wirkt, können wir auch nichts anderes erwarten als eine leblose Gemeinde! Und wenn eine Gemeinde leblos ist, wie kann sie dann die Welt verändern?

Vielleicht ist das übertrieben (auf den folgenden Seiten werden Sie sehen, dass es nicht übertrieben ist), aber ich glaube, dass Anbetung zu allen effektiven christlichen Handlungen und anhaltenden Erfolgen motiviert. Anbetung ist der Boden, aus dem alles bedeutungsvolle christliche Erstreben wächst.

Evangelisation beginnt mit Anbetung. Lehre und Predigt beginnen mit Anbetung. Gebet und Prophetie, Heilung und Befreiung, Jüngerschaft und Mission, Güte und Freundlichkeit, Geduld und alles andere – wenn nach den Wegen Gottes gehandelt wird – beginnen und enden alle mit Anbetung. Ohne Anbetung sind wir nur religiöse Menschen, die pflichtbewusst ihre religiösen Aufgaben erfüllen. Anbetung ist die Motivation, die jede Aufgabe in einen Ausdruck unserer Liebe zu Gott verwandelt.

Warum also noch ein Buch über Anbetung schreiben? – Weil ich selbst 2.000 Jahre nach der Auferstehung Jesu die Frage „Was ist Anbetung?" stellen kann, und darauf so dumme Antworten bekomme wie z. B. „langsame, innige Lieder für Gott zu singen". Ich habe herausgefunden, dass Menschen, sogar Leiter, keine Ahnung davon haben, was die Bibel wirklich über Anbetung lehrt. Ich höre, wie Pastoren ihre Gemeinde lehren, dass das Ziel von Anbetung die Vorbereitung der Herzen auf die Predigt ist. Es tut mir leid, aber das steht so nicht in der Bibel. Jemand Aufgeklärtes antwortet dann vielleicht: „Anbetung ist ein Lebensstil.", was auch wahr ist, aber es beantwortet immer noch nicht die Frage. Ein Lebensstil von was?

Was ist Anbetung? Für wen ist sie? Was erreicht sie? Und wie beten wir an? Hat irgendjemand eine biblische Antwort auf eine der wichtigsten Fragen der Weltgeschichte?

Wir sind größtenteils damit zufrieden, dass unsere Konfession und unsere Kultur für uns Anbetung definiert hat. Darum gibt es auch so viele verschiedene Meinungen darüber, was

Anbetung ist und wie man sie zu tun hat, und doch so wenig Kraft darin liegt.

Ich habe das Privileg, in der Gateway Church als einer der Lobpreispastoren zu dienen. Wir haben ein Konzept entwickelt, um unseren Lobpreisteams und unserer Gemeinde zu helfen, Anbetung zu verstehen und zu leben. Warum? – Vor ein paar Jahren, bevor wir Leute in der Anbetung lehrten, machte einer unserer Pastoren eine Umfrage im Lobpreisbereich unserer Gemeinde. Was er herausfand war erstaunlich. Selbst unter den Leuten, die wöchentlich zusammen im Lobpreis standen, gab es keine Übereinstimmung über das, was Anbetung war und wofür sie war. Tatsächlich konnten sich einige der Lobpreisbandmitglieder an kein Erlebnis erinnern, das sie während der Anbetungszeit näher zu Gott gebracht hätte.

Genau da wussten wir, dass es ein Problem gab. Wenn es auf der Bühne neblig ist, ist es in den Reihen stockdunkel. Wie können wir die Gemeinde in die Anbetung führen, wenn wir uns nicht einmal einig waren, was Anbetung überhaupt ist? Wir glauben, dass Gott will, dass unsere Gemeinde eine anbetende Gemeinde ist – eine Gemeinde, die die Gegenwart Gottes schätzt und nach ihr strebt. Aber wir hatten unsere Mitglieder nicht dahin gehend ausgerüstet. Also schrieben wir und lehrten Seminare über Anbetung – zuerst für die Lobpreisteams, dann für die Gemeinde. Wir realisierten, wir können nur von der Gemeinde erwarten, was wir ihnen gelehrt, vorgestellt und wozu wir sie ausgerüstet haben.

Ich schreibe dieses Buch, damit Leiter auf der ganzen Welt anfangen, die Notwendigkeit der Anbetung zu verstehen. Mein Gebet ist, dass sie ihre Mitarbeiter lehren und ihnen beibringen, eine anbetende Gemeinschaft zu werden, und dass die Kraft und Gegenwart Gottes in allen Gemeinden offensichtlicher wird.

Vollständige Offenbarung … Ich habe eine Absicht mit diesem Buch. Ich möchte, dass die Erde mit Anbetung erfüllt ist. Ich möchte, dass Sie ein Anbeter werden. Warum? – Weil ich nicht sterben will, ohne die Herrlichkeit Gottes wieder in seiner Gemeinde zu sehen. Und ich glaube fest, dass das Verständnis von Anbetung verloren gegangene Weisheit ist, die die Welt verändern kann.

EINE HISTORISCHE SICHT

Woher weiß ich, dass Anbetung in der Kirche nicht in der richtigen Form ausgeführt wird? – Erstens haben wir nicht das zurückgewonnen, was uns gehört. Vor fast 2.000 Jahren vollzog Luzifer den größten Raubüberfall der Geschichte. Er stahl dem Volk Gottes das Wort Gottes, die Anbetung und das Priestertum. Leider waren die Leiter der frühen Kirche seine ahnungslosen Komplizen: Er inspirierte gutmütige Kleriker mit einer sehr schlechten Idee. Wir müssen das, was heilig ist (*Wort Gottes, Anbetung, Priestertum*), vor dem beschützen, was gewöhnlich ist (*Menschen*). Seit Gott Jesus sandte, um den Menschen Zugang zur Heiligkeit zu geben, sogar um sie heilig zu machen, war dies ein schwieriges Unterfangen. Die Grundlage dafür wurde eigentlich hunderte Jahre früher gelegt, als jüdische Priester vergaßen, dass es ihre Aufgabe war, Gott zu dienen, und die Menschen anfingen zu glauben, dass es ihre Aufgabe sei, den jüdischen Priestern zu dienen. Die frühe christliche Kirche übernahm diese Philosophie fast umgehend. Und je mehr sie wuchs und sich einbürgerte, umso größer wurde die Kluft zwischen dem Klerus und den Laien.

Die Offenbarung beinhaltet Warnungen gegen diese Trennung, „wir und sie", der Menschen und des Priestertums. In

Offenbarung 2,6-15 warnt Jesus die Gemeinden zu Ephesus und Pergamus vor den Praktiken der Nikolaiten. Wer sind die Nikolaiten? – Eine Theorie sagt, dass das Wort eine Kombination aus den zwei griechischen Wörtern *nike – Sieger, Besieger –* und *laite – die Menschen –* ist. Einige Gelehrte glauben, dass diese zwei Worte zusammen eine Philosophie des Dienstes beschreiben, der das Priestertum vom Volk Gottes nimmt (den Laien) und es nur den Leitern allein zuspricht (dem Klerus).

Wir sehen das in den Gemeinden auf der ganzen Welt. Dem Volk Gottes wurden die Vorzüge entzogen. Sie sitzen nur noch in den Kirchenbänken, beobachten, wie ihnen das Wort von der Kanzel aus vermittelt, wie für sie gebetet, für sie angebetet und an ihrer statt mit Gott Beziehung gepflegt wird. Das einzige, was der Gemeinde übrig blieb, ist der Applaus. Wir haben eine Kultur der Anbetungskonsumierung geschaffen. Und die Menschen, die Gott als Diener berufen hat, werden zu Zuschauern in einer Welt, die sie erobern sollten. Das sind Nikolaiten – Bezwinger der Menschen.

Die zweite Phase des Plans, um den heiligen Dienst aus der Reichweite des gewöhnlichen Christen zu halten, war, die Bibel aus der Hand der Menschen zu reißen. Die frühe Kirche tat dies ziemlich effektiv, indem sie es verbot, die Bibel in einer anderen Sprache außer Latein zu schreiben oder zu predigen. Latein war die Sprache der Elite – der Gelehrten und ausgebildeten Priester. Der gewöhnliche Mensch hatte keinen Zugang zu der notwendigen Bildung, um es zu lernen. Darum mussten die Christen im frühen Mittelalter in die Kirche gehen, in der dann ein Priester aus den lateinischen Texten las, die sie nicht verstanden, sich dann durch die lateinischen Gebete führen lassen, die sie nicht verstehen konnten, und lateinische Choräle singen, die sie ebenso nicht verstehen konnten. Was für einen besseren Weg gibt es, die Menschen zu bezwingen, die von Gott in den Dienst gerufen wurden, als ihr wichtigstes Werkzeug aus der Hand zu reißen – das Wort Gottes?

Der Klerus versperrte den Zugang zur Bibel so sehr, dass ein Mensch auf den Scheiterhaufen kam, wenn er eine Bibel in einer anderen Sprache als Latein besaß. So starb auch William Tyndale 1535 wegen des Verbrechens, die Bibel in die Sprache des einfachen Mannes übersetzt zu haben. Seine Übersetzungen wurden wahrscheinlich benutzt, um 75 Prozent der King-James-Übersetzung zu schreiben (Danke, Mr. Tyndale).

Die Kirche ging aber noch weiter. Diese gewöhnlichen Menschen waren durch die Choräle in den Gottesdiensten immer noch mit Heiligkeit behaftet. Darum verbot die Leiterschaft den Laien mitzusingen. Im 4. Jh. n. Chr. erwirkte das Konzil von Laodizea, dass nur eingesetzte Sänger in der Kirche singen durften – und zwar nur vorgeschriebene Gesänge. Man muss sich das mal vorstellen! Wie gregorianische Gesänge.

Nur dem Klerus war es erlaubt zu singen, und nur in Latein. Um zu versichern, dass es keine weltlichen Flecken auf der Musik selbst gab, erklärte die Kirche den Gebrauch von Instrumenten in der Kirche für illegal. Jeder Christ, der ein von Gott gegebenes musikalisches Talent hatte, war dazu gezwungen, in säkulare Bereiche zu gehen oder die Gabe Gottes nicht mehr zu praktizieren.

Das frühe Mittelalter war wirklich dunkel. Dem einfachen Mann wurde gelehrt, dass er keine Hoffnung hatte, Gott zu erreichen, es sei denn durch die Meditation des Klerus. Er konnte nicht zu seinem Gott beten, der angeblich nur Latein sprach. Er konnte seine Worte und Wege nicht verstehen und seine Stimme nicht zum Lobpreis erheben. Gott war zu heilig – unerreichbar für den gewöhnlichen Menschen.

Herzzerreißend. Gott sandte seinen einzigen Sohn, um diese Welt zu retten, sein Volk zu heiligen und ihnen barrierefreien Zugang zu ihm zu geben. Und das Priestertum arbeitete genau in die entgegengesetzte Richtung.

Die sogenannten Priester hatten die Anbetung aus der Kirche gestohlen. Alle biblischen Vorzüge der Anbetung wurden vor Jahrhunderten begraben, während der Klerus, wie einschüchternde große Brüder, die Beziehung mit Christus pflegte, der außerhalb der Reichweite der Hungrigen, Verzweifelten, Armen und Kämpfenden war. Dies macht mich so wütend, dass ich gerne etwas zerschmettern würde.

Darum war die Reformation solch ein großer Erfolg. Die Reformation im 16. Jahrhundert gab das Wort Gottes in die Hände des Volkes zurück, sodass es die Bibel wieder in seiner eigenen Sprache lesen konnte. Luther brachte die Bibel nach Deutschland, Calvin brachte sie nach Frankreich und Gutenberg erfand den Buchdruck – das Wort Gottes explodierte und erschütterte die Welt (die 95 Thesen brauchten nur 36 Tage, um ganz Europa zu erreichen). Es erschütterte auch die Kirche. Die Grundlage, auf der die Kirche wirklich gegründet war – die Kraft der Kirche –, wurde unter ihr weggezogen. Diese Grundlage war Exklusivität, denn die Kirche war der einzige Weg zu Gott. Doch plötzlich konnten Menschen überall in Europa ohne den Papst zu Gott kommen. Nach der Auferstehung Christi war dies die größte Revolution der Geschichte.

Die Reformation begann natürlich ihre eigenen Wege zu entwickeln, um die Religion exklusiv zu halten, aber diese Diskussion geht über dieses Buch hinaus. Wir müssen verstehen, dass es ein allgemeines Missverständnis darüber gibt, wie viel die Reformatoren der Gemeinde zurückgaben. Luther und Calvin schrieben Lieder für das Volk in ihrer eigenen Sprache. Sie nahmen bekannte Melodien, die sie aus Volksliedern und Kneipen kannten, und schrieben dazu auf der Bibel basierende Texte. Diese umgeschriebenen Gassenhauer sind die Grundlage der „heiligen Musik", die unsere Choräle für 500 Jahre füllten. Lustig, oder? Stellen Sie sich heute die Top-40-Popsongs vor, die dann in Anbetungslieder umgewandelt werden. Klingt das verwerflich? So entstanden viele unserer geliebten Choräle.

Das Missverständnis ist, dass diese Lieder keine Anbetung waren. Sie waren gar nicht vorgesehen, um anzubeten. Die Reformatoren waren damit beschäftigt, das Wort Gottes (gemäß der „neuen" Theologie) in die Herzen, den Verstand und die Münder der einfachen Menschen zu bringen. Der beste Weg für einen Menschen, der keine Bibel hat, um sich an Gottes Wort zu erinnern, ist, die Worte in einem Lied zu verpacken, das man schon kennt (von weltlichen Quellen) und dies oft zu singen.

Reformationschoräle sollten „Anbetung" nicht vereinfachen, sondern helfen, sich die Lehre einzuprägen. Für die Reformatoren stand das Wort im Vordergrund. Der gesamte Anbetungsgottesdienst war auf das Predigen des Wortes ausgerichtet (wie es bis heute ist). Diese Lieder, die den gleichen Inhalt wie die Predigt hatten, waren einfach nur gesungene Predigten. Sie waren eine Vorbereitung auf die Predigt. Die Prediger benutzten die Lieder vor der Predigt, um das Herz der Menschen und ihre Gedanken auf die kommende Predigt vorzubereiten. Somit war die thematische Lobpreisliederauswahl geboren. Übrigens, der Grund, warum wir Lobpreis und Anbetung vor Predigten seit den letzten 500 Jahren haben, ist genauso wenig biblisch wie zu sagen: So taten es die Reformatoren.

Die Reformation gab uns die Bibel zurück, denn sie war nun in unserer Sprache verständlich. Sie gab uns das Gebet zurück und lehrte uns, dass Gott alle Sprachen spricht. Und sie gab uns Choräle – die Lieder der Erlösten. Was sie *nicht* tat, ist, die Anbetung in der Gemeinde wiederherzustellen.

Jahrhundertelang wurde die Gemeinde dahin gehend getäuscht zu denken, dass wir das komplette Paket mit der Reformation zurückbekommen hätten. Aber ich sage Ihnen, das haben wir nicht. Und es ist Zeit, den Rest zurückzubekommen. Hier beginnt die Lektion.

KAPITEL 1

DU BIST AN DER REIHE

Wenn wir Gott so anbeten, wie wir es sollten, dann werden die Nationen zuhören.
Edmund Clowney

Als ich mich für Jesus entschied, war es für mich eine schwere Zeit in der Gemeinde. Es gab kurz gesagt einiges, was mir überhaupt nicht gefiel. Ich übergab Jesus mein Leben kurz nach der Mittelstufe und vertiefte mich in die Bibel. Ich hatte keine Ahnung, was ich tat, aber ich wusste dies: Das, was ich wahrnahm, wenn ich die Bibel las, hatte wenig Ähnlichkeit mit dem, was ich sah, wenn ich in die Gemeinde ging. Es gab einen großen Unterschied zwischen dem, was ich in meinem Schlafzimmer allein mit Gott, und dem, was ich in Gemeinden erlebte. Nun, ich gebe zu, dass ich in diesen frühen Jahren meiner Reise mit Gott zu kritisch war. Und schließlich handelte er mit mir und meiner Kritik klar und deutlich. Nichtsdestotrotz hatte ich in einem Punkt recht …

Wenn ich Zeit mit Gott hatte, war ich mitten im Geschehen. Ich diente Gott und er diente mir; dann gingen wir raus und dienten zusammen den Menschen. In der Gemeinde kam es mir so vor, als würde es auf mich nicht ankommen. Ob ich nun den Gottesdienst besuchte oder nicht, machte kaum einen Unterschied. Jemand anderes tat alles, und ich saß einfach nur unruhig auf meinem Platz.

Es war, als ob die gesamte Gemeinde nur das Publikum des Predigers sein sollte. Es war einfach nur unwirklich, hypnotisierend und etwas verwirrend.

Damals wusste ich nicht, dass genau das, was ich fühlte, der Hinweis zu der Berufung für mein Leben war. Gott rief mich, und er ruft auch Sie, mehr als ein Empfänger zu sein. Er hat uns dazu berufen, seine Gnade weiterzugeben. Und jegliche Gemeindeaktivität, die nicht dieser Berufung Raum gibt, wird uns entweder mit Ernüchterung und Selbstgefälligkeit schlagen oder uns frustrieren, indem wir uns ungebraucht fühlen. Das ist der Grund, weshalb die Berufung vieler Menschen zugedeckt worden ist. Sie wurden zu Beobachtern – sie schauen zu, wie andere Menschen in Gottes Plan leben.

Aber diese Unzufriedenheit bringt einige dazu, etwas zu tun. Diese Menschen finden einen Zugang zu ihrer Berufung, selbst wenn es bedeutet, einen anderen Weg einzuschlagen, weg von traditionellen Gemeindestrukturen und hin zu etwas Neuem. Ich bin davon überzeugt, dass wir nicht mit dem Status quo zufrieden sein sollen. Gott hat uns geschaffen, aktiv zu sein – für seine Herrlichkeit, seinen Sieg, seine Kraft und für ihn selbst. Und wir sind zu Wiederkäuern der 2.000 Jahre alten Wahrheit aus zweiter Hand geworden – 2.000 Jahre mit dem Löffel gefüttert und unterernährt. Nun, lieber Leser, ist es Zeit, aufzuwachen und unsere Löffel zu Schwertern umzuschmieden.

Heute rufe ich Sie in den Dienst. Sie spielen eine Rolle im Plan Gottes. Und um das zu tun, müssen Sie lernen, ihn anzubeten.

WER BIN ICH?

Bevor wir tiefer in das Thema Anbetung einsteigen, müssen wir grundlegend herausfinden, was das alles mit uns persönlich zu tun hat. Es wurde schon viel über Identität geschrieben – die Frage, wer wir wirklich sind und was wir mit unseren Gaben anfangen sollen –, weil es die Hauptmotivation all unserer Handlungen in unserem Leben ist. Zum Beispiel wird eine Person, die sich selbst als Gitarrist bezeichnet, alles daran setzen, ein erfolgreicher Gitarrist zu werden. Wenn Sie dieser Person sagen würden, sie habe nicht die Fähigkeit, im Lobpreisteam auf der Bühne zu stehen, wird sie sich mehr als abgelehnt fühlen. Sie wird eine Identitätskrise erleben.

Diese Person ist ein Gitarrist. Wenn sie nicht Gitarre spielt, zu was nützt sie dann? Zu was wurde sie geschaffen, wenn nicht zum Gitarrespielen?

Die meisten Menschen glauben, dass ihre Fähigkeit ihre Identität bestimmt. Wenn ich Gitarre spiele, muss ich ein Gitarrist sein. Wenn ich Baseball spielen kann, muss ich ein Baseballspieler sein. Ich habe eine Sopran-Stimme, also bin ich dazu bestimmt, der Solist aller besonderen Gemeindeveranstaltungen zu sein. – Das ist dumm. Wenn meine Fähigkeit meine Identität wäre, hätte ich große Probleme mit jedem, der mir Steine in den Weg legen würde, meine Gaben zu praktizieren. Das passiert natürlich nie, nicht wahr? Dennoch sind viele Gemeindestreitigkeiten durch genau dieses Problem entstanden.

Weil wir oft eine falsche oder verdrehte Vorstellung von unserem eigenen Leben haben und von dem, was unser Leben ausmacht, haben wir auch falsche religiöse Sichtweisen über uns selbst. Lassen Sie mich Ihnen eine Frage stellen: Möchten Sie von Gott gebraucht werden? Die meisten Christen antworten mit einem lauten „Ja!"

O.K., hier kommt eine weitere Frage: Möchten Sie von Ihrem Partner gebraucht werden? Möchten Sie von Ihren Freunden gebraucht werden? Möchten Sie von der Gemeinde gebraucht werden? Möchten Sie von der Regierung gebraucht werden? – Auf keinen Fall! Wenn man jemanden benutzt, behandelt man ihn wie ein Objekt, nicht wie einen Menschen. Ich habe eine frohe Botschaft für Sie. Gott möchte Sie nicht gebrauchen. Er möchte Sie kennen. Er möchte, dass Sie ihn kennenlernen. Gott gebrauchte den Pharao – aber er kannte Mose. Gott gebrauchte Saul, aber er kannte David. Gott gebrauchte Judas, aber er kannte Jesus. Gott schuf Sie nicht, um Sie zu gebrauchen. Er schuf Sie, um Sie kennenzulernen.

Wir sehen uns selbst als Werkzeuge in Gottes Händen – Objekte, die er gebrauchen kann. Als ich frisch bekehrt war, betete ich, „Gott gebrauche mich! Ich möchte dein Lieblingshammer sein. Gebrauche mich, um dein Reich zu bauen! Gebrauche mich, um Festungen der Finsternis einzureißen! Gebrauche mich, den Kopf des Teufels zu durchbohren!" (Kann man sagen, dass ich ein leidenschaftlicher Mensch bin?) Ich hatte etwas noch nicht verstanden: Gott kann ALLES gebrauchen, aber er sandte seinen Sohn, damit er Beziehungen mit MENSCHEN aufbauen kann, die an ihn glauben – nicht mit Objekten. Die Religion lehrt uns, uns selbst als Werkzeuge zu betrachten: Wenn wir gut handeln, sind wir gut und brauchbar für Gott. Wenn wir nicht gut handeln, sind wir unbrauchbar und können weggelegt oder weggeschmissen werden. Gott wird ein Werkzeug nehmen, mit dem er besser arbeiten kann als mit uns.

Das ist das Problem, ein Werkzeug zu sein. Geht mein Hammer kaputt, zu was nützt er mir noch? Wenn ein Hammer nicht hämmert, wenn ein Hammer nicht bauen und abreißen kann, wieso besitze ich ihn noch? Er ist Müll. Unnütz. Er raubt mir den Platz. Ich behalte keinen kaputten Hammer. Ich werfe ihn weg, genauso wie die Religion lehrt, dass Gott uns wegschmeißt, wenn wir nicht richtig funktionieren. Der Grund, warum Menschen von der Gemeinde verletzt werden, ist, dass Leiter sie als Objekte und nicht als Individuen betrachten.

Schlechte Leiter glauben, dass Menschen ersetzbar sind. Das ist Religion. Das religiöse Herz sagt: „Ich muss meine Pflicht tun, um wertvoll für Gott zu sein". Anbetung ist das Gegenteil von Religion. Das Herz der Anbetung sagt: „Jesus hat bewiesen, dass ich wertvoll für Gott bin. Ich diene ihm, denn er ist auch wertvoll für mich."

Religion lehrt uns, dass unsere Fähigkeit unseren Wert und unsere Identität bestimmt (Ich bin, weil ich tue.); Anbetung lehrt uns, dass unsere Identität unseren Wert und unsere Fähigkeit bestimmt (Ich tue, weil ich bin.). Und Gott ist unsere Identität.

Gott nimmt sich viel Zeit in der Bibel, um uns zu lehren, wer wir wirklich sind. Wir sind Kinder Gottes, Gottes Freunde, mehr als Überwinder, auserwählt und geliebt, Bürger des Himmels, die Erlösten, Heilige, eine heilige Nation und ein Königreich von Priestern (um nur ein paar zu nennen). Jeder dieser Aspekte teilt uns drei Dinge mit: wie Gott uns sieht, wie sehr er uns schätzt und wie wir seinem Herzen dienen können.

Auf den folgenden Seiten werden wir diese Themen tiefer erkunden. Aber um das Herz der Anbetung zu erforschen (und dem Teufel eins auszuwischen), fange ich mit einer Bestimmung an, die uns vor Jahrhunderten geraubt wurde: Alle Gläubigen – alle Erretteten – sind Priester des höchsten Gottes.

EIN PRIESTER SEIN

Sie, mein Freund, sind ein Priester. Ich starte meine dreiste Ausführung mit der Aussage Gottes aus 2. Mose 19,5-6:

„Und nun, wenn ihr willig auf meine Stimme hören und meinen Bund halten werdet, dann sollt ihr aus allen Völkern mein

Eigentum sein, denn mir gehört die ganze Erde. Und ihr sollt mir ein Königreich von Priestern und eine heilige Nation sein. Das sind die Worte, die du zu den Söhnen Israel reden sollst." (RELB)

Wussten Sie, dass Gott niemals das Amt des Priesters nur bestimmten Menschen eines bestimmten Stammes zusprechen wollte? Er berief Israel ursprünglich zu einer Nation voller Priester – um die ganze Erde zu lehren, Gott anzubeten.

Also, was ist passiert? – Nun ja, das goldene Kalb. Götzendienst geschah. Israel lehnte sich gegen Gott und seine Berufung auf, als sie sich entschieden, sich von ihm abzuwenden und wieder zu ihren alten, nutzlosen, toten, kraftlosen, ägyptischen Göttern zurückzukehren. Wie kam es also dazu, dass Israel von dem ursprünglichen Ruf Gottes, eine Nation von Priestern zu sein, weg kam und nur noch ein Stamm die Priesterschaft vertrat? 2. Mose 32,25-29 deckt es auf: Als Mose sah, dass die Israeliten das goldene Kalb anbeteten, rief er: *„Her zu mir, wer dem Herrn angehört!"*. Die Leviten waren die einzigen, die kamen. Gott befahl ihnen, ihre Schwerter zu nehmen und durch das Lager zu gehen, um alle, die sich am Götzendienst versündigt hatten, zu erschlagen. Weil die Leviten Gott mehr liebten und ehrten als ihre Gesellschaft, sonderte er sie ab (abgesondert als Heilige) und segnete sie. In 4. Mose 1,47-35 gab Gott den Dienst der Stiftshütte, seinen Ort der Begegnung, den Leviten, weil sie für seine Heiligkeit bestimmt waren.

Nun, wie sind SIE ein Priester geworden? – Seit jeher war die Priesterschaft die exklusivste Beschäftigung, die es auf der Erde gab. Zuerst (laut den Menschen, nicht laut Gott) konnten nur Juden Priester sein, dann nur Leviten aus der Familie Aaron. Die frühe Katholische Kirche entschied, dass nur sie Priester ordinieren könnte, und jede Denomination der

Erde hat sich seitdem gefügt. Aber die Wahrheit ist: Als Sie errettet wurden, wurden Sie „einberufen". Sie wurden ein Priester (von neuem geboren). Über die Jahrhunderte ist die Kluft zwischen Altar und Kirchenbank größer geworden. Es ist eine Kluft, die von Menschen gemacht worden ist, nicht von Gott. Vor einigen Jahren betete ich für eine Lobpreisaufnahme, die bei uns in der Gateway Church stattfand. Ich fing an, Gott zu fragen, was er durch die Anbetung in unserer Gemeinde bewirken will. Während ich betete, hatte ich eine Vision. Ich stand auf der Bühne mit dem Lobpreisteam, und die Gemeinde stand vor uns und betete Gott an. Auf dem Boden zwischen der Bühne und der Gemeinde war eine 30 Zentimeter dicke Glaswand. Sie war fünf Meter hoch und führte entlang der Bühne. Während wir Gott priesen und anbeteten, schaute ich hinauf und sah den Thron Gottes vom Himmel herabkommen. Er landete genau auf der Kante der Glaswand und zermalmte sie zu Sand. Es gab keine Eingrenzung, keinen Unterschied mehr zwischen dem Team und der Gemeinde. Die Menschen auf der Bühne und jene unten auf dem Boden beteten Gott mit vereinten Herzen an, und der Thron Gottes stand in unserer Mitte.

Dazu steht in Matthäus 18,20: *„Denn wo zwei oder drei in meinem Namen versammelt sind, da bin ich in ihrer Mitte".* Und Psalm 22,4 proklamiert: *„Aber du bist heilig, der du wohnst unter den Lobgesängen Israels!".*

Gott reißt die Wand zwischen Klerus und Volk ein. Er holt sich zurück, was der Dieb gestohlen hat. Er gibt das Priestertum dem Volk zurück. Ich kann beweisen, dass Gott Sie berufen hat, Priester zu sein. In 1. Petrus 2,5 steht: *„.... so lasst auch ihr euch nun als lebendige Steine aufbauen, als ein geistliches Haus, als ein heiliges Priestertum,* **um geistliche Opfer darzubringen***, die Gott wohlgefällig sind durch Jesus Christus".*

Zu wem spricht Petrus hier? – Zu Christen! Wenn Sie Christ sind, lässt Gott Sie Teil von etwas sein, das er baut – der Gemeinde. Und er hat Sie dazu berufen, in dieser Gemeinde ein Priester zu sein. Warum? – Um geistliche Opfer darzubringen, die für Gott annehmbar sind. Wir sprechen später darüber. Lassen Sie uns bis hierhin festhalten: „Das ist so cool!" und weitergehen.

Petrus führt in Vers neun fort und sagt: *„Ihr aber seid ein auserwähltes Geschlecht, ein königliches Priestertum, ein heiliges Volk, ein Volk des Eigentums,* **damit ihr die Tugenden dessen verkündet***, der euch aus der Finsternis berufen hat zu seinem wunderbaren Licht ...".* Dieser Vers sagt alles! Wussten Sie, dass Sie auserwählt sind? Auserwählt als Priester? Nicht irgendein Priester, sondern ein königlicher Priester und Teil einer heiligen Nation. Warum möchte er, dass Sie ein Priester sind? – Um die Tugenden dessen zu verkündigen, der Sie gerettet und frei gemacht hat!

Das ist so wichtig für Ihr weiteres Leben, dass ich Sie jetzt in diesem Buch damit herausfordern werde. Immer, wenn ich die Frage „Wer sind Sie?" stellen werde, möchte ich, dass Sie (laut) sagen: „Ich bin ein Priester!". Sagen Sie es mit Überzeugung und Dankbarkeit, denn es ist eins der großartigsten Privilegien in der Geschichte. Welch ein Wunder, dass normale Gläubige wie Sie und ich ohne Ansehen von Befähigung, Stellung oder Bildung von Gott berufen sind, seine persönlichen Priester zu sein.

Sie sind kein Klempner, Banker, Hundepfleger oder Politiker. Es ist mir egal, was Ihre Mutter Ihnen gesagt hat, wer Sie sind. Es ist mir egal, welchen Stempel die Welt Ihnen aufgedrückt hat. Es ist mir egal, mit welchem Abschluss Sie von der Universität gegangen sind. Es ist mir egal, was für Gaben und Talente Sie haben und was der Papst sagt. Gemäß des Wortes

Gottes hat der Schöpfer Sie berufen, dazu ausgerüstet und erwählt, ein Priester zu sein. – Wie wunderbar!

Darum frage ich Sie: Wer sind Sie? (*Das ist Ihr Stichwort!*)

KAPITEL 2

WAS MACHE ICH JETZT DAMIT?

Sicher muss das, was die komplette Zeit und Energie des Himmels beansprucht, ein passendes Muster für die Erde sein.
Paul E. Billheimer

„Also bin ich ein Priester, oder?" Vielleicht denken Sie an diesem Punkt: „Wow. Das klingt ein wenig beängstigend. Von mir aus können Sie mich gerne einen Priester nennen, aber Fakt ist, dass ich kaum weiß, was das bedeutet. Was machen Priester?"

Lassen Sie uns zu allererst einige Mythen zerstören. Sie müssen sich nicht abkapseln, tollpatschig und stoisch werden, um Priester zu sein. Sie brauchen auch keine schweren Ketten, eine Kutte oder einen Mantel. Und es wird auch kein Priesterseminar vorausgesetzt. Sie sind ein Priester, weil Sie ein Kind Gottes sind.

Nachdem Identität Ihren Dienst bestimmt, gibt es einige Vorteile, die für Sie bereit stehen. Als Priester haben Sie das Recht, die priesterliche Aufgabe auszuführen. Wenn Sie einmal die Pflichten und Vorteile kennen, versichere ich Ihnen, dass Sie diesen Auftrag wollen. Er ist das Beste.

Um es zu vereinfachen, habe ich die Aufgaben eines Priesters zusammengefasst: Priester sind dazu berufen, Gott anzubeten und andere in die Anbetung zu führen. Und sie haben es wie folgt getan:

1. VERWALTUNG DES VERSAMMLUNGSORTES

Den ersten Teil der Stellenbeschreibung kennen wir schon. Als Gott die Leviten von allen Stämmen Israels absonderte, machte er sie für das Heiligtum verantwortlich. In 4. Mose 1,49-53 steht:

> *„Nur den Stamm Levi sollst du nicht mustern und seine Zahl nicht unter die Kinder Israels rechnen; sondern du sollst **die Leviten über die Wohnung des Zeugnisses setzen** und über alle ihre Geräte und über alles, was dazu gehört. Sie sollen die Wohnung tragen samt allen ihren Geräten, und sie sollen sie bedienen und sich um die Wohnung her lagern. Und wenn die Wohnung aufbricht, so sollen die Leviten sie abbauen; wenn aber die Wohnung sich lagert, so sollen die Leviten sie aufschlagen. Kommt ihr aber ein Fremder zu nahe, so soll er getötet werden. Und die Kinder Israels sollen sich nach ihren Heerscharen lagern, jeder in seinem Lager und jeder bei seinem Banner. Aber die Leviten sollen sich um die Wohnung des Zeugnisses her lagern, damit nicht ein Zorngericht über die Gemeinde der Kinder Israels kommt; so sollen **die Leviten den Dienst an der Wohnung des Zeugnisses versehen**."*

Das ist eine große Aufgabe. Es liegt in der Verantwortung der Priester (Leviten), die Wohnung des Zeugnisses aufzuschlagen, abzureißen, zu transportieren, zu schützen und zu bewachen. Priester verwalten das Heiligtum. Das Wort *Heiligtum* bedeutet eigentlich *Zelt*. Dieses spezielle Zelt ist das Zelt, das Mose von Gott aufgetragen wurde, für die Israeliten aufzubauen, damit sie lernen, Gott anzubeten. In der Bibel wird es Zelt der Begegnung und Zelt der Versammlung genannt. Es ist ein Ort, den Gott abgesondert und geheiligt hat, um einen

Ort der Begegnung zwischen ihm selbst und seinem Volk zu schaffen.

In einfachen Worten bedeutet das: Die Aufgabe des Priesters war es, den Ort zu bauen, an dem Gott und Menschen sich begegnen konnten.

Was sind Sie? Und was ist Ihre Aufgabe als Priester? – Das ist jetzt einfach: Orte der Begegnung zwischen Gott und den Menschen aufzubauen. Als Priester sind Sie dazu verpflichtet, den Ort der Begegnung mit sich zu tragen. Deshalb steht in 1. Petrus 2,5, dass Sie ein geistliches Haus sind. Sie sind ein lebendiges Heiligtum geworden, ein geistliches Haus. Ein Ort der Begegnung für Gott und Menschen. Was für eine Ehre!

Mit anderen Worten: Wenn Sie ein Priester sind, wird jeder Ort, an dem Sie sind, zu einer Möglichkeit für Menschen, Gott zu begegnen.

Wenn ich in der Schlange im Supermarkt stehe, ist das eine Möglichkeit für die Frau hinter mir, Gott zu begegnen. Beim Autohändler ist es eine Möglichkeit für den Verkäufer, Gott zu begegnen. Zu Hause ist es eine Möglichkeit für meine Frau und Kinder, eine Begegnung mit Gott zu haben. In der Gemeinde, auf der Straße, im Büro oder auf der Bühne – überall, wo wir als Priester (wir alle) hingehen, schaffen wir eine Gelegenheit, Gott zu begegnen.

Wir ermöglichen anderen Menschen diese Begegnungen mit Gott. Das bedeutet, dass wir Menschen helfen können, Gott zu erfahren. Wie die Priester des Alten Testaments können wir auf den Geist Gottes achten, und wo immer die Wolke anhält, schlagen wir unser Zelt auf. Ich möchte Sie heute herausfordern, Gott zu bitten, dass er Ihnen zeigt, wo er hingeht. Sehen Sie die Umstände Ihres Tages als von Gott gewollte Verabredungen, und wenn Gott Ihnen Menschen über den Weg schickt, sehen Sie es als Gelegenheit für Gott, diesen Moment zu nutzen. Schlagen Sie das Zelt der Begegnung auf und sehen Sie, was Gott tun will. In den folgenden Kapiteln zeige ich Ihnen, wie man in der Stiftshütte dient. Aber für jetzt lassen Sie uns einfach nur festhalten, dass dies einer der größten Vorzüge als Priester ist. Nur Priester können die Stiftshütte verwalten. Keine Klempner, Politiker, Puma-Bezwinger oder Pianisten. Nur Priester können Orte der Begegnung zwischen Gott und Mensch aufrichten.

Also machen Sie sich bereit, denn wenn Sie einmal diese Identität anerkannt haben, wird Gott Gelegenheiten geben, um Begegnungen zwischen seinem Sohn und den Menschen, die er liebt, zu ermöglichen. Aber passen Sie auf, es gibt noch mehr!

2. DIE GEGENWART MIT SICH TRAGEN

5. Mose 10,8-9 erweitert die Stellenbeschreibung: „*Zu jener Zeit sonderte der Herr den Stamm Levi dazu aus,* **die Lade** *des Bundes des Herrn* **zu tragen, vor dem Herrn** *zu* **stehen, ihm zu dienen** *und in seinem Namen* **zu segnen**, *bis zu diesem Tag. Darum hat Levi weder Anteil noch Erbe mit seinen Brüdern; denn der Herr ist ihr Erbteil, wie der Herr, dein Gott, es ihm verheißen hat.*"

Haben Sie verstanden? Es gibt drei Hauptverantwortungen, die in dieser Stellenbeschreibung hervorgehoben werden. Als erstes die Lade des Bundes des Herrn zu tragen. Als zweites vor dem Herrn zu stehen, um ihm zu dienen. Als drittes in seinem Namen Segnungen auszusprechen. Dies begeistert mich. Nur den levitischen Priestern war es erlaubt, die Lade des Bundes zu tragen – und nur auf ihren Schultern mit den Stangen, wie Gott Mose anwies, sie für diese Absicht zu bauen. Die Bundeslade repräsentiert die Gegenwart Gottes auf der Erde, den Thron Gottes unter seinem Volk und die Herrlichkeit Gottes.

Halleluja (wie aufregend)! Ich trage die Gegenwart und Herrlichkeit Gottes mit mir? Wenn Sie ein Priester sind, dann tun Sie das.

Und wie sieht das nun aus? – In der Bibel steht, dass überall, wohin die Priester gehorsam die Bundeslade trugen, Leben, Gnade, Gelingen und Sieg im Kampf war. Wir werden später noch mehr über die Lade reden.

Es reicht hier zu sagen, dass überall, wohin die Lade geht, die Segnung, Autorität und Kraft Gottes mitgeht. Und Sie tragen sie. Es ist wie das Prinzip der diplomatischen Immunität. Es wäre lächerlich, ein Land nach den Gesetzen eines anderen Landes zu richten. Dies wäre ein Vergehen von nationaler Souveränität. Setzt dieser Diplomat nun einen Fuß auf ausländischen Grund, wird dieser Boden für diesen Moment zur Nation, die er repräsentiert. Mit diesem Wissen im Hinterkopf lesen Sie die wunderbare Botschaft aus 2. Korinther 5,20: *„So sind wir nun Botschafter für Christus ..."*

Das ist ein Priester – ein Botschafter für Christus. Sie tragen die Bundeslade – seine Autorität, Macht und Gesetze – in Ihr Umfeld. Wie ein Botschafter, der das Ausland besucht, können Sie selbstbewusst durch diese Welt gehen, denn Sie tragen die Herrlichkeit Gottes auf Ihren Schultern. Wo auch immer Sie hingehen, wird dieser Ort zum Königreich Gottes. Zu Hause, im Büro, im Krankenhaus, im Supermarkt oder auf einer Bühne – überall! Wenn Sie Ihren Fuß auf diesen Boden setzen, wird er zum Königreich Gottes.

Darum kann ein Priester den Kranken Hände auflegen und erwarten, dass sie geheilt werden. Wenn ein Priester den Raum betritt, kommt er als Botschafter der Heilung. Wenn er einen Raum betritt, können die Gesetze der Krankheit, des Todes, der Bedrückung und Schwere nicht mehr länger bestehen. Wenn er den Kranken seine Hand auflegt, herrschen in diesem Körper nicht mehr die Gesetze des Reiches der Finsternis. Ein Priester hat den Raum betreten. Er trägt die Gegenwart Gottes mit sich. Und in diesem Raum ist das Königreich Gottes anwesend. Krankheit macht Platz für Heilung, Schwere macht Platz für Freude, Tod macht Platz für Leben und Bedrückung macht Platz für Freiheit. Die Gesetze der Welt halten nicht mehr stand, wenn ein Botschafter Gottes dessen Herrschaft, Gesetze und Autorität in diesem Raum herrschen lässt.

Lieber Leser, was wäre, wenn die Welt nur diese zwei Wahrheiten ernst nehmen, glauben und sich zu Herzen nehmen würde? Was, wenn überall, wo wir hingingen, eine Gelegenheit für Menschen wäre, Gott zu begegnen? Und was wäre, wenn wir die Gegenwart Gottes überall mit hinnähmen, wo wir auch hingehen? Ich sage Ihnen, was geschehen würde: Wir würden die Welt verändern. Nichtsdestotrotz gibt es einen dritten Aspekt der Stellenbeschreibung als Priester Gottes.

3. GOTT DIENEN

5. Mose 10,8 informiert uns, dass die Leviten vor dem Herrn zu stehen hatten, um ihm zu dienen. Dieser Teil der Aufgabe kommt an den Kern der Bedeutung von Anbetung heran. Das am zweit häufigsten benutzte Wort für *Anbetung* in der Bibel ist das Wort *latreuo* und bedeutet *Gott dienen.*

Wir werden dieses Wort später ausführlich betrachten. Bis hierhin reicht es zu wissen, dass es kein einziges Wort für *Anbetung* in der Bibel, griechisch oder hebräisch, gibt, das den Gedanken von *Dienst am Menschen* beinhaltet. Anbetung ist einfach nicht für uns gemacht. Anbetung ist für Gott.

Wenn sich die Gemeinde dies zu Herzen nehmen würde, hätten wir eine kulturelle Revolution innerhalb unserer eigenen Reihen – eine Umkehr vom Götzendienst zur Wahrheit. Warum spreche ich von Götzendienst? – Weil wir den Menschen das entgegengebracht haben, was ursprünglich Dienst für Jesus war. Unsere Anbetung dreht sich um uns, unsere Vorlieben, unsere Geschmäcker, unser Wohl und unsere Meinungen, um unseren Bedürfnissen zu dienen und unserer egozentrischen Natur nachzukommen. Wenn es sich in der Anbetung UM uns dreht, dann kommuniziert das zu Gott, dass Anbetung FÜR uns ist. Ist Anbetung für uns, werden wir zum Gegenstand der Anbetung, zu kleinen Göttern in unseren Herzen. Wir werden Götzendiener. Lassen Sie uns das ganz deutlich sagen: Anbetung ist nicht für uns. Anbetung ist für Gott. Sie ist Dienst zu seiner Freude, für sein Herz, seine Meinung, seinen Geschmack und seine Wünsche. Sie war nie zur Unterhaltung des Menschen gedacht. Anbetung ist für Gott.

Ich werde nie den Tag vergessen, an dem ich in einem Anbetungsgottesdienst in einer kleinen Gemeinde war. Die Musiker spielten schlecht, das Singen war schlecht, die Leiterschaft war schlecht und die Liedauswahl war misslungen. Alles war schlecht. Die Leute konnten nicht einmal im Takt klatschen. Und wie ich dort stand, jedes kleinste Detail des Gottesdienstes still in meinem Kopf kritisierend, spürte ich eine Hand, die gegen meine Brust fuhr. Sie traf mich so fest, dass sich meine Schuhabsätze hoben. Mir gefällt es überhaupt nicht, so angefasst zu werden, und ich war ziemlich sauer. Als ich dann runter sah, um zu sehen, wessen Hand auf meiner Brust war, bereit ein paar harte Worte zurückzudonnern, war ich überrascht, dass dort keine Hand zu finden war. Niemand hatte mich angefasst. Trotzdem konnte ich im selben Moment die Hand und alle fünf Finger spüren, wie sie gegen meine Brust drückten. Es war eine starke, feste Hand. Dann hörte ich eine Stimme in meinem Kopf, die sagte: „Es ist dir nicht erlaubt zu urteilen. Nur ich bin dazu befugt." Solch eine Erfahrung sollte die Einstellung eines Gläubigen deutlich verändern. Und ich habe diese Lektion niemals vergessen. Anbetung gehört Gott. Es geht nicht um meine Geschmäcker oder Vorlieben. Es liegt nicht an mir, darüber zu urteilen.

Der Dienst des Priesters richtet sich an erster Stelle auf Gott aus. Es gibt keine größere Ehre, keine größere Freude in der ganzen Welt, als dem König der Könige zu dienen. Im Wesentlichen bedeutet Anbetung einfach nur: dem König zu dienen. Und das ist es, wofür Sie geschaffen wurden.

Die Söhne Korahs, Priester, die in der Gegenwart Gottes dienten, wussten das. Darum proklamieren sie in Psalm 84,11: *"Denn ein Tag in deinen Vorhöfen ist besser als sonst tausend; ich will lieber an der Schwelle im Haus meines Gottes stehen, als wohnen in den Zelten der Gottlosen!"*.

Die postmoderne Gemeinde hat bis jetzt einige Sachen richtig gemacht, aber es gibt eine Ungerechtigkeit, die noch nicht wieder berichtigt wurde: Die Gemeinde dient den Menschen anstelle von Gott. Die meisten Gemeinden sehen den Dienst an den Menschen als erstes Ziel an. Bitte verstehen Sie mich nicht falsch. Gott liebt die Menschen. Er sandte seinen einzigen Sohn, um uns zu dienen und uns zu erretten. Wenn wir an der Seite unseres Vaters im Himmel stehen wollen, müssen wir uns um Menschen kümmern. Aber wir können nie voll und ganz an der Seite unseres Vaters im Himmel arbeiten, ohne zuerst ihm zu dienen. Solange der Dienst an den Menschen unseren ersten Fokus einnimmt, sind wir keine Priester, dann sind wir nur Menschenfreunde (und nicht mal besonders gute).

Dürfte ich eine kühne Frage stellen? War es nicht einer der größten Unterschiede zwischen David und Saul, dass David dem Herzen Gottes diente, während Saul Gott ungehorsam war, indem er den Vorlieben und Nöten seines Volkes diente? Priester umwerben das Herz Gottes. Politiker umwerben das Herz des Menschen. Und wer bist du?

Bei uns in der Gateway Church haben wir ein neues Gebäude einweihen können, um unsere „Wachstumsschmerzen" zu lindern. Es ist wirklich schön und sehr aufregend. Ich bin so eifersüchtig auf die Kinderräume, dass ich wünschte, ich wäre wieder sieben Jahre alt. Von der Kaffeebar über den Saal bis hin zu den Parkplätzen ist das Gelände komplett gefüllt. Unglaublich. Es ist ein Beweis der Gnade Gottes über unserer Versammlung.

Unser Gemeindemotto lautet: „We're all about people" (Es geht um Menschen). Es gab einige Diskussionen darüber, ob dies eine angebrachte und biblische Sichtweise ist, aber das Entscheidende ist: Unsere Leiter wissen, dass sie schöne Gebäude bauen können, sie mit wunderbaren Leuten, schöner Musik und tollem Programm füllen können, aber wenn sie die Gegenwart Gottes ausgrenzen, bedeutet das alles nichts – wir sehnen uns in erster Linie nach der Gegenwart Gottes. Wenn wir dies tun, kommen die Menschen und füllen die Plätze. Unser Land ist mit leeren Kirchen übersät, die wie Grabsteine an einer Landstraße in unseren Vierteln liegen – sie erleben einen geistlichen Tod. Unsere Leiter wissen, dass der Dienst an sich nicht den Erfolg bringt. Wir können „alles so weiter laufen lassen wie bisher", aber Plätze füllen und den Bedürfnissen der Menschen begegnen sind zweierlei Dinge. Aus eigener Kraft können wir ihren Nöten nicht begegnen. Was nützt es, riesige Kirchen zu bauen und sie mit Leuten zu füllen, wenn Gott nicht da ist? Wenn Gott nicht in der Gemeinde ist, ist das Gebäude nur ein von Menschen gemachtes Bauwerk. Es ist Eitelkeit. Wer wird sie heilen? Wer wird sie retten? Wer wird sie freisetzen? Kein Mensch kann diese Dinge tun. Aber wenn wir, als Priester, Gott dienen, kommt er. Er thront im Lobpreis seines Volkes. Und wo Gott ist, dort ist alles möglich. Heilung geschieht in der Gegenwart des heilenden Gottes. Errettung geschieht in der Gegenwart des Retters. Gefangene werden frei in der Gegenwart des Erlösers, des Königs der Könige, der über alle bösen Geister herrscht. Wachstum, Veränderung und Buße geschehen, Berufungen werden empfangen, das Wort ist scharf und effektiv, Gebete werden beantwortet. Alles ist möglich, wenn Gott vor Ort ist! Und Gott betritt den Ort, wenn seine Priester ihm dienen.

Ja, es geht uns um die Menschen, aber wir wissen, dass wir ihnen nichts bieten können, bevor es uns nicht in erster Linie um Gott geht. Wenn unser Plan zu dienen, Gottes Verlangen und Befehle an erste Stelle stellt, dann ist dieser Plan in der Furcht des Herrn gegründet. Er ist mit dem Geist der Weisheit durchtränkt. Es ist ein Dienst der Anbetung. Wenn ein Dienst sich um die Wünsche der Menschen dreht (welche unbeständig sind), dann stinkt dieser Dienst nach Menschenfurcht. Er wird Trends von Diensten folgen, die gerade in der Mode sind, und versuchen, relevant zu sein. Vielleicht hat man auch eine Zeit lang ein wenig Erfolg, aber er wird es nicht schaffen, die einzigartige Frucht der Anbetung zu produzieren, denn er ist auf einer falschen und törichten Voraussetzung gegründet – dass Anbetung für den Menschen ist.

Was könnte in Ihrem Leben passieren, wenn Sie anfangen würden, jeden Augenblick und jede Entscheidung darauf auszurichten, Gott zu dienen? Wie würden sich unsere Gemeinden verändern? Und was glauben Sie, wie die Welt darauf reagieren würde?

Wissen Sie, die Welt ist nicht blind. Die Menschen dieser Welt wissen, dass wir sagen, dass wir Gott gehören, aber wir dienen eigentlich nur uns selbst. Warum sollten die Verlorenen einem Gott folgen, dessen Gemeinde ihn nicht einmal anbetet?

Wir können der Welt zeigen, dass es einen Gott in der Gemeinde gibt, der unserer Nachfolge und Hingabe würdig ist und unseren Dienst verdient. Aber es braucht ein Königreich von Priestern, um dies zu tun.

Darum frage ich Sie jetzt: Wer sind Sie? Und was ist Ihre Aufgabe?

4. DIE MENSCHEN SEGNEN

Ich hoffe, dass ich Sie nicht angreife, wenn ich sage, dass Anbetung für Gott ist. Nachdem wir ihm dienen, kommt er und dient uns. Das ist das beste Modell von Dienst, das es gibt. Und es vernachlässigt niemals den Menschen, sondern setzt uns an unseren vorgesehenen Platz.

Gott liebt, laut Johannes 3,16, die Welt. Und jeder, der Gott liebt, liebt, was er liebt. Darum sollte es keine Überraschung sein, dass Gott seinen Priestern die Anweisung gibt, sein Volk zu segnen. Überraschend ist jedoch, was die Bibel unter dem Wort *segnen* versteht. Das Wort wird im Sinne von *eine Person glücklich machen* gebraucht. Das hebräische Wort ist *barak*, das *segnen* oder *knien* bedeutet. Der Unterschied in unserem Verständnis von Segnen und der ursprünglichen Aussage der Bibel ist der folgende: Wenn wir Menschen segnen, wollen wir ihnen etwas sagen oder tun, damit sie sich gut fühlen. Ich höre oft Bemerkungen wie, „Die Anbetung heute hat mich wirklich gesegnet" oder, „Die Predigt von Pastor Robert hat mich wirklich gesegnet". Das Wort kann so genutzt werden, aber es schneidet sozusagen das Fleisch von der Segnung und hinterlässt das Fett. Eine biblische Segnung wurde weder ausgesprochen, um eine Person besonders zu berühren noch ein Gefühl zu erzeugen, das nur für kurze Zeit anhält. Biblische Segnungen katalysieren die Bestimmung in Leben von Menschen.

Was bedeutet das? – Ein Katalysator ist eine Substanz, die eine chemische Reaktion beschleunigt. Es ist die Zutat, die Veränderung verursacht.

Ich war noch nicht lang bekehrt, als die Brownsville Erweckung in vollen Zügen war. Ich weiß nicht, was Ihre Meinung zu dieser Zeit ist, aber ich fuhr mit ein paar Freunden aus der Gemeinde nach Florida, um zu sehen, um was es bei dieser Erweckung ging. Ich wurde Zeuge und Teil einiger mächtiger, wunderbarer Begebenheiten, während ich dort war. Ich habe aber auch viel fleischlichen Unsinn gesehen. Es lehrte mich, dass alles, was Gott tut, der Teufel (durch menschlichen Stolz) kontern möchte. Ich persönlich habe wahrgenommen, dass das Authentische sowie das Unauthentische Seite an Seite bei dieser Erweckung am Werk waren. Und so wie der Bauer, der das Unkraut und den Weizen zusammen wachsen ließ, damit der junge Weizen nicht mit ausgerissen würde (Mt 13,24-30), hat Gott es ihnen erlaubt, nebeneinander zu existieren – aber nicht für immer.

Während ich dort war, geschah etwas während eines Gottesdienstes, das mich in meine Berufung brachte. Der Lobpreispastor Lyndell Cooley kam während einer Gebetszeit zum Altar und bat alle Lobpreisleiter, nach vorne zu kommen. Zu dieser Zeit leitete ich noch keinen Lobpreis. Ich hatte noch nicht einmal eine kleine Gruppe in die Anbetung geführt. Aber plötzlich wurden meine Füße weich, sie schienen ihre eigenen Wege zu gehen und führten mich vor zum Altar. Ich ging an ein paar Freunden vorbei, die mich belächelten. „Was tust du?", sagte einer. Ein anderer sagte: „Du bist kein Lobpreisleiter!". – „Ich weiß", sagte ich entschuldigend, „meine Füße haben einfach angefangen zu laufen! Ich tue das nicht von selbst!" Als ich vorne angekommen war, betete Pastor Cooley über den Menschen, die vor mir nach vorne gekommen waren. Meine Füße drückten mich durch die Menge hindurch in die erste Reihe. Ich sah, wie er betete, Hände auf viele Menschen auflegte, aber er sagte nichts zu ihnen. Als er zu mir kam, sagte er einfach nur: „Du WIRST leiten, aber du sollst in Reinheit leiten." Das war es. Aber es setzte etwas in mir frei. Wie Sie sehen, wollte ich gar nicht leiten. Ich wollte auch nicht geleitet werden. Ich wollte allein gelassen werden. Mein Berufsberater auf der Highschool sagte mir, ich sollte Einsiedler werden und nichts mit Menschen zu tun haben. Das war O.K. für mich. Trotzdem begann sich an diesem Tag in meinem Herzen etwas zu bewegen. Nicht lange danach fing ich an, Lobpreis zu leiten, Unterricht zu nehmen, um ordiniert zu werden, die Bibel zu lehren und meinen Glauben offen zu leben. Und die ganze Zeit hatte ich im Hinterkopf, dass ich in Reinheit leiten sollte.

Ich glaube, dass Pastor Cooley an diesem Tag etwas in mir hervorgerufen hatte. Er segnete mich nicht mit etwas, das mich zum Grinsen gebracht hätte; er katalysierte meine Bestimmung. Er rief meine Zukunft in das Hier und Jetzt. Das ist, was eine biblische Segnung tut. Sie ruft die Zukunft hervor.

Schauen Sie sich an, wie die Glaubensväter ihre Kinder segneten. Diese Segensworte sprechen immer zu der Bestimmung ihrer Söhne – ihrer Zukunft. In 1. Mose 27,28-29, als Isaak Jakob segnet, spricht er über die Zukunft, die Jakob genießen wird:

„Gott gebe dir vom Tau des Himmels und vom fettesten Boden und Korn und Most in Fülle! Völker sollen dir dienen und Geschlechter sich vor dir beugen; sei ein Herr über deine Brüder,

und die Söhne deiner Mutter sollen sich vor dir beugen. Verflucht sei, wer dir flucht, und gesegnet sei, wer dich segnet!"

Diese Segnung wurde erfüllt, auch wenn sie falsch vergeben wurde (sie sollte Esau gehören). Sie katalysierte Jakobs Bestimmung.

Ich glaube, dass es die Aufgabe eines Priesters ist, die Welt nicht so zu sehen, wie sie zu sein scheint, sondern wie sie durch die Augen Gottes erscheint. Wenn Sie eine Person durch die Augen Gottes betrachten, dann sehen Sie sie nicht durch das Fleisch und durch das, was sie im Moment ist, sondern Sie sehen das Potenzial – ihre Zukunft. Priester müssen sich die Gabe aneignen, ein Stück Kohle einen Diamanten zu nennen, selbst wenn sie im Dreck begraben ist. Sie müssen, so wie es der Engel des Herrn bei Gideon tat, den mächtigen Krieger erkennen und beim Namen nennen, der darauf wartet, aus dem fallenden Feigling aufzustehen. Ich mache das mit meinen Kindern jeden Abend. Ich bete nicht nur einfach für sie, ich segne sie. Ich bitte Gott, mir zu zeigen, wie sie in seinen Augen sind. Ich sage ihnen, was sie einmal sein werden: Propheten und Prediger, Psalmisten und Riesen-Bezwinger, Diener des Herrn, Verteidiger der Schwachen und Erzfeinde des Königreichs der Finsternis. Ich segne den Charakter und die Art, die ich sehe, wie Gott sich in ihnen entwickelt, und ich segne die Stärke, die täglich in ihnen zunimmt, wenn Gott ihre Talente offenbart. Ich sprach nicht nur irgendwelche Gebete mit Gottes Kindern, sondern ich katalysiere ihre Bestimmung.

Als ein Priester hat Gott Ihnen das Recht gegeben, Leben und Bestimmung in andere hineinzusprechen. Ein authentisches Segenswort lässt Menschen nie da, wo sie sind. Es bringt Menschen immer voran. Das ist der zweite Aspekt eines Segens. Die eine Hälfte der Aufgabe des Priesters ist Gott anzubeten. Die andere Hälfte ist ...

5. ANDEREN HELFEN, GOTT ANZUBETEN

„Darum ließen sie dem König von Assyrien sagen: Die Völker, die du weggeführt und in den Städten Samarias angesiedelt hast, kennen das Recht des Landesgottes nicht, darum hat er Löwen unter sie gesandt; und siehe, diese töten sie, weil sie das Recht des Landesgottes nicht kennen! Da befahl der König von Assyrien und sprach: Bringt einen der Priester dahin, die ihr von dort weggeführt habt, und sie sollen hinziehen und dort wohnen; und er soll sie das Recht des Landesgottes lehren! Da kam einer von den Priestern, die sie von Samaria weggeführt hatten, und ließ sich in Bethel nieder und lehrte sie, wie sie den Herrn fürchten sollten." (2.Kö 17,26-28)

Was geschieht hier? – Israel drehte wieder einmal Gott den Rücken zu. Die Konsequenz war, dass Assyrien die Nation eroberte und ihre Prinzen, Priester und Führer in Gefangenschaft führten. Der König sandte Menschen aus anderen Vasallenländern, um in Samaria zu leben und das Land zu bebauen. Aber diese Menschen waren im Land Gottes und wussten nicht, wie sie den Gott anbeten sollten, dem das Land gehörte. Sie brachten ihre falschen Götter und Götzen mit und stellten sie in das Land. Ich weiß nicht, ob Sie es schon bemerkt haben, aber Gott lässt keine falsche Anbetung in seinem Haus zu. Darum erlaubte er den Löwen, über sie zu kommen, damit sie hoffentlich aufmerksam würden – und sie wurden aufmerksam. Der König erkannte seinen Fehler und kam auf eine brillante Lösung: „Schicke einen Priester zu ihnen, um sie zu lehren, wie man Gott anbetet. Dann wird der Fluch dieses Landes gebrochen und sie werden gesegnet werden." Die Priester segneten die Menschen, indem sie ihnen beibrachten, Anbeter zu sein – und die Löwen verschwanden.

Es ist eine Sache, etwas zu *sagen*, aber eine andere, etwas zu *tun*. Ein Segen tut beides. Wir leben in einer Welt voller Menschen, die unter dem Gewicht des Fluchs ermatten. Es gibt „Löwen" unter uns, die die Schwachen und Unschuldigen reißen; und ein Raubtier jagt im Schutz der Dunkelheit. Aber Priester tragen das Licht der Welt – die Gegenwart des lebendigen Gottes. Und wir können noch etwas tun, um die verdrehte Welt zu segnen: Als Priester segnen Sie die Menschen, indem Sie sie ausrüsten, in ihre Gott-gegebene Berufung zu kommen. Das bedeutet, dass Priester Lehrer sind, egal, wie wir von Gott dazu befähigt sind. Wir sind erwählt, der gefallenen Welt die Rituale oder Handlungen der Anbetung unseres Gottes zu zeigen. Wir müssen die Welt lehren anzubeten, damit sie lernt, Gott zu fürchten und ihm zu folgen – und er wird unser Land heilen.

Noch ein Mal: Wer sind Sie? Und was ist Ihre Aufgabe?

Als Gott den Priestern seinen Auftrag gab, wies er sie an, wie sie die Versammlung zu segnen hatten. Ich habe erkannt, dass dieser Segen, auch in einem modernen Kontext, großes Gewicht und Autorität hat. Ich beende oft den Unterricht, meine Predigten oder Lobpreiszeiten mit dem Segen Aarons über dem Volk Gottes. Und es ist Teil unserer Familienkultur geworden, uns gegenseitig so zu segnen:

„Rede zu Aaron und seinen Söhnen und sprich: So sollt ihr die Kinder Israels segnen; sprecht zu ihnen: Der Herr segne dich und behüte dich! Der Herr lasse sein Angesicht leuchten über dir und sei dir gnädig! Der Herr erhebe sein Angesicht auf dich und gebe dir Frieden!" (4.Mo 6,23-26)

In diesem Segen finden wir Bestimmung, Schutz, die Herrlichkeit Gottes, unverdiente Gunst, Intimität mit Gott und den

Frieden, der ungeachtet unserer Umstände über alles Verstehen geht. Segnungen sind außergewöhnlich großartige Werkzeuge, die Gott in die Hände seiner Priester legt. Was für einem aufmerksamen Gott dienen wir! Eine freie Formulierung dieses Segens lautet: „Gott segne und beschütze dich, Gott lächle dir zu und beschenke dich, Gott schaue dir direkt ins Angesicht und schenke dir Gelingen." In was für einer Welt würden wir leben, wenn wir alle solche Segnungen aussprechen und empfangen würden.

Eine Welt voller Priester

Dies war genau Gottes Absicht für die Gemeinde. Er erschuf nicht einfach eine Braut für seinen Sohn, er ordinierte eine Priesterschaft für seine Welt. Ich möchte, dass Sie kurz innehalten und über etwas nachdenken: Was wäre, wenn jede Person in Ihrer Gemeinde als Priester des höchsten Gottes fungieren würde? Lobpreisleiter, was wäre, wenn jede Person in Ihrem Team die Gegenwart Gottes tragen würde? Pastor, was wäre, wenn jede Person in der Versammlung vorbereitet in die Gemeinde käme, um einen Ort der Begegnung zwischen Mensch und Gott aufzubauen? Was wäre, wenn die Sitze und Bänke nicht mit Christen gefüllt wären, die darauf warten, gefüttert und bedient zu werden, sondern mit Priestern, die zusammenkommen, um ihrem Gott zu dienen? Was wäre, wenn unsere Leute eher nach Möglichkeiten zu segnen schauen würden, als um ihr Recht zu kämpfen, gesegnet zu werden? Was wäre, wenn jede Person, die sich Christ nennt, sich selbst als Priester sehen würde? Wenn Priester in der Versammlung, in jedem Zuhause und in den Nachbarschaften unserer Wohnorte dafür leben würden, Gott anzubeten und anderen Menschen zu helfen, ihn anzubeten?

Ich sage Ihnen, was geschehen würde: Wir würden die Gegenwart Gottes in der Gemeinde neu erleben. Und innerhalb einer Generation würden wir die Welt für Christus gewinnen. Jeder Mann, jede Frau und jedes Kind würde Lobpreisleiter in seiner alltäglichen Umgebung sein. Eine Gemeinde voller Priester – das ist der Traum Gottes. Ich bin davon überzeugt, dass Jesus, der Hohepriester des Himmels, als er seine Jünger beauftragte, genau das im Sinn hatte. Er lehrte sie, Priester zu sein, und er sandte sie aus, sich überall zu reproduzieren, wo sie hingingen – eine verlorene Welt in ein Königreich von Priestern zu verwandeln – zu Anbetern.

Lesen Sie mit anderen Augen die bekannten Worte Jesu:

„So geht nun hin und macht zu Jüngern alle Völker, und tauft sie auf den Namen des Vaters und des Sohnes und des Heiligen Geistes und lehrt sie alles halten, was ich euch befohlen habe. Und siehe, ich bin bei euch alle Tage bis an das Ende der Weltzeit! Amen." (Mt 28,19-20)

Erlauben Sie mir, diesen Befehl anders zu formulieren: „Geh und segne jeden, der dir begegnet, indem du seine Bestimmung katalysierst, Orte der Begegnung zwischen mir und den Menschen aufbaust, sie lehrst, mir zu dienen, und du wirst meine Gegenwart für immer mit dir tragen, überall wo du hingehst."

Heutzutage gibt es eine weitere Herausforderung für uns, einen weiteren Auftrag zu „gehen": „Geht, meine Freunde, und seid Priester, Gott hat euch dazu geschaffen. Seid Priester, die eine Stiftshütte bauen, Gott dienen, seine Gegenwart tragen und Menschen segnen. Ich rufe es jetzt über euch aus. Es ist eure Bestimmung in Christus und er wartet darauf, dass ihr sie ergreift. Die sterbende Welt wartet darauf, dass ihr aufsteht."

KAPITEL 3

WARUM EINE STIFTSHÜTTE?

„Siehe, ich sende meinen Boten, der vor mir her den Weg bereiten soll; und plötzlich wird zu seinem Tempel kommen der Herr, den ihr sucht; und der Bote des Bundes, den ihr begehrt, siehe, er kommt! spricht der Herr der Heerscharen."
(Mal 3,1)

Warum verlangte Gott von Mose und den Priestern, die Stiftshütte zu bauen? Es ist doch nur ein Zelt, richtig? – Die einfache Antwort lautet: Er wollte seinem Volk nahe sein. Die Geschichte der Stiftshütte Moses handelt davon, Zugang zu Gott zu bekommen. Gott hatte jedes Detail der Stiftshütte geplant und alles bedeutet etwas. Die Stiftshütte war im Grunde eine illustrierte Predigt folgender drei Themen:

Wer ist Gott (wie ist er)?

Wie bekommen wir Zugang zu ihm?

Und wie beten wir ihn an?

Gott war sehr deutlich gegenüber Mose. Er sagte einfach: „Ich möchte mit meinem Volk leben. Aber um das zu tun, musst du uns einen Ort der Begegnung bauen." Wir sehen das in 2. Mose 25,8, wo Gott sagt: *„Und sie sollen mir ein Heiligtum machen, damit ich in ihrer Mitte wohne!"*. Gott geht es um den Zugang zu ihm. Er wiederholt sein Ziel in 2. Mose 29,44-46:

„Und ich will die Stiftshütte heiligen samt dem Altar; und ich will mir Aaron und seine Söhne heiligen, damit sie mir als Priester dienen. Und **ich will in der Mitte der Kinder Israels wohnen***, und ich will ihr Gott sein.*
Und sie sollen erkennen, dass ich, der Herr, ihr Gott bin, der sie aus dem Land Ägypten geführt hat, damit ich in ihrer Mitte wohne, ich, der Herr, ihr Gott."

Mit anderen Worten sagt Gott: „Wenn ihr einen Ort der Begegnung und Priester weiht (etwas für ein heiliges Ziel ausrichtet), werde ich kommen und gegenwärtig sein, und ich werde euer Gott sein. Der wahre Grund, warum ich euch aus der Sklaverei führte, war, dass wir so zusammen leben können."

Das ist wirklich begeisternd! Gott hat sein Ziel und seinen Plan nicht geändert. Er möchte uns freisetzen, Gemeinschaft mit uns haben und unser Gott sein. Und er sucht nach Orten der Begegnung, um das zu tun, und nach Priestern, die helfen, diese Orte zu bauen.

Es dreht sich alles um den Zugang zu Gott. Er möchte Zugang zu uns, und er möchte, dass wir Zugang zu ihm haben. Gott benutzte die Ordnung des Lagers der Israeliten, um diesen Punkt bildhaft zu erklären. Gott beauftragte alle Israeliten, zusammenzupacken und der Wolke der Herrlichkeit zu folgen, wo auch immer sie hinging. Als die Wolke anhielt, hielt das Volk an und schlug das Lager auf. In 4. Mose 2 gab Gott den Familien die Anweisung, wie sie ihre Zelte aufstellen sollten.

Die Priester sollten nach ihren Stämmen um die Stiftshütte herum lagern. Die Stämme hatten sich wie folgt zu lagern: Nach Osten (gegen Sonnenaufgang) waren die Stämme Juda, Issaschar und Sebulon, an der Südseite die Stämme Ruben, Simeon und Gad, zum Westen hin Ephraim, Manasse und Benjamin und Richtung Norden Dan, Asser und Naphtali.

Wenn man ein Bild der Anordnung der Stämme um die Stiftshütte herum betrachtet, gibt es 186.400 Männer und ihre Familien gen Osten, 151.450 gen Süden, 108.100 im Westen und 157.600 im Norden.

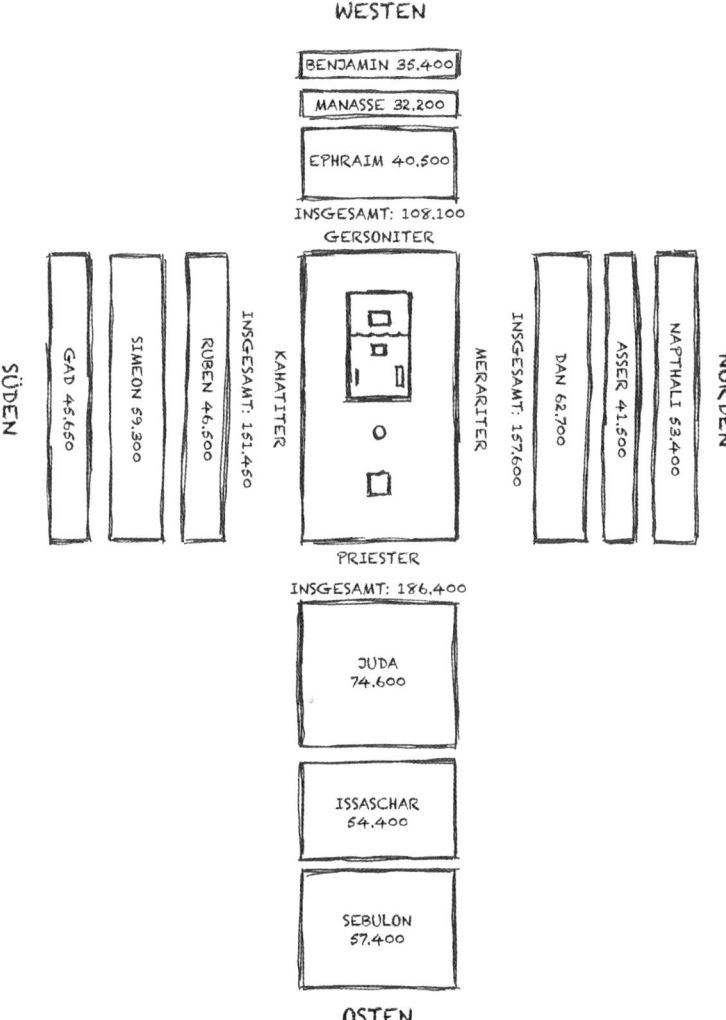

Das Bild, das sich ergibt, bildet ein Kreuz mit seiner langen Seite nach Osten (wo der Eingang der Stiftshütte liegt), und seiner kurzen Seite (der Spitze) zum Westen. Die zwei Arme gehen symmetrisch nach Norden und nach Süden. Und in der Mitte ist die Stiftshütte, das Zelt der Versammlung, der Ort der Begegnung mit Gott. Eine Feuersäule schießt aus dem Himmel und lagert sich auf der Bundeslade, die innerhalb des Allerheiligsten in der Stiftshütte ist. Versuchen Sie sich vorzustellen, was ich gerade beschreibe. Gott wies Israel an, um seinen auserwählten Ort der Begegnung in der Form eines Kreuzes zu lagern. Es ist, als ob er sagen würde: „Schaut her, Leute! Ihr möchtet mir begegnen? Das Kreuz ist der Zugang. Ihr wollt meine Gegenwart und Kraft unter euch? Diese Dinge kommen alle aus dem Dienst des Kreuzes. Ihr versteht das jetzt noch nicht, aber ich sende euch ein paar Priester, die es euch lehren werden."

Bei der Stiftshütte geht es immer um den Zugang zu Gott. Und Zugang kam immer in Form des Kreuzes. Nur mal am Rande: Versuchen Sie sich vorzustellen, was sich die kanaanitischen Nationen gedacht haben müssen, als sie von den Bergen auf das Lager des Herrn schauten. Können Sie sich vorstellen, eine Million Ex-Sklaven zu sehen, die in perfekter Ordnung in Form eines Kreuzes lagern? Sie sind keine ungeordnete Horde. Sie sind kein Gesindel. Sie sind diszipliniert und organisiert. Ich kann nicht einmal sechs Kinder rechtzeitig ins Auto bekommen, um zur Gemeinde zu fahren, und Gott organisierte eine Million mürrischer Ex-Sklaven!

Das allein ist ein Wunder. Aber das Sahnehäubchen war die Feuersäule. Können Sie sich das vorstellen? Ihr ganzes Leben lang haben Sie tote Götzen aus Stein und Holz angebetet, und das erste Mal in Ihrem Leben begegnen Sie dem lebendigen Gott? Das ist nicht irgendeine Nation, die bei Ihnen aufgetaucht ist. Diese Nation hat einen Gott in ihrem Lager, seine Herrlichkeit schießt aus dem Himmel und erleuchtet das Lager, sodass keine Straßenlampen oder Wächter nötig waren. Und dieses Volk macht sich gegen Sie zum Kampf bereit. Welch ein Horror! Sie mussten wie eine unbezwingbare Kraft ausgesehen haben. Solange Gott in ihrem Lager war, waren die Israeliten unbesiegbar. Der einzige Weg, sie zu besiegen, war, Gott aus dem Lager zu entfernen. Und der einzige Weg, dies zu tun, war, ihre Anbetung zu verderben. Das ist genau das, was die Feinde Israels taten. Und das ist, was der Feind unseres Gottes bis heute noch tut.

WIE MAN ZUGANG ZU EINEM HEILIGEN GOTT BEKOMMT

Gott möchte sein Volk lehren, ihn anzubeten und Zugang zu ihm zu haben. Darum geht es in der Stiftshütte. Wir werden die Stiftshütte später noch genauer anschauen. Aber eine Möglichkeit, sie zu betrachten, ist: Gott ließ sie bauen, um uns den Weg der Anbetung zu zeigen. Die Stiftshütte wurde gebaut, um der Welt das Protokoll von Anbetung des Königs der Könige zu geben. Jedes Element und Möbelstück in der Stiftshütte lehrt uns einen weiteren Aspekt von Anbetung. Und diese Möbelstücke sind in der Ordnung, die Gott bestimmt hat, denn jedes einzelne Stück bereitet uns für einen weiteren Schritt in seine Gegenwart und ein tieferes Level von Zugang zu unserem Gott vor. Wenn wir einen Schritt verpassen oder aussetzen, verpassen wir einen Aspekt biblischer Anbetung in unserem Leben.

Manche Menschen stören sich an dem Gedanken, dass es einen richtigen Weg gibt, um Gott anzubeten. Einige werden sagen: „Die Stiftshütte Moses ist der alte Bund. Ich bete gemäß des Tempels Davids und des neuen Bundes an." Doch in der

Tat sind Davids und Moses Stiftshütte beides, Altes und Neues Testament bzw. alter und neuer Bund. Beide sind gültig, aber sie sind jeweils dazu gemacht, eine andere, komplementäre Wahrheit über Anbetung zu lehren. Ich werde später mehr über David und seine Hütte sprechen. Ich bitte Sie, jetzt einfach nur zu akzeptieren, dass der Gott des Alten Testaments der gleiche ist wie der Gott des Neuen Testaments. Er ändert sich nicht (vgl. Mal 3,6). Wir erkennen ihn nur anders, weil seine Geschichte sich fortlaufend offenbart.

Warum sollte es keinen Weg geben – eine Etikette oder Protokoll sozusagen –, um den König und Herrn aller Kreaturen anzubeten? Ist er dessen nicht würdig?

Als ich ein kleines Kind war, lernte ich auf die harte Art und Weise, dass es einen richtigen Weg gibt, einen Hund zu behandeln. (Ich habe fast ein Ohr verloren, weil ich es falsch tat.) Wenn es eine richtige Art gibt, einen Hund zu behandeln, denken Sie nicht, dass es dann auch eine richtige Art und Weise gibt, dem Meister des ganzen Universums näher zu kommen, dem ewigen Gott aller Kreaturen, thronend zwischen den Cherubim?

Wir sind mit unseren Rechten so eigensinnig. „Ich habe das Recht, in die Gegenwart Gottes zu kommen!" Ja, das haben Sie, aber Sie haben nicht das Recht, den König mit Verachtung zu strafen.

Kein Wunder, dass wir so viele leere, tote Gemeinden in unserem Land haben. Gott thront nicht inmitten unseres Stolzes und in der Missachtung seines Volkes. Einige sagen vielleicht: „Aber die Bibel sagt: ‚Kommt freimütig zum Gnadenthron'. Warum setzt Du Schranken vor das, was Gott uns frei zur Verfügung gestellt hat?"

Das ist überhaupt nicht meine Absicht. Erinnern Sie sich? Bei der Stiftshütte geht es nicht um Einschränkungen. Es geht darum, Zugang zu bekommen.

BEWILLIGUNG GEGENÜBER BEFÄHIGUNG

Gibt es einen Unterschied zwischen „können" und „dürfen"? Vielleicht hatten Sie die Art von Mutter, vor der alle Kinder in der Nachbarschaft Angst hatten zu reden, denn sie wussten, dass sie ihr Deutsch korrigieren würde. „Nein, Johannes. Nicht: ‚*Könnte* ich ein Glas Wasser haben?', sondern ‚*Dürfte* ich ein Glas Wasser haben?'." Nun, so wie man sieht, liegen Welten zwischen diesen beiden Ausdrücken. Nehmen wir an, mein elfjähriger Sohn fragt mich, ob er heute Abend zu einem Konzert nach Austin gehen kann. „Natürlich, Kumpel! Hab einen super Abend!", sage ich ihm. Ich gebe ihm die Autoschlüssel, klopfe ihm auf die Schulter und kümmere mich um meine Angelegenheiten.

Was ist das Problem dabei? Sie sehen, ich habe ihm nur die Erlaubnis erteilt, zu einem Konzert zu gehen, und ihm eine Möglichkeit verschafft, dort hinzukommen. Aber er kann es dennoch nicht. Lassen Sie uns seine Hindernisse anschauen. Erstens: Mein Sohn hat kein Ticket und auch kein Geld. Zweitens: Obwohl ich ihm mein Auto gebe, ist er erst elf Jahre alt und kann es nicht auf legalem Weg fahren. Drittens: Er hat keine Ahnung, *wie* man fährt. Viertens: Er kennt sich schon ein bisschen aus, aber er weiß nicht, wie man von Dallas nach Austin kommt. Er muss auf einer Karte schauen, damit er den Weg zur I-35 findet, dann nach Süden und an Hillsboro, Temple, Waco und Round Rock vorbeifahren, bevor er überhaupt nach Austin findet.

Welcher Vater würde seinen Kindern die Erlaubnis geben, irgendwohin zu fahren, ohne ihnen den Weg zu erklären? Wie Sie sehen, sind Erlaubnis und Fähigkeit (*dürfen* und *können*) zwei verschiedene Dinge. Lobpreisleiter tun das Gleiche jedes Wochenende. Sie rufen: „Gemeinde! Hebräer 4,16 sagt, dass wir kühn vor den Gnadenthron Gottes kommen können. Lasst uns in die Gegenwart des Herrn kommen und ihn heute anbeten!" Und sie wundern sich, warum die Leute sich nicht vollkommen der Anbetung widmen. Warum kommen wir Gott nie so nahe, wie wir es sollten? Nun, die Menschen haben die Erlaubnis, aber wir haben ihnen nicht die Fähigkeit dazu vermittelt. Wir haben ihnen den Berg gezeigt, aber wir haben sie nicht dorthin geführt. Jesus hat uns einen Weg bereitet, um in die Gegenwart Gottes zu kommen. Und Gott, in seiner väterlichen Weisheit, wusste, dass wir dort Führung und Leitung brauchen würden. Darum hat er die Stiftshütte gegeben. Gott trennt niemals seine Gegenwart von seinem Prozess. Und der Prozess des Eintauchens in seine Gegenwart ist das, was unsere Herzen und Gedanken vorbereitet, um durch den zerrissenen Vorhang zu gehen.

Gott hat uns die Erlaubnis erteilt, zu ihm zu kommen. Dann hat er für den Schlüssel, das Auto, die Tickets, die Snacks und die Straßenkarte gesorgt. Wir müssen nur noch in das Auto einsteigen und ihm das Steuer überlassen – uns von ihm leiten lassen.

Als Lobpreis-Bewegung haben wir Gottes Erlaubnis wahrgenommen, aber wir haben uns nicht die Zeit genommen, Gottes Wege zu lernen – ihn uns durch den Prozess führen zu lassen.

DAS NEUE ALTE MODELL DER ANBETUNG

Die Stiftshütte Moses ist das himmlische Muster für Anbetung. „Aber wie kann das sein, Zach?", fragen Sie sich vielleicht an diesem Punkt. „Das ist ein altes Modell. Es gibt seit der Stiftshütte mehrere überarbeitete Versionen von Anbetung." Lassen Sie uns diesen Punkt erkunden.

In Bezug auf die Stiftshütte sagt Hebräer 8,5: *„Diese dienen einem Abbild und Schatten des Himmlischen, gemäß der göttlichen Weisung, die Mose erhielt, als er die Stiftshütte anfertigen sollte: ‚Achte darauf', heißt es nämlich, ‚dass du alles nach dem Vorbild machst, das dir auf dem Berg gezeigt worden ist!'"*

Laut dem Schreiber des Hebräerbriefes (ein Buch des NT, geschrieben nach der Auferstehung Christi) ist Moses Stiftshütte nicht eine Form der Anbetung von vor der Gnadenzeit. Sie ist ein Modell oder Schatten der himmlischen Anbetung. Himmlische Anbetung ist nicht AT oder NT. Sie ist ewig. Mit anderen Worten, diese Stiftshütte ist ein Schatten der Anbetung, die schon immer im Himmel stattgefunden hat. Sie ist ein Schatten der Anbetung, die für immer im Himmel stattfinden wird. Jesus lehrte seine Jünger zu beten, dass Gott die Dinge des Himmels auch auf der Erde tun würde. Und wenn wir das Königreich und die Kraft vom Himmel auf der Erde wollen, ist es vielleicht an der Zeit, die Anbetung des Himmels auf der Erde geschehen zu lassen.

Der Hebräerbrief sagt uns, dass die Stiftshütte ein Schatten himmlischer Anbetung ist. Was bedeutet das?

Erinnern Sie sich an Peter Pan? Wir sehen ihn zuerst, wie er durch Wendys Zimmer flitzt und seinen Schatten verfolgt. Peter fängt ihn und die mütterliche Wendy hilft ihm, ihn wieder an seinen Schuh zu nähen. Das ist alles ein schöner Spaß, aber jedes Kind weiß, dass Schatten keine Kraft haben. Er hat keine reale Körperlichkeit. Stellen Sie sich neben mich und schlagen mich fortwährend mit Ihrem Schatten, und ich werde keinen Schaden davon tragen. Aber nehmen Sie die Faust, die diesen Schatten hervorruft, schwingen sie und schlagen mir damit auf die Nase – dann werde ich den Schmerz eine Weile fühlen. Ein Schatten mag keine Kraft haben, aber der Schatten repräsentiert etwas, das Kraft hat.

Hier fingen die Israeliten an zu versagen. Sie dachten, sie könnten gerettet werden, indem sie die Rituale der Anbetung in der Stiftshütte befolgten. Hebräer 9,9-10 sagt uns klar, dass diese Opfer und Rituale keine Wirksamkeit hatten. Sie retteten niemanden. Aber sie repräsentierten etwas, das rettet und das Kraft hat. So, wie der Schatten von einer realen und kräftigen Faust hervorgerufen wurde, ist die Stiftshütte ein Schatten von etwas Realem und Kräftigem.

Und selbst wenn wir nicht jede Dimension dieser Faust sehen können, wenn wir auf den Schatten sehen, können wir viel über die Faust lernen, indem wir den Schatten beobachten, den sie wirft. Die Stiftshütte zu studieren, lehrt uns nicht alles über Anbetung, aber es wird uns etwas lehren. Etwas Kraftvolles und Effektives.

VORGABEN FÜR DIE VERWALTUNG DER STIFTSHÜTTE

Wenn wir Priester sein wollen, dann müssen wir anfangen, die Werkzeuge unseres Berufes kennenzulernen. Bevor wir ins Detail gehen, wie man Orte der Begegnung zwischen Gott und Menschen schafft, lassen Sie uns ein paar Grundregeln betrachten. Bedenken Sie, Gott sind diese Grundregeln ernst (wie wir bald sehen werden). Warum? – Wenn wir als Priester den Schatten der himmlischen Anbetung falsch kommunizieren, missverstehen die Kinder Gottes die mächtige Realität, die er repräsentiert, und den liebenden Gott, der uns einlädt, ihm nahezukommen. In der Geschichte war dies das Problem der Gemeinde: Die Priesterschaft repräsentierte Gott und seine Wege für die Menschen falsch.

Das ist auch heute noch der Fall. Fragen Sie die Leute, warum sie keine Christen sein wollen, und sie werden es Ihnen sagen. Sie haben kein Problem mit Jesus, sie haben ein Problem mit Christen, Jesu Priestern. Das ist der Hauptgrund, warum es so lange dauerte, bis ich errettet wurde. Die Priester Gottes zeigten mir nie, wie er wirklich war. Und wenn Gott so ist wie die Christen, wollte ich nichts mit ihm zu tun haben.

Wenn Sie also Orte der Begegnung zwischen Gott und Menschen bauen, dann nehmen Sie diese Grundregeln ernst. Sie machen vielleicht den Unterschied aus zwischen Leben und Tod, Errettung oder Hölle, für jemanden, den Gott versucht, durch Sie zu erreichen.

GRUNDREGELN

1. Gott akzeptiert nur Opfer aus freiem Willen

2. Mose 25,2 sagt: *„Sage den Kindern Israels, dass sie mir freiwillige Gaben bringen; und von jedem, den sein Herz dazu treibt, sollt ihr die freiwillige Gabe für mich annehmen!"*.

Wir müssen uns daran erinnern, besonders wenn wir in einer Leiterschaftsposition sind (hören Sie gut zu, wenn Sie ein Lobpreispastor sind), dass Gott nicht religiös ist. Er ist nicht wie andere Götter. Er ist heilig – ganz anders als die Religionen des Menschen. Die Götter Ägyptens forderten von ihrem Volk unter Androhung von Strafe, ihnen Opfer darzubringen. Moloch forderte ihre Kinder, Aschera ihre Jungfrauen.

Es gab nie einen Gott, egal von welcher Nation, der sein Volk liebte, bis der eine, wahre Gott Israels bekannt wurde. Und dieser Gott hat eine ganz andere Vorgehensweise. Er möchte uns nicht ausquetschen, bis wir trocken sind. Er möchte keinen Vorteil aus uns ziehen. Er möchte sich uns nicht aufdrängen. Er wird nicht Schuld und Angst und Herablassung nutzen, um uns zur Unterordnung zu zwingen. Nein, nein, NEIN! Nicht dieser Gott.

Alles, was diesem Gott nicht freiwillig geopfert wird, wird nicht angenommen. Er möchte nur innigen und authentischen Lobpreis seines Volkes. Er möchte nur Zuneigung, Gaben und Herzen – und dies alles aus freien Stücken und mit Freude.

Warum? – Weil er seine Kinder für das liebt, was sie sind, nicht für das, was sie für ihn tun können. Wir sind keine Werkzeuge in der Hand Gottes, wir sind Kinder in den Armen unseres Vaters.

Was bedeutet das für uns als Priester? Nun, für Anfänger: Man kann niemanden zu einer Beziehung mit Gott zwingen. Jeder, der *hinein*gezwungen wird, kann sich wieder *heraus*zwängen. Man kann sie nicht durch Furcht zur Bekehrung manipulieren. Angst verliert ihre Kraft und kann niemanden halten. Sie müssen aus freiem Willen kommen. (Ich habe nicht die Zeit dazu, Calvinismus und Arminianismus zu diskutieren, und genau genommen interessiert es mich auch nicht. Fakt ist: Jesus wird keine Gabe annehmen, die widerwillig gegeben wird – nicht einmal ein Herz.)

Was bedeutet das für Pastoren? Sowohl Schuldzuschreibung als auch Menschen in Freiwilligkeit, ins Dienen oder ins Opfern zu drängen, haben jetzt ein Ende. Mir gefällt es, dass meine Gemeinde, in der ich diene, keine Opferkörbe durch die Reihen gehen lässt. Unsere Opferkörbe sind an der Wand am Ausgang. Wir lehren unsere Leute zu geben, denn geben ehrt Gott. Geben ist gute Anbetung. Dann vertrauen wir ihre Herzen Gottes Händen an und warten, bis sie bereit sind. Wir sind eine der opferfreudigsten Gemeinden in Amerika (siehe Pastor Robert Morris Buch *The Blessed Life*).

Was bedeutet das für uns Lobpreisleiter? – Dies bedeutet, wir sollten aufhören, über die Gemeinde frustriert zu sein, wenn sie uns nicht so im Lobpreis antwortet, wie wir es gerne hätten. Und wir sollten die Gemeinde niemals schelten, damit wir die Reaktion bekommen, die wir möchten. Erinnern Sie sich an Mose, als er den Felsen schlug (2.Mo 20,11)? Es sollte uns als Warnung dienen. Frustriertes Unterdrucksetzen entehrt Gott.

Ich nahm einmal an einer Andacht einer Bibelschule teil und betete Gott zusammen mit den Studenten an. Die Lobpreisleiterin bekam nicht die Reaktion, die sie sich erwünscht hatte (8:00 Uhr morgens) und wurde sichtbar nervös. Sie verlor ihre Fassung, wurde wütend und ihre Augenbrauen zuckten zusammen, während sie versuchte, uns mehr und mehr zur Hingabe zu führen. Schlussendlich brach sie alles ab, machte der Band Zeichen, sie solle aufhören zu spielen, und wandte sich an ihr Publikum. Ich kann ihre exakten Worte nicht wiedergeben, aber sie erteilte der Versammlung eine Lektion. Als sie fertig war, die Braut Christi unter Druck zu setzen, forderte sie uns auf, unsere Hände hochzuheben: „Wir singen dieses Lied noch einmal und dieses Mal möchte ich, dass ihr es mit all eurer Kraft zu Gott singt!", sagte sie. Also fingen wir noch einmal an. Sie können natürlich eine Person dazu zwingen zu singen, Sie können sie auch dazu zwingen, die Hände zu heben, aber das bedeutet nicht unbedingt, dass sie Gott anbetet.

Meine Erfahrung ist, dass sich Erwachsene, wenn Sie sie wie 3-Jährige behandeln, auch so verhalten werden. Nun, im ganzen Raum sangen die Leute und hoben ihre Hände empor, während sie Löcher in die Lobpreisleiterin starrten. Gut gemacht, gute Frau. Sie haben uns wirklich geholfen, Gott an diesem Morgen zu begegnen.

Es gibt einen Grund, warum Gott sein Volk als Schafe und nicht als Rinder bezeichnet. Man treibt Rinder, aber man führt Schafe. Ein Schafhirte leitet Gottes Schafe – sein Volk. An diesem Tag fühlten wir alle die Peitsche. Es war abwertend und ineffektiv. Möchten Sie etwas Lustiges wissen? – Ich vermute, der Grund, warum anfänglich niemand singen wollte, war die Tatsache, dass das Lied nicht an Gott gerichtet war. Es war ein Lied mit einem Text über uns. Es war überhaupt nicht an Gott gerichtet. Wie können wir Gott ein Lied singen, das überhaupt nicht an ihn gerichtet ist? Mehr noch, es war ein schreckliches Lied. Ich bin ziemlich sicher, der Grund, warum die Leute nicht mitmachten, war, dass die Liedauswahl und die Leitung auf der Bühne störend, respektlos und entmenschlichend waren. Das ist keine gute Darstellung des Gottes, den ich kenne.

Und die Lobpreisleiterin gab der Versammlung die Schuld. Das ist nicht unüblich. Als ich anfing, Lobpreis zu leiten, war ich manchmal so über die Reaktion der Leute frustriert, dass ich meine Gitarre auf dem Pult zerstören und von der Bühne rennen wollte.

Gott, deine Leute können so stur sein. So unsensibel. So egoistisch! Wissen sie nicht, dass der Gott des Himmels und der Erde, der König der Könige und Herr der Herren, der Retter ihrer Seelen in DIESEM Raum und WÜRDIG der ANBETUNG ist???! (Hört sich wie Mose an, oder?)

Nun, sie sind sich dessen in diesem Moment sicher nicht bewusst. Ich fand heraus, dass die meisten Menschen überhaupt nicht wissen, was Anbetung bedeutet oder wie sie geschehen soll. Alles, was sie wussten, war das, womit sie in ihrer Denomination und Gemeinde aufgewachsen sind. Die meisten Gemeinden lehren nichts über Anbetung. Also wissen sie es einfach nicht. Da war ich nun, machte sie schuldig dafür, Gott nicht anzubeten, aber der Fehler lag nicht bei ihnen, sondern bei mir. Sie sehen, ich habe es ihnen nie besser beigebracht. Ich war wie ein Lehrer, der seine Schüler etwas abfragt, was ich sie nie gelehrt hatte und dann über die schlechten Ergebnisse frustriert war. Sie waren keine schlechten Schüler. Ich war ein schlechter Lehrer. Ich war ein junger, unerfahrener Priester. Ich hatte sie nicht ausgerüstet und nicht gesegnet. Sie waren wie Schafe ohne Hirten.

Anstatt sie zu unterweisen, ging ich einen Schritt weg vom Mikrofon und fragte Gott: „Vater, zeig mir, wie ich diesen Menschen helfen kann, dich anzubeten. Gibt es etwas, was ich tun soll? Hindert sie etwas?" Was meinen Sie, passierte dann? – Gott fing an, mich zu lehren, wie ich sie lehren sollte, wie ich sie führen sollte, wie ich den Ort der Begegnung verwalten sollte. Er zeigte mir, wie ich sie durch meine Ermutigung in die Anbetung führen konnte, durch Veranschaulichung und durch das Wort. Und er führte mich auf eine Reise, meine Arbeitswerkzeuge kennenzulernen.

Diese Versammlung wurde eine der besten Anbetungsversammlungen, die ich jemals hatte. Und wir erlebten gemeinsam die Gegenwart und Kraft Gottes.

Als sie das erste Mal sahen, was Anbetung und wie wundervoll, liebenswert und treu Gott ist, wurden sie hingegebene Anbeter. Sie wurden zu enthusiastischen Anbetern.

Das ist der alles verändernde Punkt für einen Priester (Lobpreisleiter, Pastor, Evangelist, was auch immer Sie sind). In Wahrheit ist Jesus der Lobpreisleiter. Er ist der Hohepriester. Sie sind nur verantwortlich dafür, ihm zu dienen und seiner Leitung zu folgen. Nicht Sie sind für die Resultate verantwortlich, sondern Gott. Denn es ist sein Geist, der die Menschen dazu bringt, ihm zu antworten (2.Mo 35,21).

2. Gott möchte das Herz eines Anbeters

Das führt uns zur zweiten Grundregel: Gott möchte nicht nur unseren Verstand, sondern er möchte auch unsere Emotionen bewegen. 2. Mose 35,21 sagt: *„Und sie kamen – jeder, den sein Herz dazu trieb, und jeder, dessen Geist willig war; sie brachten dem Herrn eine freiwillige Gabe für das Werk der Stiftshütte und seinen ganzen Dienst und für die heiligen Kleider".*

Wenn Sie allergisch gegen Emotionen sind, dann sind Sie möglicherweise hier falsch. Unser Gott ist ein emotionaler Gott. Sein Sohn ist ein leidenschaftlicher Retter. Er demonstrierte seine Leidenschaft für uns, um unsere Leidenschaft für ihn zu gewinnen. Schlagen Sie das Wort *Leidenschaft* in einem Wörterbuch nach, und Sie finden: *das Leiden Christi*. Sein Opfer war mehr als nur ein körperliches. Das Herz Jesu wurde durchbohrt und zerbrochen, um auch unsere Emotionen und unsere Zuneigung zu ihm freizusetzen.

Er kam, um mehr als nur die mentale Billigung seines Volkes zu gewinnen. Er kam, um ihre Herzen zu gewinnen. Das menschliche Herz ist möglicherweise der größte Schatz in der himmlischen Wirtschaft. Es wurde mit einem teuren Preis erkauft. Es ist das primäre Verlangen Gottes, seine Kinder wiederherzustellen und eine Liebesbeziehung zu ihnen zu haben. Jesus bestätigte die oberste Priorität des größten Gebotes *„Du sollst den Herrn, deinen Gott, lieben mit deinem ganzen Herzen …"* (Mt 22,37) . Wenn Gott also das Herz gewinnt, gewinnt er den ganzen Menschen. Und wenn Anbetung nicht von Herzen kommt, ist es überhaupt keine Anbetung. Wir werden später noch detailliert darüber sprechen, wenn wir Anbetung definieren.

Wenn wir Stiftshütten bauen, geben wir Gott Möglichkeiten, die Herzen seines Volkes zu gewinnen. Es ist mein Job als

Priester, ihm zu gehorchen, indem ich helfe, Gelegenheiten zu schaffen, damit Menschen ihm begegnen können. Aber es ist seine Aufgabe, die Herzen zu bewegen. Der Gehorsam ist meine Aufgabe, das Resultat seine.

3. Wir verwalten Orte der Begegnung (Stiftshütten) auf Gottes Art durch seine Weisheit

Stiftshütten müssen von Menschen aufgerichtet werden, die bereit sind, nach Gottes Wegen vorzugehen. 2. Mose 36,1 sagt, Gott rief zum Bau der Stiftshütte auf: *„... in die der Herr Weisheit und Verstand gelegt hatte, damit sie wussten, wie sie alle Werke machen sollten für den Dienst des Heiligtums ..."*.

Was ist Weisheit? Laut Psalm 111,10: *„Die Furcht des Herrn ist der Anfang der Weisheit; sie macht alle einsichtig, die sie befolgen. Sein Ruhm bleibt ewiglich bestehen"*. Den Herrn zu fürchten bedeutet, sich mehr um Gottes Meinung und Ehre zu kümmern als um alles andere in der Welt. Es bedeutet zu lieben, was er liebt, und zu hassen, was er hasst. Es sind der Respekt, die Ehrfurcht und die Bewunderung, die einem König gebühren.

Weisheit beschützt uns vor dem Weg des Bösen, Stolz und Torheit (Spr 2,12+16; 11,2). Sie entwickelt Geduld und Demut in uns (Spr 19,11) und lehrt uns, göttliche Weisung zu suchen. Der Grund, warum diese Dinge wichtig sind, ist, dass das Leben von Menschen auf dem Spiel steht. Lassen Sie mich ein Beispiel geben: Sprüche 14,2 sagt, dass es einen Weg gibt, der dem Mann richtig erscheint, aber der am Ende zum Tod führt. 2. Samuel 6 erzählt uns die Geschichte von Davids erstem Versuch, die Lade nach Jerusalem zu bringen. David wollte die Lade direkt in der Mitte des Volkes haben, denn er wusste, dass die Gegenwart Gottes der Schlüssel zum Segen war. David wusste um den Wert der Gegenwart Gottes und wollte ihm nahe sein, und er wusste um den Wert von Gottes Volk und wünschte sich, dass es gesegnet sei.

David plante den außergewöhnlichsten Anbetungsgottesdienst in der Geschichte Israels. Alle Priester, Ältesten, Stammeshäupter, Politiker und Generäle waren anwesend. Er hatte Live-Musik, ein Tanzteam, einen Umzug, Geschenke für alle und außergewöhnliche Geschenke für den Herrn. David liebte Gott und gab alles für dieses Fest. Die Lade kam zurück zum Volk, und das war eine wirklich große Sache.

Wie Sie sich sicherlich erinnern, ging die Geschichte nicht gut aus. David transportierte die Lade auf einem neuen Wagen, der von Rindern gezogen wurde. Die Rinder glitten aus und Ussa sprang herbei, um die Lade zu halten. Sobald er sie berührte, *"... entbrannte der Zorn des Herrn gegen Ussa; und Gott schlug ihn dort wegen des Vergehens; so starb er dort bei der Lade Gottes"* (2.Sam 6,7).

Als David sah, dass Gott Ussa getötet hatte, wurde er darüber zornig. Ich stelle mir vor, dass er dachte: „Gott! Was tust du da? Siehst du nicht diese Party? Wir machen das alles für Dich. Und DU hast gerade einen meiner Lobpreiser getötet!" David musste realisiert haben, dass er respektlos war, denn danach heißt es: *„Und David fürchtete sich vor dem Herrn an jenem Tag und sprach: Wie soll die Lade des Herrn zu mir kommen?"* (V. 9). Das ist richtig. Sogar ein Mann nach dem Herzen Gottes muss den Herrn fürchten – muss die Weisheit Gottes suchen und die Dinge auf Gottes Art und Weise tun.

Warum tötete Gott Ussa an diesem Tag? Vers 7 sagt, dass er aufgrund von Missachtung starb. Weise Menschen versuchen nicht die Herrlichkeit Gottes zu ergreifen. Wir legen keine Hand an oder versuchen, die Gegenwart und Kraft Gottes zu manipulieren. Muss ich mir auch selbst sagen.

Aber das ist nicht alles, um was es hier geht. Sie haben einen fundamentalen Fehler gemacht, als sie die Lade transportieren wollten. Sie versuchten es auf die gleiche Art und Weise, wie es die Welt tat. Laut 4. Mose 10,8 sollten die Priester die Lade auf ihren Schultern tragen. Sie sollte nicht von Rindern gezogen werden. Und in Bezug auf 2. Mose 25,14 sollten sie die Stäbe benutzen und die Lade nicht berühren.

David realisierte, dass er etwas falsch gemacht hatte, und ging zurück, um seine Hausaufgaben zu machen. Dann rief er seine Priester zusammen und sagte:

„.... Ihr seid die Familienhäupter unter den Leviten; so heiligt euch nun, ihr und eure Brüder, und bringt die Lade des Herrn, des Gottes Israels, hinauf an den Ort, den ich für sie zubereitet habe! Denn das vorige Mal, als nicht ihr es wart, machte der Herr, unser Gott, einen Riss unter uns, weil wir ihn nicht suchten, wie es sich gebührte!" (1.Chr 15,12-13)

Es gab also zwei Wege, um die Lade nach Jerusalem zu bringen: den Weg Gottes und den Weg, der dem Menschen recht und angebracht *schien*. Und Sprüche 14,12 erinnert uns, dass der Weg, der richtig *erscheint*, im Tod enden kann.

Ich habe so viele Menschen gesehen, so viele Gemeinden, die Gott so anbeteten, wie es ihnen richtig *erschien*, aber die kein Leben in sich haben. So viele Gemeinden und Herzen erleben geistlichen Tod, weil sie sich nicht die Zeit nehmen, um zu fragen: „Wie sollen wir Dich anbeten, Gott?".

Woher kam denn die Idee, die Lade auf einem Wagen zu transportieren? Wir finden die Antwort in 1. Samuel 6. Sie können sich vielleicht an den Bericht erinnern, als die Lade in die Gefangenschaft bei den Philistern kam. Gott hatte erlaubt, dass seine Gegenwart wegen einer Sünde in der

Priesterschaft, die nicht mit Buße beglichen wurde, vom Volk Israel genommen wurde (ich hoffe, Sie lesen diesen Satz noch einmal). Aber Gott wird sich nicht von den Götzendienern entehren lassen, deswegen bestrafte er die Philister jedes Mal, wenn sie versuchten, die Lade irgendwo zu lagern, und brachte Plagen über ihre Städte. Schlussendlich gaben die Philister auf. Sie entschieden sich, die Lade zu den Israeliten zurückzuschicken. Wie sandten sie sie zurück? Auf einem Wagen (1.Sam 6,11). Mit anderen Worten, David bekam diese Idee, wie man die Lade des Herrn transportieren könnte, von den Philistern, die die Feinde Gottes waren. Er dachte sich: „Nun, das letzte Mal wurde sie auf einem Wagen transportiert. Ich glaube, wir machen das Gleiche noch einmal."

Das Schlimmste ist, dass die Priester ihm niemals sagten, dass das, was er tat, nicht Gottes Weg war. Wissen Sie warum? – Weil die Priester das Wort Gottes nicht kannten, wussten sie nicht, wie sie es machen sollten, und waren zu faul und selbstgefällig zum Streben, um sich selbst als bewährt zu erweisen (2.Tim 2,15).

Ein Mensch starb an diesem Tag, weil die Priester nicht ihre Aufgaben erfüllten. Und sie erfüllten ihre Aufgaben nicht, weil sie sie nicht kannten.

Lektion 1: Es gibt für einen Priester keine Ausrede, seine Verantwortung nicht zu kennen, aber es gibt Konsequenzen, wenn Priester ihre Verantwortung nicht kennen.

Lektion 2: Nur weil etwas in der Welt funktioniert, bedeutet das nicht, dass es im Haus Gottes auch funktioniert. David lernte das auf die harte Tour. Gott ließ die Philister die Lade auf einem Wagen zurückbringen, weil sie keine Anbeter Gottes waren. Aber er lässt sich das gleiche respektlose Verhalten nicht von seinen eigenen Priestern gefallen.

Wir müssen uns daran erinnern, dass die Wege der Welt nicht die Wege Gottes sind. Er ist heilig! Abgesondert! Anders, als alle anderen Götter! Anders als unsere Kultur!

Leistung funktioniert in der Welt, aber nicht in der Anbetung. Die „Deutschland sucht den Superstar"-Einstellung funktioniert in der Welt, aber nicht in der Priesterschaft. Die postmoderne Gemeinde hat versucht, viele Aspekte von populärer Kultur in Anbetungsgottesdienste einzubauen, um für ihre Generation relevant zu bleiben. Es gibt nichts Heiliges, und auch nichts Weltliches an Lichtern, Instrumenten, Theater, Tanz, Videomontage, Pop, Klassik oder Rockmusik. Diese Dinge sind nur eine Frage des Stils. Es gibt keinen heiligen Stil. Stil ist dazu da, um Menschen anzuziehen.

Aber einige Dinge sind von prinzipieller Bedeutung. Entweder legen wir Wert auf die Wahrheit des Wortes Gottes oder wir tun es nicht. Entweder schätzen wir die Gegenwart und Kraft Gottes oder eben nicht. Entweder ehren wir Jesus als den Sohn Gottes, der für unsere Sünden starb, oder wir tun es nicht. Diese Dinge sind keine Stil-Fragen. Diese Dinge sind absolut. Wir können sie nicht verneinen und dann hoffen, dass wir Erfolg haben werden. In solchen Fällen, sogar in postmodernen Gemeinden, müssen wir unsere Kultur der Kultur des Wortes Gottes unterordnen – der Kultur des Königreichs. Wir können nicht erwarten, dass sich die Kultur des Königreichs unserer gefallenen Kultur unterordnet. In 2. Moses 25,40 sagt Gott:

> „Und achte sorgfältig darauf, dass du alles [die Dinge, die zur Stiftshütte gehören] *genau nach dem Vorbild machst, das dir auf dem Berg gezeigt worden ist!"*

Warum? – Weil Gott alles aus einem bestimmten Grund tut; selbst die Muster der Stiftshütte enthalten Leben in sich für diejenigen, die sie verstehen. Erinnern Sie sich? Wenn wir dem Muster nicht folgen, bekommen wir einen falschen Schatten, und deshalb verfälschen wir die Vorstellung der Menschen über die Realität des Himmels, die dahinterliegt.

Wenn wir das körperliche, sichtbare Muster falsch sehen, stellen wir die himmlische Realität falsch dar. Die Menschen wissen nicht, wer Gott wirklich ist, weil die Priester es so lange verpasst haben, den wahren Schatten zu werfen – Gott nicht richtig darzustellen.

Noch einmal: Die Weisheit folgt den Wegen Gottes. Torheit folgt den Wegen, die dem Menschen richtig erscheinen.

Wir können anbeten und Anbetung leiten gemäß Gottes Wort, und wir werden Leben in unsere Beziehungen und Umstände unseres Lebens bringen, oder wir folgen der Weisheit der Menschen, die nur zu Tod und Verfall führt.

4. Stiftshütten müssen von fähigen Leuten gebaut werden

Würden Sie unfähige Bauleute anheuern, um Ihr Haus bauen zu lassen? Wie ist es mit einem jungen Mechaniker, der Ihren Motor ausbaut? Würden Sie Ihren Blinddarm von einem „Chirurgen" entfernen lassen, der keine medizinische Ausbildung hat? Nein? Warum ist es dann überraschend, dass Gott den gleichen (oft höheren) Anspruch an sein Haus hat? Warum erwarten wir von Gott, einen niedrigeren Anspruch an seine Arbeiter zu haben, als wir sie an unsere haben? Verzeihen Sie mir, aber die Gemeinde scheint zu denken, dass so mancher Vorteil in Mittelmäßigkeit liegt. So ist es aber nicht.

Mittelmäßigkeit hat keinen Platz im Reich Gottes. Die Bibel lehrt Gottes Volk: *„Strebe eifrig danach, dich Gott als bewährt zu* erweisen, als einen Arbeiter, der sich nicht zu schämen braucht, der das Wort der Wahrheit recht teilt" (2.Tim 2,15).

Bewährt für was? – Bewährt im Dienst des Königs zu arbeiten. In welchem Bereich auch immer, mit welchen Gaben auch immer, sollten wir uns darum bemühen, üben und uns danach sehnen, das Beste zu sein, was wir sein können – um Gott das beste Opfer zu bringen, das uns möglich ist.

Als Gott Mose anwies, die Stiftshütte zu bauen, sagte er Mose genau, welchen Handwerkern er die Arbeit auftragen sollte. Bitte beachten Sie hier Gottes Wort:

„Und Bezaleel und Oholiab und alle Männer, die ein weises Herz hatten, ... sie handelten nach all dem, was der Herr geboten hatte." (2.Mo 36,1)

„Siehe, ich habe Bezaleel mit Namen berufen, ... und ich habe ihn mit dem Geist Gottes erfüllt, mit Weisheit und Verstand und Erkenntnis und mit Geschicklichkeit für jede Arbeit ..." (2.Mo 31,2-3)

Diese waren nicht irgendwelche Künstler. Sie waren die absolut besten Weber, Schmiede, Juweliere und Holzarbeiter der ganzen Nation. Warum? – Gott ist der König der Könige und der Herr der Herren und er ist würdig, mehr als unser Bestes zu empfangen.

Immer, wenn wir Gott ein Opfer darbringen, sollte es das Beste sein, was wir haben.

„So sollt auch ihr dem Herrn ein Hebopfer geben von allen euren Zehnten, die ihr von den Kindern Israels nehmt, und sollt davon dem Priester Aaron ein Hebopfer für den Herrn geben. Von allem, was euch gegeben wird, sollt ihr dem Herrn

*ein Hebopfer abgeben, **von allem Besten** den geheiligten Teil. Und sprich zu ihnen: Wenn ihr so **das Allerbeste davon abhebt**, so soll es den Leviten angerechnet werden wie der Ertrag der Tenne und wie der Ertrag der Kelter. Und ihr dürft es essen an allen Orten, ihr und euer Haus; denn es ist euer Lohn für euren Dienst an der Stiftshütte. Und ihr werdet deswegen keine Sünde auf euch laden, **wenn ihr das Beste davon abhebt; ihr werdet weder das Geheiligte der Kinder Israels entweihen noch sterben**.*" (4.Mo 18,28-32)

Wie wenden wir das auf den Lobpreisdienst an? – Wir entweihen die heiligen Gaben, wenn wir Gott weniger als das Beste bringen, was wir anzubieten haben. Jedes Kind Gottes hat eine Gabe bekommen, um ihm zu dienen – eine Gabe für ihn. Was auch immer Ihre Gabe ist, arbeiten Sie daran, dass sie zur besten Ihrer Fähigkeiten wird.

Ich bin ein Lobpreisleiter, stehe auf der Bühne und leite musikalische Teams im Dienst an. Wir haben Bewertungskriterien, um festzulegen, ob eine Person begabt und befähigt genug ist, auf unserer Bühne zu dienen oder auch nicht. Sagen wir, wir haben vier Gitarristen und eine freie Stelle im Team. Wenn alle vier sich als treu erwiesen, Charakter gezeigt, sich eifrig als bewährt erwiesen haben und die Salbung Gottes erkennbar ist, wie wählen wir dann aus, wer für den König spielen soll?

Wir wählen den Besten. Warum? – Weil, Gott weniger als unser Bestes zu bringen, eine Beleidigung für seine Majestät wäre. Es würde „*das Geheiligte … entweihen*".

„Wenn das Tier aber einen Fehler hat, wenn es hinkt oder blind ist oder sonst einen schlimmen Fehler hat, so sollst du es dem Herrn, deinem Gott, nicht opfern …" (5.Mo 15,21)

Gott akzeptiert keine fehlerhaften Opfer – egal, ob es ein fehlerhaftes Schaf oder fehlerhafte Musik ist. Gott Fehlerhaftes zu bringen, ist kein Opfer. Es ist eine Beleidigung. Es wäre, als ob Sie ein Geburtstagsgeschenk für Ihre Frau an der Tankstelle kaufen würden. Fehlerhaft. Schauen Sie sich diese Stellen an:

> *„Und wenn ihr ein blindes Tier zum Opfer bringt, ist das nichts Böses; und wenn ihr ein lahmes oder krankes darbringt, ist das auch nichts Böses? Bringe es doch deinem Statthalter! Wird er Wohlgefallen an dir haben oder dich freundlich beachten? spricht der Herr der Heerscharen."* (Mal 1,8)

> *„... Und ihr verachtet ihn, spricht der Herr der Heerscharen, **und bringt Geraubtes und Lahmes und Krankes herbei** und bringt so etwas als Opfergabe dar. **Sollte ich das** von eurer Hand **wohlgefällig annehmen**? spricht der Herr. Nein, **verflucht sei der Betrüger**, der in seiner Herde ein männliches Tier hat und ein Gelübde tut und dann doch dem Herrn ein verdorbenes opfert! **Denn ich bin ein großer König**, spricht der Herr der Heerscharen, und mein Name ist gefürchtet unter den Heidenvölkern."* (Mal 1,13-14)

Haben Sie den letzten Teil verstanden? – Man kann es nicht viel klarer ausdrücken. Gott sagt, er wird ein fehlerhaftes Opfer nicht annehmen. Maleachi 1,8 sagt, dass Gott es als böse ansieht, wenn wir ihm weniger als unser Bestes bringen. Er geht so weit, Menschen zu verfluchen, die es in der Hand haben, ein königliches Opfer zu bringen, aber die weniger als das Beste bringen.

Denken Sie mal einen Moment darüber nach. Ich könnte einen Fluch über den Dienst bringen, den ich aufbaue, indem ich Gott weniger als das Beste bringe, was wir haben. Ich habe die Verantwortung gegenüber der Gemeinde sicherzustellen, dass unsere Musikopfer exzellente Opfer sind – das Beste, was wir geben können. Es ist vielleicht nicht das Beste, was die Welt zu bieten hat, aber darum bittet er nicht. Er bittet um das Beste, das wir bringen können. Und er ist würdig, weil er der größte König in aller Welt ist. Diesen Gottesdienst – über den ich früher urteilte – war vielleicht das Beste, was sie hatten; in diesem Fall war Gott zufrieden.

Ein GUTES Opfer zu bringen, ist gute Anbetung.

Die letzte Zeile aus Vers 14 sollte nicht missachtet werden. In den letzten 50 Jahren wurde die Gemeinde von der Welt für die Qualität ihrer Opfer verhöhnt. Als Gemeindeleiter müssen wir den Herrn für unsere lächerliche Qualität, mit der wir Kunst, Musik, Bücher, Schauspiel und Filme geopfert haben, um Vergebung bitten. Ich weiß, dass das hart ist, aber es ist gute Medizin. Sie sehen, ich glaube, dass Christen davor Angst haben, sich gegenseitig zu sagen: „Du kannst das besser. Und Gott ist würdig, das Beste zu empfangen." Und darum haben wir uns mit Mittelmäßigkeit zufrieden gegeben. Die Gemeinde Gottes sollte die beste Musik der Welt machen, denn Musik ist kein Werk Luzifers, sondern das Werk Gottes. Wir sollten die besten Filme drehen und die besten Bücher schreiben. Wir sollten die besten Künstler, Soldaten, Minister, Doktoren, Ehemänner und -frauen, Politiker und Piloten der Welt haben. Wir sollten die nächste Renaissance einführen. Wir sollten die nächste kulturelle Revolution anfangen. Wir sollten Kunst schaffen, die die Kultur verändert, anstatt von den Medien, die die Kultur Gottes untergraben, unterhalten zu werden!

Wenn wir aufhören, Gott „spezielle Musik" zu opfern, und ihm stattdessen „Anbetung" anbieten – die absolut Beste, die wir haben –, können wir die Aufmerksamkeit der Welt gewinnen. Wenn Christen an der Spitze jeder menschlichen Bemühungen wären (was unsere Bestimmung ist), würde die Welt wissen, dass unser Gott ein mächtiger König ist, gefürchtet unter den Nationen.

Die Wahrheit ist, dass die Welt denkt, dass unser Gott ein einsamer, alter Mann in den Wolken sein muss, der alte Klamotten und schlechte Musik mag, und der Menschen hasst. Was für einen schlechten Dienst haben wir ihm erwiesen.

Sie mögen nun sagen: „Aber die Bibel sagt, Gott schaut aufs Herz". Das ist wahr, das tut er. Ich sage nicht, dass wir unser herzloses Bestes bringen sollen. Ich sage, wir sollten unser leidenschaftliches Bestes bringen. „Aber", sagen Sie, „es heißt, man soll vor dem Herrn jauchzen." Natürlich sollen Sie jauchzen, aber schräges Jauchzen qualifiziert Sie nicht, die Versammlung im Lobpreis anzuleiten. Und der Psalmist sagte:

„Singt ihm ein neues Lied, spielt gut mit Posaunenschall!"
(Ps 33,3)

Ja, jede Stimme soll zu Gott singen, aber nur die besten Stimmen sollten den Gesang leiten. Die Menschen schauen neidisch auf die Bühne. Sie sehen eine hohe Position und möchten sie haben. Und sie beklagen sich, wenn sie sie nicht bekommen. Ich wollte niemals jemanden leiten. Ich wollte nur mit Gott allein sein. Vielleicht führe ich deswegen die Gemeinde in den Lobpreis. Ich diente Gott niemals mit dem Wunsch, einmal auf einer Bühne zu stehen. Ich diente ihm, weil ich ihn liebe. Das ist Anbetung.

Sie, mein Freund, sind ein Priester. Sie haben das Privileg, Gott zu dienen und sein Volk zu segnen. Tun Sie es mit ganzem Herzen als Zeichen der Liebe. Gebrauchen Sie Ihre Gaben, um es so gut, wie Sie es können, zu tun. Dann wird Ihr Dienst ein gutes und akzeptables Opfer sein – und er wird Anbetung sein.

5. Durch seinen Geist

*"Siehe, ich habe Bezaleel mit Namen berufen, den Sohn Uris, des Sohnes Hurs, vom Stamm Juda, und **ich habe ihn mit dem Geist Gottes erfüllt**, mit Weisheit und Verstand und Erkenntnis und mit Geschicklichkeit für jede Arbeit, um Kunstwerke zu ersinnen und sie auszuführen in Gold und in Silber und in Erz, und um Edelsteine zum Besatz zu bearbeiten, und um Holz zu schnitzen, sodass er Kunstwerke aller Art ausführen kann."*
(2.Mo 31,2-5)

Es ist unmöglich, eine Stiftshütte – einen Ort der Begegnung zwischen Mensch und Gott – ohne den Geist Gottes zu bauen. Wenn ein Leiter alle Weisheit und Erkenntnis hat, voller Fähigkeit und Exzellenz ist, ein Hirte mit außergewöhnlicher Fähigkeit ist und mit der Stimme eines Engels spricht, aber nicht den Geist Gottes hat, wird diese Person niemals wirklich ein Priester sein. Sie wird niemals ein Anbeter sein. Und sie kann nicht darauf hoffen, andere in die Anbetung Gottes zu führen.

Warum ist das so? Es liegt daran, dass ich niemanden dorthin führen kann, wo ich nicht hingehen kann. Kann der Blinde dem Blinden zeigen, wie man sieht?

"Aber die Stunde kommt und ist schon da, wo die wahren Anbeter den Vater im Geist und in der Wahrheit anbeten werden; denn der Vater sucht solche Anbeter. Gott ist Geist, und die ihn anbeten, müssen ihn im Geist und in der Wahrheit anbeten."
(Joh 4,23-24)

Dieses Buch reicht nicht aus, um diesen Punkt weiter auszuführen. Ich erwähne es nur kurz. Gott ist Geist, und muss im

Geist angebetet werden. Wenn wir jemanden auf die Bühne stellen, ist eins unserer Kriterien der Beweis des Geistes Gottes in dem Leben der Person (ich komme später darauf zurück). Ohne ihn zählen alle anderen Qualifikationen nichts. Sie sind kraftlos.

Bevor ich errettet wurde, versuchten mich Christen die ganze Zeit über zu bekehren. Meine Eltern sandten mich auf eine christliche Schule in der Hoffnung, mein Leben würde sich ändern (es änderte sich zu dieser Zeit nicht), und einige der Studenten sahen mich als Herausforderung an.

Sie hatten zwei Probleme: Sie kannten ihre Bibel nicht gut genug und hatten nicht den Geist Gottes. Das hat mich nicht wirklich herausgefordert. Die haben keinen Stich bei mir gemacht. Sie gingen oft enttäuscht oder heulend auf ihre Zimmer zurück. Warum? – Sie versuchten, mich zu etwas zu führen und wussten selbst nicht wie. Und sie taten es ohne die Kraft und Weisheit Gottes. Das ist ein großartiges Rezept, um zu versagen.

> *„Der Herr, der Gott, der allem Fleisch den Lebensodem gibt, wolle einen Mann über die Gemeinde einsetzen, der vor ihnen aus- und einzieht und sie aus- und einführt, damit die Gemeinde des Herrn nicht sei wie Schafe, die keinen Hirten haben! Und der Herr sprach zu Mose: Nimm dir Josua, den Sohn Nuns, einen Mann, in dem der Geist ist, und lege deine Hand auf ihn; und stelle ihn vor Eleasar, den Priester, und vor die ganze Gemeinde und gib ihm Befehl vor ihren Augen."* (4.Mo 27,16-19)

Gott sucht nach Hirten, die seine Geliebten leiten. Er sucht nach Leitern, die sein Volk in seine Gegenwart und in den Krieg führen können. Um dafür fähig zu sein, müssen sie seinen Geist in sich haben. Durch den Geist Gottes führte Josua

Gottes Volk in das verheißene Land. Und durch den Geist Gottes werden wir sein Volk in seine Gegenwart führen.

Lassen Sie den Geist Gottes die Anbetung in Ihrem Leben führen, und Sie werden ihm folgen können.

KAPITEL 4

WAS IST ANBETUNG?

Jemand sagte einmal, dass wir, wenn wir beten, mit unseren Nöten beschäftigt sind. Wenn wir preisen und Dank sagen, sind wir mit unseren Segnungen beschäftigt. Aber wenn wir anbeten, sind wir nur mit ihm beschäftigt.
Dr. Eddie Hyatt

Ich realisiere, dass es ein Kompliment sein soll, aber es erschreckt mich auch ein wenig, wenn Leute nach einer Anbetungszeit zu mir kommen und sagen: „Ich liebe deine Musik". Ich weiß, sie meinen es gut. Sie versuchen, etwas in Worte zu fassen, das sie verbal nicht ausdrücken können. Sie haben etwas erlebt, was die Gemeinde sie nicht gelehrt hat zu beschreiben. Sie haben Anbetung erlebt. Und weil Gott auf Anbetung antwortet, haben sie die Gegenwart Gottes erlebt – die unbeschreibliche Gegenwart Gottes.

Wir haben unseren Gemeinden einen großen Schaden zugefügt, indem wir ihnen erlaubt haben zu denken, dass Anbetung nur eine Art von Musik sei. Wenn Anbetung nur Musik ist, dann kann sie in Stile und Kategorien eingeordnet werden. Sie kann verpackt, produziert und vermarktet werden. Und sie kann von ihrem menschlichen Publikum konsumiert werden. Wenn Anbetung nur Musik ist, können wir sie als erfreulich und angebracht oder als unerfreulich und unangebracht werten. Wir können entscheiden, ob wir uns der Anbetung nach unseren Vorlieben und Geschmäckern hingeben oder nicht. Wenn ein Lied nicht meinem Stil entspricht oder meine jetzige Stimmung widerspiegelt, dann muss ich es nicht mögen oder daran teilnehmen.

Sehen Sie das Problem? – Wenn Anbetung Musik ist, können wir sie vermarkten. Der Mensch wird zum Zuschauer – zu einem Konsumenten von Anbetung. Mit anderen Worten: Anbetung wird etwas für den Menschen und nicht für Gott. Wenn Anbetung für den Menschen ist, dann ist der Mensch das Objekt von Anbetung. Wenn der Mensch der Gegenstand der Anbetung ist, dann sind wir unsere eigenen Götter.

Wir können keinen Erfolg haben, wenn wir das für uns in Anspruch nehmen, was Gott gehört. Anbetung ist für Gott. Wenn ich anfange, über Anbetung zu urteilen, stelle ich mich an die Stelle Gottes – ich kämpfe gegen Gott. Die gleiche Torheit, die Luzifer seinen Platz im Himmel kostete, wuchert wild in unseren Gemeinden und in unserer Anbetungskultur. Wir denken, Anbetung sei für uns. Aber Anbetung ist für Gott, nicht für den Menschen.

Wussten Sie, dass es kein einziges Wort für *Anbetung* im Griechischen oder Hebräischen gibt, das etwas mit Musik zu tun hat? Interessant, oder?

MUSIK ALS TRANSPORTMITTEL

Musik ist ein wunderbares Werkzeug für Anbetung. Musik ist eine der wenigen Formen der Kunst, die der Menschheit gegeben wurde, worin die Dreieinigkeit unseres menschlichen Daseins – Körper, Seele und Geist – beteiligt ist. Wenn die Dreieinigkeit des Menschen die Dreieinigkeit Gottes anbetet, findet eine Beziehungsverbindung (oder Gemeinschaft) statt, die von keiner anderen Kreatur nachgeahmt werden kann.

Gott ist ein dreieiniges Wesen und kann nur von einem anderen dreieinigen Wesen voll und ganz angebetet werden. Darum ist das größte Gebot, Gott mit unserem ganzen Herzen, unserer ganzen Seele und unserer ganzen Kraft zu lieben (Mk 12,30). Dafür müssen wir die Einheit unserer Dreieinigkeit kommunizieren, wenn wir Gott anbeten. Wir beten mit allen drei Teilen unseres Selbst an. Wenn ein Teil nicht voll dabei ist, beten wir nicht wirklich an. Wenn mein Mund singend anbetet, aber mein Herz nicht voll dabei ist? – Keine Anbetung. Wenn ich Gott ein Liebeslied singe, aber mein Geist aufgrund von Unglaube tot ist? – Keine Anbetung. Musik hilft uns, unsere Dreieinigkeit mit der Dreieinigkeit Gottes zu verbinden – ihn mit jedem erretteten Teil unseres Lebens zu lieben: Körper, Seele und Geist.

Musik bewegt unseren Körper. Sie inspiriert uns, uns zu bewegen, im Takt zu wiegen, zu tanzen. Sie beschleunigt oder beruhigt unseren Puls. Wir wurden sogar mit musikalischen Instrumenten in unserem Körper erschaffen. Unsere Hände klatschen und unsere Füße stampfen wie ein Percussioninstrument. Unsere Stimmbänder dienen uns als Streich- und Blasinstrument. Wir sind lebendige Instrumente (die einen sind besser gestimmt als die anderen). Unsere Körper wurden dazu geschaffen, musikalisch zu sein. Darum berührt und bewegt Musik unseren Körper. Musik bewegt unsere Seele. Haben Sie jemals ein Musikstück gehört, das Sie zum Weinen gebracht hat? Haben Sie jemals ein Lied gehört, das Ihr Herz froh gemacht hat? – Mit Sicherheit, denn Musik berührt Ihre Seele. Sie berührt auch Ihre Emotionen und Ihren Verstand. Sie inspiriert zu Bildern, Gedanken und Gefühlen. Sie kann viele Emotionen ohne ein einziges Wort mitteilen. Musik ist eine mächtige Antenne der Seele. Wenn Sie mir nicht glauben, schauen Sie sich einen spannenden Filmausschnitt ohne Ton an. Die Hälfte der Spannung in „Jaws" kommt von der ominösen „gleich passiert etwas"-Musik. Ohne Musik ist „Jaws" einfach nur ein großer Fisch. Die Musik macht ihn unheimlich. Unsere Seelen wurden dazu geschaffen, der Musik zu antworten. Musik bewegt auch unseren Geist. Das hat sie schon immer. Erinnern Sie sich daran, als Saul von dem bösen Geist geplagt wurde? Was tat er, um seinen eigenen Geist zu beruhigen? Er tat nichts. David spielte für ihn Musik.

> *„Wenn nun der böse Geist von Gott über Saul kam, so nahm David die Harfe und spielte mit seiner Hand; und Saul fand Erleichterung, und es wurde ihm wohl, und der böse Geist wich von ihm." (1.Sam 16,23)*

Wie war es bei Joram und Josaphat, den Königen Israels und Judas, als sie Elisa baten zu prophezeien. Wie öffnete Elisa sein Herz, um den Herrn zu hören?

> *„So bringt mir nun einen **Saitenspieler**! Und als der **Saitenspieler** die Saiten schlug, kam die Hand des Herrn über ihn." (2.Kö 3,15)*

Unser Geist wurde dazu geschaffen, auf Musik zu antworten. Was für ein wunderbares Werkzeug! Was für ein wunderbares Transportmittel für Anbetung! Was für ein ausfüllender Ausdruck von Anbetung! Aber ist Musik allein Anbetung? – Nein, ist sie nicht. Was *ist* dann Anbetung?

WORTH-SHIP

Dieses Buch ist zum Teil ein Versuch, wahre Anbetung zu definieren und zu verstehen. Um diesem Ziel näherzukommen, müssen wir uns mit ein paar speziellen Worten gut vertraut machen. Wir müssen uns in die Sprachen Englisch, Hebräisch und Griechisch einarbeiten, um ein gutes Bild dessen zu bekommen, worüber wir hier sprechen. Wenn wir fertig sind, glaube ich, wird der Nebel sich gelichtet haben.

Das erste, auf das ich schauen möchte, ist das Wort selbst – *Anbetung* (engl. *worship*). Es ist eine verkürzte Form des altenglischen Wortes *worthship* und bedeutet im übertragenen Sinn *etwas einen Wert geben, etwas demonstrativ mit Wert kennzeichnen*, besonders eine Gottheit oder einen Gott. Man kann es sich leicht merken – wir geben Gott einen Wert, indem wir seinen Wert kommunizieren und demonstrieren.

Es kostet uns etwas, Wert zu demonstrieren. Um etwas einen Wert zu geben, müssen wir einen Preis festlegen. Darum wird Anbetung oft mit Opfer assoziiert. Wir opfern nur etwas (oder jemandem), das wichtig für uns ist – etwas Wertvolles.

Anbetung ist Opfer. Die erste Stelle von *Anbetung* in der Bibel ist 1. Mose 22,5, als Abraham seinen Sohn Isaak auf den Berg bringt, um ihn vor Gott als Opfer darzubringen. *„Bleibt ihr hier mit dem Esel, ich aber und der Knabe wollen dorthin gehen und anbeten, und dann wollen wir wieder zu euch kommen."* Wir werden anbeten? Was er wirklich meint ist: „Ich werde Gott das größte Opfer bringen, das ich jemals darzubringen hatte – das Wertvollste in meiner Welt: meinen Sohn. Denn Gott bedeutet mir noch mehr als das." Das ist die Bedeutung von *wertvoll*. Gott ist es wert.

Nun, Gott möchte natürlich nicht, dass wir unsere Kinder opfern, deswegen gab er Abraham anstelle Isaaks ein Schaf. Gott gibt uns auch heute in Jesus das Opfer, aber das Prinzip bleibt das gleiche. Anbetung – Gott einen Wert geben – muss den Anbeter etwas kosten. Anbetung ist in erster Linie Opfer – es beinhaltet IMMER Geben.

Wir opfern Gott unsere Zeit, unser Geld und unsere Lobpreislieder, auch wenn unsere Umstände nicht dafür sprechen – eine dankbare Haltung zu haben, auch wenn uns zum Klagen zumute ist. Ein Opfer ist oft unbequem und kostet immer einen Preis.

Wir geben vielen Sachen einen Wert. Unsere Prioritäten zeigen, auf was wir wirklich Wert legen. Und weil Zeit Geld ist, ist es einfach zu sehen, auf was wir Wert legen. Meistens sieht man es daran, in was wir unser Geld investieren. Mit was verbringen wir am meisten Zeit und wofür geben wir unser Geld aus? Das ist, worauf wir den größten Wert legen.

Dies hat einmal die Auswahl meiner Unterhaltung in die richtige Perspektive gerückt. Ich stand in der Schlange für einen Film, der 18 Dollar für zwei Tickets kostete, als ich realisierte, dass ich damit dem Geist hinter dem Film, den ich anschauen wollte, einen Wert gab.

Knapp 20 Dollar für Eintrittskarten, drei Stunden meiner Zeit und der meiner Frau. Das sind sechs Stunden. Wenn ich sechs Stunden arbeiten würde, was würde ich dafür bezahlt bekommen? Oh, vergessen Sie nicht den Babysitter und die weiteren Kosten. Um Himmels willen! Wollte ich wirklich die Unterhaltung, die mich erwarten würde, so hoch bewerten? Wollte ich wirklich der Philosophie, die ich abstoßend fand, soviel Wert beimessen? – Nein! Das wollte ich nicht. Dieser Tag änderte meine Gewohnheiten in Bezug auf Unterhaltung. Wir gehen immer noch ins Kino, aber wir sind dabei sehr wählerisch.

Wenn Anbetung Gott Wert gibt, dann zeigt der Preis unserer Anbetung Gott und der Welt, wie sehr wir ihn schätzen. Frauen verstehen das typischerweise besser als Männer. Nehmen wir z. B. den Verlobungsring. Wie gibt die Frau ihren Freundinnen bekannt, dass sie verlobt ist? Per E-Mail, Twitter, Anruf oder Facebook? Sagt sie überhaupt etwas? – Nein. Sie kommt mit einem breiten Lächeln in den Raum, mit ausgestreckter Hand, und ihr Ring sticht hervor. Ihre Freundinnen erkennen instinktiv ihre Geste und reagieren darauf jubelnd, mit lauten Oh- und Ah-Rufen und der Hand vor dem Mund. Sie können es kaum erwarten, den Ring zu bewundern und anzufassen. Der Ring!

Fragt irgendjemand von ihnen nach dem Mann? Wie ist er? Hat er einen Job? Lebt er noch bei seiner Mutter? Hat er einen krummen Rücken und ein drittes Auge? Nein! Nichts davon ist interessant. Er könnte Quasimodo sein, es interessiert nicht. Die Welt dreht sich nur noch um eines: den Ring!

Das hat mich eine Zeit lang verwirrt, bis ich es verstand. Wie konnten sie sich so sehr um ein Stück von glitzerndem Kohlenstoff kümmern und so wenig um den Typen, mit dem sie den Rest ihres Lebens verbringen würde? – Weil der Ring alles sagt, was sie wissen müssen. Sie kümmern sich nicht weiter um den Bräutigam, bis sie sehen, wie sehr er ihre Freundin wertschätzt – die frisch verlobte Frau. Sie kommen zur frisch verlobten Frau mit einer Frage, die ihnen allen auf dem Herzen liegt: „Wie viel ist sie ihm wert? Wie viel Wert räumt er ihr ein?" Sie wollen wissen, ob sie es ihm wert genug ist, sechs Monate Ramen-Nudeln zu essen, mit dem Fahrrad zur Arbeit zu fahren, drei Tage alte Wäsche anzuziehen, zu knausern, zu sparen und sich zu opfern, um einen Ring zu kaufen, der zeigt, wie leer das Leben ohne die Frau wäre, die er liebt, und dass sie ihm mehr als sein Leben bedeutet. Wie wertvoll ist sie? Was ist sie wert?

Nun schalte einen Gang höher. Hier sind wir, die Braut Christi, nicht liebenswert, untreu, ehebrecherisch und unbeständig. Himmel und Hölle stehen verblüfft da und die Verlorenen sind skeptisch! Wie kann jemand so eine Frau lieben? Wie konnte der perfekte Prinz des Friedens – herrlich, heilig, treu, mächtig, gerecht, voller Schönheit und Licht – solch eine widerwärtige, eigensinnige Frau auswählen? Die Engel sind verwirrt. Die

Hölle kann es nicht begreifen, und die Verlorenen können es nicht glauben. Wer könnte Menschen wie die der Gemeinde lieben? Nur eine Sache wird ihre Zweifel verstummen lassen: Zeig ihnen den Ring.

Der einzige Weg für Gott, um die Skeptiker verstummen zu lassen, war, seine Liebe zu demonstrieren, zu beweisen, wie viel wir ihm wert sind. Römer 5,8 sagt „*Gott aber beweist seine Liebe zu uns dadurch, dass Christus für uns gestorben ist, als wir noch Sünder waren*". Was ist das Kreuz? – Es ist der Verlobungsring Christi. Es ist ein Blutdiamant, gekauft mit dem Preis von Gottes eigenem Sohn, um das Herz der Braut den anderen Verehrern abzuwerben und für immer und ewig zu beweisen, dass er sie mehr liebt als das Leben.

Das Evangelium ist unser Verlobungsring und es sagt alles über den Bräutigam aus, was die Welt wissen muss. Wenn das Kreuz beweist, wie viel wir Gott wert sind, beweist unsere Anbetung, wie viel Gott uns wert ist. Wir sind von einer Welt umgeben, die denkt, wir seien verrückt, wir hätten einen imaginären Gott erfunden, unsere Verlobung mit ihm sei ein Mythos. Und so, wie wir leben, bekräftigt das oft ihre Zweifel. Die Gemeinde verhält sich nicht so, als wäre sie mit dem König der Könige verlobt. Wir verhalten uns nicht, als wären wir verlobt. Wir verhalten uns, als wären wir Single – als wären wir noch frei. Wir benehmen uns, als ob wir noch auf der Suche wären, nicht so, als hätten wir unsere wahre Liebe bereits gefunden.

Der Himmel beobachtet uns: „Lieben sie wirklich den Gott des ganzen Universums?". Die Hölle beobachtet uns: „Glauben sie wirklich? Lieben sie ihn wirklich? Oder sind sie ineffektiv, schwach, verachtenswert und fruchtlos?". Die Verlorenen beobachten uns: „Glauben sie wirklich das, wovons sie behaupten, dass sie es glauben würden? Existiert ihr Gott wirklich? Ist er wirklich Liebe? Hat er die Kraft, zu retten und zu verändern? Ist er es wert, ihm zu folgen? Ist er es wert, für ihn zu leben?".

Was fragen sie wirklich? – Zeig mir den Ring! Gemeinde, Anbeter, Priester und Pastoren, hört mich an! Unsere Anbetung kommuniziert der Welt mehr, als Sie denken! Unsere Anbetung zeigt der Welt, wie wertvoll unser Gott ist. Anbetung demonstriert, dass wir einen Retter haben, der es wert ist, dass wir ihn lieben, dass wir für ihn leben und (wenn es sein muss) dass wir für ihn sterben.

Wenn Sie ein Priester sind (und Sie sind einer), dann sind Sie ein Anbetungsleiter für die Welt um Sie herum. Leiten Sie sie dazu an, Jesus anzubeten, indem Sie ihr demonstrieren, dass er es wert ist, angebetet zu werden. Anbetung gibt unserem König einen Wert.

SKLAVENDIENST

Als ich errettet wurde, war ich 23 Jahre alt und lag gerade mit dem Rücken auf dem Rasen des Laguna-Gloria-Kunstmuseums in Austin, Texas. Nur ein paar Monate zuvor hatte ich das Herz einer Frau gebrochen, die ich „liebte", indem ich sie dazu drängte abzutreiben. Als sie mit leisen Tränen auf dem OP-Tisch lag, realisierte ich, dass das Leben des Babys, des einzigen unschuldigen Wesens in dieser Situation, nur wegen meines Egos zerstört wurde. Dort erkannte ich, wie klein, gemein und lieblos ich war. Irgendwo tief in mir wusste ich, dass es wirklich einen Gott gab. Er war heilig, perfekt und gerecht. Und ich hatte ihn mir gerade zum Feind gemacht. Ich hatte gesündigt. Ich verdiente die Hölle, und die Hölle verdiente mich.

An diesem Tag tat Gott etwas Wunderbares. Er besuchte das Kunstmuseum. Gott kam zu mir, dort wo ich war, liegend im

Gras, und sprach zu mir mit einer Stimme, die man genauso gut fühlen wie hören konnte. Als ich meine Augen vor seiner Brillanz bedeckte, erklärte Gott mir seine Liebe. Während er zu mir sprach, wurde das Evangelium in einem Augenblick in meinem Herzen verankert. Ich verstand zum ersten Mal das Kreuz. Ich begriff zum ersten Mal in meinem Leben wahre Liebe und Vergebung. Und es war unfassbar. Ich sagte ihm, dass ich nicht in das Gesicht dieser Liebe spucken könnte. Ich würde alles tun, was er von mir verlangt, mein Leben lang. An diesem Tag wurde ich mehr als nur ein „Gläubiger", ich wurde ein Anbeter.

Eins der hebräischen Worte, das manchmal mit *Anbeter* übersetzt wird, ist *abad*. Es bedeutet *Sklavendiener*. 5. Mose 15,12-18 (siehe auch Gal 1,10) erklärt, dass ein Sklave bei seiner Entlassung wählen konnte, bei seinem Meister als leibeigener Diener zu bleiben. An diesem Tag in Austin wurde ich ein *abad*-Anbeter – ein leibeigener Diener. Heute diene ich Gott nicht aus religiöser Motivation. Ich diene ihm nicht aus Angst vor der Hölle. Ich wähle es, ihm zu dienen, *weil er mich liebt*. Und ich liebe ihn so sehr, dass es nichts anderes gibt, was ich lieber tun würde, als ihm mit all meinem Sein für den Rest meines Lebens zu dienen. *Das* ist Anbetung.

Sklavendienst beinhaltet ein interessantes Konzept, das den Unterschied zwischen Religion und Anbetung gut verdeutlicht. Sie wussten vielleicht noch nicht einmal, dass es einen Unterschied gibt, aber die beiden sind Gegensätze:

„Wenn er aber zu dir sagt: ‚Ich will nicht von dir wegziehen!', weil er dich und dein Haus liebhat und es ihm gut geht bei dir, so nimm einen Pfriem und durchbohre ihm sein Ohr an der Tür, und er sei auf ewig dein Knecht; und mit deiner Magd sollst du ebenso verfahren. Es soll dir nicht schwer fallen, ihn als Freien

zu entlassen; denn das Doppelte des Lohnes eines Tagelöhners hat er dir sechs Jahre lang erarbeitet; so wird der Herr, dein Gott, dich segnen in allem, was du tust." (5.Mo 15,16-18)

Sie sehen, Sklaven dienen ihren Meistern aus Zwang. Sie gehorchen, weil sie dauerhaft Angst vor negativen Auswirkungen haben, wenn sie nicht gehorsam sind. Sie MÜSSEN gehorchen, denn es ist ihre Pflicht. Sie sind ja schließlich Sklaven.

Ein Leibeigener dient seinem Meister nicht aus Zwang. Ein Leibeigener dient dem Meister aus Liebe. Der Leibeigene ist frei zu gehen, aber er wählt es, sein Leben lang beim Meister zu bleiben, ihm zu dienen und zu gehorchen, weil er seinen Meister so sehr liebt. Es gibt nichts, was er lieber tun würde, als ihm zu dienen. Und es gibt keinen Ort, wo er lieber wäre, als in dem Haus des Meisters.

Eine religiöse Person ist wie ein Sklave. Er dient Gott aus Zwang, Angst oder Pflichtgefühl. Er ist nicht wirklich frei, denn er fühlt sich gezwungen, Gott zu gehorchen. Aber sein Herz sehnt sich danach, sein eigener Meister zu sein.

Ein Anbeter ist eine Person, die die volle Freiheit hat, selbst zu entscheiden. Aber weil sie Gott so sehr liebt, wählt sie es, ihm zu dienen und zu gehorchen. Denn es gibt nichts, was sie lieber tun würde.

Religion wird durch Angst und die Tatsache motiviert, dass unsere Identität und unser Wert durch unsere Werke aufrechterhalten werden. Anbetung wird immer durch Liebe motiviert. Zwei Menschen können das Gleiche tun, aber Gott wird den einen als einen Akt der Anbetung annehmen und den anderen wegen seinem religiösen Werk abweisen. Zwei Menschen kommen in die Gemeinde, einer, weil er denkt, er müsse Gott beschwichtigen, der andere, weil er Gott liebt. Welcher ist der Sklave und welcher der leibeigene Diener? Wer betet an? – Die Motivation ist entscheidend.

Es ist interessant, wie viele der großen Männer und Patriarchen der Bibel sich selbst als leibeigene Diener sehen; nicht als Apostel, Jünger, Päpste, VIPs oder „Gottes Generäle", sondern als einfache, liebende, demütige Leibeigene.

„Rede ich denn jetzt Menschen oder Gott zuliebe? Oder suche ich Menschen zu gefallen? Wenn ich allerdings den Menschen noch gefällig wäre, so wäre ich nicht ein Knecht des Christus." *(Gal 1,10)*

„Paulus, Knecht Jesu Christi ..." (Röm 1,1)

„Paulus und Timotheus, Knechte Jesu Christi ..." (Phil 1,1)

„Jakobus, Knecht Gottes und des Herrn Jesus Christus ..." (Jak 1,1)

„Simon Petrus, Knecht und Apostel Jesu Christi ..." (2.Petr 1,1)

„Paulus, Knecht Gottes und Apostel Jesu Christi ..." (Tit 1,1)

Sehen Sie, dass diese Männer sich zuerst selbst als Knechte bezeichnen? Paulus, der Apostel der Heiden; Jakobus, der Leiter der Gemeinde in Jerusalem und Bruder von Jesus; Judas, ein anderer Bruder Jesu; und Petrus, der Fels, der erste unter den Aposteln, der Mann von Pfingsten. Diese Männer hätten sich rühmen können, aber sie identifizierten sich nicht über ihren Dienst, sondern über den, dem sie gerne dienten.

Sie waren Männer, die von dem Joch des Gesetzes freigesetzt waren, aber sie dienten Jesus sowieso, denn sie liebten ihn so sehr, dass es nichts gab, was sie lieber getan hätten. Das ist Sklavendienst. Und das ist gute Anbetung.

AUF GOTT WARTEN

Das am zweit häufigsten benutzte Wort im Griechischen für *Anbetung* ist das Wort *latreuo*. *Latreuo* bedeutet *Gott dienen, jemandem religiös huldigen oder dienen*. Es umfasst das Konzept des Sklavendienstes.

Mit anderen Worten: Anbetung ist Gottesdienst, was wiederum zu unserer priesterlichen Aufgabe gehört. Anbetung bedeutet, Gott zu dienen. Beachten Sie, dass *latreuo* nicht bedeutet, „dem Menschen zu dienen". Noch einmal: Anbetung ist nicht für den Menschen, sie ist für Gott. Aber wir müssen auch daran denken, dass, Gott zu dienen, auch bedeutet, seinem Verlangen zu dienen, und er sehnt sich nach Menschen.

Jedes Mal, wenn ich über dieses Wort nachdenke, denke ich an Jesus, wie er seinen Lendenschurz um seine Hüfte bindet und sich runterbeugt, um die Füße seiner Jünger zu waschen. Der weiße Schurz ist die Uniform eines *latreuo*-Anbeters.

Ich nehme mich mal selbst als Beispiel. Ich diene meiner Gemeinde vor Ort als Lobpreispastor. Wenn ich während eines Gottesdienstes diene, dann stelle ich mich oft selbst als Kellner an einem Tisch in einem feinen Restaurant vor. Meine Aufgabe ist es, den Ehrengästen, dem König der Könige und seiner zukünftigen Braut zu dienen.

Um dies gut zu tun, muss man verschiedene Dinge berücksichtigen: Als erstes ist der König gekommen, um seine Geliebte zu umwerben. Ich muss die Atmosphäre dazu bieten. Meine Aufgabe ist es herauszufinden, was er zum Abendessen möchte (der König bestellt für beide), dann sie so zu bedienen, dass ihre Aufmerksamkeit weiter auf ihm bleibt. Ich sollte ihre Aufmerksamkeit nicht vom König ablenken. Ich sollte ihre Unterhaltung nicht unterbrechen. Ich muss unsichtbar werden.

Ein Wort zu Lobpreisleitern: Es ist eine aufregende Sache, in der Gegenwart des Königs zu sein, wenn er seine Braut umwirbt. Die Unterhaltung ist tiefsinnig, seine Gegenwart ist anziehend und die Emotionen können überwältigend sein. Er kann so einfühlsam, so sanft, so stark und mächtig und so demütig und mitfühlend sein. Er ist ein Gott, der seine Gefühle gegenüber seiner Braut zeigt.

Es wäre ein schlimmer Fehler, in solch einem Moment zwischen den König und seine Braut zu kommen. Ich habe den Fehler gemacht, die Augen der Braut auf mich aufmerksam zu machen. Manchmal können wir Lobpreisleiter den Rausch des Erfolges in diesen Momenten fühlen. Es kann sich so anfühlen, als ob die Versammlung so leidenschaftlich in der Anbetung antwortet, weil wir so gut angeleitet haben. Und unsere unreifen Herzen können dieses Gefühl der Bestätigung, das wir bekommen, unserer eigenen Fähigkeit und unserem eigenen Ruhm zuschreiben. Wir können einen Moment aussetzen und denken: „Sie lieben mich. Sie lieben mich wirklich."

Wenn wir nicht vorsichtig sind, können wir schnell vergessen, dass die Zuneigung der Braut dem König allein gehört (oder zumindest sollte es so sein). Ich habe Lobpreisleiter kennengelernt, die als Reaktion solch einen Strom an Bestätigung von der Versammlung bekamen, dass sie versuchten, die Braut Christi abzuwerben. Und Christus ist von dieser Sorte Mann, den Sie lieber nicht als Konkurrent haben sollten.

Lassen Sie uns persönlich werden. Ich habe eine hübsche Frau. Wenn ich sie zum Essen ausführe, mache ich das, weil ich Zeit mit ihr verbringen möchte, nicht weil ich möchte, dass sie vom Kellner unterhalten wird. Das ist eine Warnung an die Kellner. Wenn Sie Trinkgeld wollen, dienen Sie uns, versuchen Sie nicht, uns zu unterhalten. Ich brauche keinen Hofnarr an meinem Tisch, ich möchte mein Glas nachgefüllt bekommen.

So ist es auch nicht die Aufgabe des Lobpreisleiters zu unterhalten; es ist seine Aufgabe, einen guten „Service" zu bieten.

Erlauben Sie mir eine noch schärfere Warnung auszusprechen: Noch einmal: Meine Frau ist hübsch. Ich führe sie zum Essen aus, damit ich mit ihr flirten kann, nicht damit der Kellner mit ihr flirtet. Wenn Sie mit meiner Frau flirten, können Sie etwas Schlimmeres als nur kein Trinkgeld erwarten. Ich werde Sie vor die Tür bitten und Ihnen eine dicke Nase verpassen.

Jesus ist ein eifersüchtiger Ehemann. Ich habe Lobpreisleiter gesehen, die dachten, nur weil sie gesalbt sind, hätten sie das Recht, der Braut den Hof zu machen. Jesus wird dieser Dummheit schnell ein Ende setzen, aber es endet immer mit einem flachnasigen Lobpreisleiter. Passen Sie auf.

Nun, die Qualität und die Art der Bedienung sind genauso wichtig wie das Essen. Die Menschen gehen nicht ins Restaurant, um zu essen. Wenn sie einfach nur Nahrung bräuchten, würden sie zu Hause essen. Bei Gottesdiensten ist es das Gleiche. Natürlich werden wir von unseren Erfahrungen in der Gemeinde genährt, aber ich ernähre mich jeden Tag zu Hause. Nur ein sehr unreifer oder sehr fauler Christ geht in die Gemeinde, weil er am Verhungern ist. Reife Christen, so wie reife Bräute, können sich selbst zu Hause ernähren.

Das Restaurant ist etwas Besonderes. Ein Gottesdienst sollte auch besonders sein. Ich möchte nicht für schlechteres Essen als zu Hause bezahlen. Ich möchte besseres Essen. Und ich möchte nicht für eine schlechtere Qualität bezahlen. Ich erwarte höhere Qualität. Während ich Anbetung leite, möchte ich sicherstellen, dass die Qualität des Dienstes und die Exzellenz des Essens für meinen König und seine Braut angemessen sind.

Noch einmal: Die Art der Bedienung ist genauso wichtig wie das, was serviert wird. In 1. Könige 10,4-5 steht, dass die Königin von Saba über den Service in Salomos Speisesall außer sich vor Staunen war:

> „Als aber die Königin von Saba alle Weisheit Salomos sah und das Haus, das er gebaut hatte, und die Speise auf seinem Tisch und die Wohnung seiner Knechte und das Auftreten seiner Dienerschaft und ihre Kleidung, auch seine Mundschenken und auch die Brandopfer, die er im Haus des Herrn darbrachte, da geriet sie außer sich vor Staunen ..."

Der weiseste Mann der Welt kannte den Wert guter Bedienung. Wäre es nicht irritierend, wenn die Vorspeise zur gleichen Zeit wie der Hauptgang kommen würde – oder gar erst danach? Warum? – Weil die Vorspeise Sie auf den nächsten Gang vorbereiten sollte. Darum haben Sie zuerst danach gefragt. Warum kommt der Salat vor dem Hauptgang? – Weil er Sie für den nächsten Gang vorbereitet.

Schlechte Bedienung lässt Sie zusammenzucken. Sie ist armselig. Sie hat keinen Respekt vor dem Gegenüber. Sie hat keinen Respekt vor der Ordnung. Sie ist unpersönlich. Sie hat keinen Respekt vor dem Erlebnis, sondern ist nur darauf bedacht, das Essen auf den Tisch zu bekommen. Wenn ich Essen auf einem Tablett serviert bekommen möchte, kann ich in eine Cafeteria gehen.

In der gleichen Weise gibt es eine Ordnung in Gottes Stiftshütte, wie wir bald sehen werden. Ein Anbeter, der dies entdeckt, findet heraus, dass das Leben bereichert wird, je mehr die Ordnung eingehalten wird. Ein Lobpreisleiter wird herausfinden, dass Gottes Volk einfacher und wirkungsvoller zu führen ist, wenn wir uns seiner Ordnung unterordnen, weil er ein Gott der Ordnungen ist.

Während wir lernen, uns und andere durch die Stiftshütten-Anbetung zu führen, sehen wir, dass Gott unsere geistliche Palette kennt. Er weiß, wie er sein Volk vom Zweifel zum Glauben, zur Dankbarkeit, zum Lobpreis, zur Unterordnung, zur Transformation, zur Gemeinschaft, zur Fruchtbarkeit, zur Fürbitte und zur Herrlichkeit führt. Er weiß, wie er uns zu sich bringt und uns in sein Bild verwandelt. Er ist der zugängliche Gott. Auf ihn zu warten bedeutet zu „servieren", während er mit seiner Braut redet. Und als ein Bonus sind auch wir Teil der Braut.

KAPITEL 5

DEN KÖNIG KÜSSEN

Unser ganzes Sein wurde als ein Instrument des Lobpreises gestaltet ...
Wenn wir unsere Körpersprache verwenden um Lobpreis auszudrücken, dann kommt das Innere zum Vorschein.
Lamar Boschmann

Das griechische Wort, das meistens mit *Anbetung* übersetzt wird, ist das Wort *proskuneo*. Das Wort ist facettenreich und beinhaltet mehrere Bedeutungen. Die erste ist *sich vor Gott hinwerfen* – sich flach mit dem Gesicht auf den Boden vor den Herrn zu legen (mehr darüber später).

Ich möchte mich auf zwei weitere Bedeutungen des Wortes *proskuneo* ausrichten. Die zweite Bedeutung ist die buchstäbliche Definition – das Wort selbst bedeutet *verehren*. Anbetung führt zu Verehrung. Wenn wir Gott anbeten, verehren wir ihn – wir lieben ihn innig und respektvoll.

Die letzte Bedeutung brachte einige Diskussionen mit sich. *Proskuneo* bedeutet *sich niederwerfen vor, verehren und die Hand eines anderen küssen*. Das Küssen regt manche Menschen auf. Insbesondere wir Amerikaner können ziemlich unangenehm bei öffentlich gezeigter Zuneigung werden. Aber wir dienen einem Gott, der sehr offen und öffentlich seine Zuneigung zu uns zeigte. Darum ist es eine Voreingenommenheit, die wir in unserer Kultur geschaffen haben, nicht eine, die wir vom Geist oder Wort Gottes empfangen haben. Ich glaube, es ist diese kleinliche Zimperlichkeit, die einige dazu trieb, *proskuneo* wie folgt zu definieren: *die Hand abschlecken, wie ein Hund die Hand des Herrchens abschleckt.* Also ... Sie würden lieber Gottes Pudel als seine Braut sein? Wie Sie möchten.

Ich und mein Haus werden uns als würdevoller bezeichnen. Lassen Sie es mich in einer moderneren Sprache sagen. Das Wort bedeutet einfach nur *Gott Küsse zuhauchen.* Wenn ich morgens zur Arbeit gehe, dann kommen meine Kinder, rennen zur Tür, um ihren Segen und ihre Umarmungen zu bekommen, bevor ich gehe. Sie rennen oft meinem Auto hinterher, winken und hauchen mir Küsse zu. Warum hauchen sie mir Küsse zu? – Weil sie mich verehren. Küsse zuzuhauchen ist ein Ausdruck von Liebe zu einem Menschen, der ein bisschen weiter weg ist, als man sich wünscht. Wenn es nicht diesen kleinen Abstand gäbe, würde man ihn einfach küssen.

Wir wissen, dass Jesus Küsse als Ausdruck von Liebe anerkennt (s. Lk 7,45-47). Die sündige Frau klammert sich weinend an seine Füße, salbt und küsst sie. Die Pharisäer beklagen sich, dass dies in der Öffentlichkeit nicht angebracht sei, aber Jesus verteidigt sie und sagt:

> *„Du hast mir keinen Kuss gegeben; sie aber hat, seit ich hereingekommen bin, nicht aufgehört, meine Füße zu küssen. Du hast mein Haupt nicht mit Öl gesalbt, sie aber hat meine Füße mit Salbe gesalbt. Deshalb sage ich dir: Ihre vielen Sünden sind vergeben worden, darum hat sie viel Liebe erwiesen; wem aber wenig vergeben wird, der liebt wenig."*

Jesus erkennt ihr Verhalten, inklusive ihrer Küsse als Ausdruck von Liebe an. Es ist das einzige Mal in den Evangelien, wo Jesus sagt, dass jemand (außer seinem Vater) ihm Liebe gezeigt hat.

Haben Sie das verstanden? Es gibt nur eine Stelle in der Bibel, an der Jesus sagt, dass jemand ihm Liebe gezeigt hat. Wie unfassbar traurig. Möge der Herr uns lehren, ihn besser zu lieben.

Wir in der westlichen Gemeinde sind oft mehr wie die Pharisäer als wie die Frau. Ich trete nicht für einen „Alles ist erlaubt"-Standard unserer Anbetung ein. Natürlich sind manche Arten von Intimität besser geeignet für das Schlafzimmer als für die Öffentlichkeit. Ich möchte herausheben, dass Anbetung Verehrung beinhalten und diese körperlich ausgedrückt werden muss. So wie ein Kuss ist Anbetung ein Ausdruck von intimer Liebe. Und wie es auch in unseren menschlichen Beziehungen gilt: Je intimer die Beziehung ist, desto leidenschaftlicher sind die Ausdrücke der Zuneigung.

Ich wuchs in einer Familie auf, in der diese körperliche Zuneigung wenig praktiziert wurde. Deshalb musste ich es lernen und mich dem unterstellen. Wir können nicht von Gott erwarten, dass er sich unserer Kultur unterordnet. Wenn es eine Hoffnung für unsere Zivilisation gibt, müssen wir unsere Kultur seiner unterordnen.

Wie ich sagte, wuchs ich nicht so auf. Als dann ein männlicher Christ mir zum ersten Mal einen Kuss auf die Wange gab, erschrak ich ziemlich. Es war eklig. Aber ich verstand, für was er stand – brüderliche Liebe; mehr als Freundschaft.

Ich habe zwei kleine Schwestern. Und ich küsse sie oben auf die Stirn. Es wäre einfach nur komisch, wenn mich andere Menschen so küssen würden. So küsse ich meine Schwestern.

Ich habe auch sechs Kinder. Ich küsse sie nicht auf die gleiche Art wie ich meine Schwestern küsse, weil unsere Beziehung intimer ist. Ich küsse meine Kinder gerne, sogar meine Söhne, und das Baby bekommt am meisten davon ab. Fast jeder Fleck eines Babys, den nicht gerade die Windel bedeckt, ist da, um geküsst zu werden. Sie sind so pummelig, süß und zum Reinbeißen. Ich küsse ihre speckigen kleinen Keksfüße und ihr pummeliges Kinn. Ich knabbere an ihren Beinen, knutsche ihre kleinen Bauchnabel und pruste in ihre Achseln. Und sie lieben es!

Wenn ich einen meiner Freunde so küssen würde, käme das wohl nicht so gut an. Der Grund, weshalb ich meine Kinder so küsse, ist, weil unsere Beziehung eine andere ist. Sie ist intimer.

Nun gibt es eine Art von Kuss, den ich nur meiner Frau gebe. Er ist für sie reserviert. Ich würde diese Art nie mit irgendeiner anderen lebenden Person teilen. Warum? – Weil von allen menschlichen Beziehungen, die ich habe, die Beziehung zu meiner Frau die intimste ist. Darum sind unsere Küsse am leidenschaftlichsten.

Je größer die Intimität einer Beziehung ist, desto leidenschaftlicher bringt sich die Liebe zum Ausdruck. Je größer die Intimität unserer Beziehung zu Gott ist, desto leidenschaftlicher wird unsere Anbetung sein. Letzten Endes hat er Leidenschaft für uns am Kreuz definiert. Wenn wir diese Leidenschaft erwidern, zeigen wir unsere Liebe zu ihm in angemessener Art und Weise.

Ich möchte Sie nicht angreifen, wenn Sie aus einer Tradition kommen, deren Anbetung reservierter und stoischer ist, aber ich möchte auch, dass Sie die Wahrheit erkennen. Wir haben keinen reservierten, stoischen Gott. Er ist ausdrucksvoll und außergewöhnlich. Das Kreuz ist ausdrucksvoll und außergewöhnlich. Wir wurden dazu angeleitet, Gott auf eine falsche, emotional verdrehte Art anzubeten. Es ist an der Zeit, sich davon abzuwenden und an die Füße Jesu zu setzen. Wenn wir lernen zu lieben, lassen Sie es uns von der Mensch gewordenen Liebe lernen – Jesus.

Meine Frau und ich haben, so nebenbei bemerkt, einen öffentlichen und einen privaten Kuss. Anbetung ist genauso. Meine Darstellung von Zuneigung sollte andere Leute nicht davon ablenken, Erfahrungen mit Gott zu haben (Wenn Sie jemals von einer Fahne oder der Kleidung eines Ausdruckstänzers eingewickelt wurden, oder jemand mit einem Schophar immer wieder in Ihr Ohr geblasen hat, dann verstehen Sie, worüber ich rede.). Aber Leiter sollten auch sehr vorsichtig sein, was sie als unangemessen verurteilen. Das Verhalten der sündigen Frau wurde von den Pharisäern als unangebracht verurteilt – und Jesus sagte, sie allein habe ihm Liebe gezeigt. Michal verurteilte Davids Anbetung – und Gott nannte David einen Mann nach seinem Herzen. Und wie unangebrachter können Sie sein als ein König, der nackt und blutend an einem Kreuz hängt? Dennoch ruft die Liebe nach solchen Maßstäben. Also, seien Sie vorsichtig, was Sie bewilligen und was Sie verurteilen. Wahre Anbetung ist immer eine Demonstration der Liebe zu Gott. Wenn sie von etwas anderem motiviert ist – Exhibitionismus, Stolz, Religion oder was auch immer –, ist sie auf sich selbst gerichtete Anbetung; und das ist Götzendienst.

VATERLIEBE

Kurz nachdem meine älteste Tochter neun Jahre alt wurde, ging ich mit ihr zum Vater-Tochter-Dinner unserer Gemeinde. Wir hatten Tanzstunden genommen, uns schick angezogen, Bilder gemacht – es war, als wäre man ein Promi. Als wir dann dort waren, tanzten wir im Wiegeschritt, wir tanzten den Line-Dance (ein Country- und Western-Tanz) und Boogie. Wir mischten die Tanzfläche auf. Und als der DJ „My Girl" spielte, schaute mich meine kleine Prinzessin an und ich wusste, dass ich ihr Herz hatte. In diesem Moment erkannte ich, wie es sich anfühlte, Prince Charming zu sein. Ich konnte es in ihren Augen sehen: „Papi, ich liebe dich". Ich werde diesen Augenblick nie vergessen. Es war einer meiner stolzesten, erfüllendsten Momente meines Lebens.

Sie müssen etwas über mich wissen: Ich kann nicht tanzen. Ich konnte es noch nie. Ich bin unbeholfen auf meinen Füßen. Und ich sehe lächerlich aus, wenn ich tanze. Ich tanzte an diesem Abend nicht, weil ich das Tanzen liebe. Ich tanzte, weil ich meine Tochter liebe.

Jesus kommt nicht in die Gemeinde, weil er die Gemeinde liebt. Er kommt, weil er Sie liebt. Er zeigt sich nicht in unserem Gebetsraum, weil er Gebete liebt. Er offenbart sich, weil er Sie liebt. Er ging nicht ans Kreuz, weil er das Kreuz liebt. Jesus ging ans Kreuz, weil er Sie liebt. So hat er Ihre Liebe gewonnen.

Er möchte einfach nur, dass Sie ihn genauso anschauen. Und es gibt nichts, was seinem Herzen mehr Freude bereitet, als das.

Warum gehen Sie in die Gemeinde? Gefallen Ihnen die Musik, die Botschaft, die Tradition und die Gemeinschaft? Oder kommen Sie, weil Sie Jesus lieben? Warum kommen Sie zum Gebet? Warum lesen Sie das Wort Gottes? Ein Anbeter kommt aus Liebe. Wenn Liebe die Motivation Ihres Herzens ist, wird alles, was Sie tun, zu Anbetung.

AUSDRUCK IN DER ANBETUNG

Warum ist körperlicher Ausdruck wichtig? Wenn Sie diese Frage stellen, sind Sie vielleicht unter denen, die niemals die Vorzüge des Ausdrucks der Liebe gespürt haben. Wie wertvoll ist es für ein Kind, die Umarmung und die Küsse des Vaters zu bekommen? Reicht es einem Kind, wenn man ihm sagt, „Du weißt, ich liebe Dich. Ich sorge für Dich." Oder hinterlässt dieser Widerwillen, dem Kind Zuneigung zu zeigen, ein Loch im Herzen des

Kindes, das es den Rest seines Lebens versucht zu füllen? Ich frage Sie nun: Welche Frau würde einen Mann heiraten wollen, der seine Liebe zu ihr nicht zeigen möchte? Der nicht ihre Hand halten oder freundlich zu ihr reden würde? Ein Mann, der Geburts- oder Hochzeitstage vergisst? Ein Mann, der sie ignoriert, der denkt, sie sei unattraktiv, der sie niemals berührt, ihr einen Kuss gibt oder sie umarmt? Eine Frau hat vielleicht nach vielen Ehejahren solch einen Mann, aber würde irgendeine rational denkende Frau solch einen Mann von Anfang an wählen?

Wie viele Männer würden eine Frau wählen, der es peinlich ist, mit ihm gesehen zu werden? Die sich allein schon beim Gedanken einer Berührung abwendet? Die kein Verlangen nach ihm hat, ihn nicht berühren will, nicht mit ihm schlafen will? Wer würde einen kalten Fisch heiraten – ohne Leidenschaft, lieblos, desinteressiert, eine prüde, arrogante Frau? Möchte irgendein Mann solch eine Braut heiraten?

Ich habe Neuigkeiten für Sie: Auch Jesus will das nicht. Christus starb nicht am Kreuz für solch eine Braut. Er zeigte seine Leidenschaft, um das Herz einer göttlichen Frau zu gewinnen; deren Augen wie Feuer vor Sehnsucht nach dem Bräutigam leuchten. Er kommt für eine makellose, strahlende, kriegerische Braut wieder – die Schwerter schwingt, zerzauste Haare hat sowie leidenschaftlich und stolz auf ihren Mann ist. Sie schämt sich nicht dafür, ihren König zu lieben, und sie erwartet nicht von ihm, dass er erraten kann, was sie für ihn fühlt.

Wie es schon heißt, sind Worte leer. Alle Liebe, die es wert ist, empfangen zu werden, ist auch Liebe, die es wert ist, gezeigt zu werden. Gott dachte so, darum demonstrierte er seine Liebe für uns am Kreuz. Er sagte uns nicht nur, dass er uns liebt, er zeigte es uns.

Anbetung fängt immer mit der Motivation in unserem Herzen an, aber sie hört dort nie auf. Die Motivation ist Liebe, und diese Liebe muss einen Ausdruck finden, um als Anbetung anerkannt zu werden. Liebe, die keinen Ausdruck findet, ist überhaupt keine Liebe.

Da 55 % unserer Kommunikation aus Körpersprache besteht, sprechen unsere Handlungen tatsächlich lauter als unsere Worte. Es ist das Gleiche bei der Anbetung. Gott fällt nicht auf Lippensprache herein. Er liest unsere Körpersprache. Übrigens, die Welt liest auch unsere Körpersprache. Nur die Gemeinde scheint durch hohle Worte und nichts sagende Lieder der Zuneigung betrogen zu sein. Wie zeigen wir nun Verehrung für Gott? Wie drücken wir Anbetung aus? Mein Pastor Robert Morris sagt, Anbetung ist „ausgedrückte Liebe". Das ist wahr, aber da wir dazu neigen, Auswege zu finden, erlauben Sie mir diese Definition zu erweitern: Anbetung ist ausgedrückte Liebe *auf Gottes Art und Weise*.

Haben Sie schon bemerkt, dass jeder Liebe anders ausdrückt und empfängt? Vielleicht haben Sie schon von Gary Chapmans Buch *Die fünf Sprachen der Liebe* gehört. Jeder Mensch sollte dieses Buch gelesen haben, besonders Verheiratete, Eltern, Kinder, Freunde ... eigentlich jeder, der jemals mit einer anderen Person in Kontakt tritt.

Die Behauptung ist folgende: Wir alle neigen dazu, Liebe auf fünf verschiedene Arten (oder in Kombinationen) auszudrücken und zu empfangen. Die „Liebessprachen" sind Lob und Anerkennung, Zweisamkeit, Geschenke, Hilfsbereitschaft und Zärtlichkeit.

Nun bin ich ein sehr einfacher Mensch. Männer sind wie Puppen. Wenn Sie mich glücklich machen wollen, seien Sie einfach nett zu mir und kraulen Sie hin und wieder meinen Bauch. Meine Frau hingegen ist ein Mysterium. Sie spricht alle fünf Sprachen fließend. Meine Herausforderung ist, durch Beobachtung, geschickte Anhaltspunkte, Abgleichen der Sterne, Beten und Fasten herauszufinden, welche Sprache sie zu welcher Zeit spricht.

Unsere Gespräche laufen in etwa so ab: Irgendwie verbocke ich es. Und die Lösung ist ihr ganz klar vor Augen, also gibt sie mir einen Hinweis: „Oh Zach, du weißt, was meine Liebessprache ist." Jetzt bin ich wie eine kleine Spinne, die in der Insektensammlung eines Kindes klebt. Ich sitze fest und versuche, mich herauszuwinden. Ich habe keine Ahnung, was HEUTE ihre Liebessprache ist. Die ist mir vollkommen fremd!

Sie sehen, wie schwierig das ist. Als Mann fühlen Sie sich sehr geliebt, wenn Ihre Frau Ihnen ein Fischerboot gekauft hat. Aber wenn Sie versuchen, Ihrer Frau Liebe zu zeigen, indem Sie ihr ein Fischerboot kaufen (außer bei unseren Freunden in Alabama), kann es sein, dass sie die Liebe darin nicht erkennen wird. Ebenso schenkte mir meine Frau einmal ein Wellness-Paket. Es war sehr süß von ihr, aber ich bin nicht der Typ dafür. Ich habe keine Ahnung, warum sie diese Sachen, die man an seinen Fingern macht, eine „manicure" nennt. Es sollte „womanicure" heißen.

Alles, was ich wollte, war etwas, das schießt, schneidet oder in die Luft fliegt. Ich bin ein MANN!

Der Punkt ist, dass wir oft vollkommen verkehrt liegen, wenn wir versuchen, unsere Liebessprache zu sprechen, um jemand anderem Liebe zu zeigen. Wir müssen lernen, dessen Liebessprache zu sprechen.

Das ist möglicherweise nichts Neues für Sie, aber manchmal denken wir, wir drücken Gott gegenüber unsere Liebe aus, aber er sieht es nicht als Liebe an. Zum Beispiel fühlt sich Gott nicht geliebt, nur weil wir ihm ein Lied singen, in dem es heißt, dass wir ihn lieben. Genauso würde ich mich nicht geliebt fühlen, wenn meine Frau eine Kreditkarte nehmen, ihren Namen darauf schreiben und sie mir im Vorbeigehen geben würde.

Ich brauche mehr als leere Kreditkarten von meiner Frau. Genauso auch Gott.

Glücklicherweise spricht Gott alle fünf Sprachen. Worte des Lobes und der Ermutigung? Wir Christen nennen das *Preisen*. Zweisamkeit? Wir nennen das *Stille Zeit* – Gebet, das Wort und persönliche Anbetung. Geschenke? Das sind der Zehnte und die Opfer. Die Sprache Hilfsbereitschaft spricht für sich selbst. Und schließlich Zärtlichkeit. Wir haben einen Gott, der sein Volk immer noch berühren, trösten, heilen und ihm nahe sein will. Er möchte, dass wir ihn jetzt erleben, in unseren eigenen Körpern, nicht in einer schönen, wirklichkeitsfernen Zukunft. Gott möchte Ihnen seine Liebe körperlich zeigen – in der realen Welt. Und er empfängt Liebe, wenn Sie sie körperlich ausdrücken. Das ist Gott. Er erfand die Liebessprachen. Gary Chapman hat sie einfach nur aufgeschrieben.

Aber wenn wir wirklich Gott unsere Liebe zeigen wollen, sodass er sie als solche anerkennt, lehrt uns die Bibel klipp und klar, wie es zu geschehen hat.

„Liebt ihr mich, so haltet meine Gebote!" (Joh 14,15)

„Wer meine Gebote festhält und sie befolgt, der ist es, der mich liebt; wer aber mich liebt, der wird von meinem Vater geliebt werden, und ich werde ihn lieben und mich ihm offenbaren." (Joh 14,21)

„Jesus antwortete und sprach zu ihm: Wenn jemand mich liebt, so wird er mein Wort befolgen, und mein Vater wird ihn lieben, und wir werden zu ihm kommen und Wohnung bei ihm machen." (Joh 14,23)

„Wer mich nicht liebt, der befolgt meine Worte nicht; und das Wort, das ihr hört, ist nicht mein, sondern des Vaters, der mich gesandt hat." (Joh 14,24)

Wie Sie sehen, ist Anbetung ausgedrückte Liebe auf Gottes Art und Weise. Und Gottes Liebessprache ist Gehorsam. Alles, das nicht auf Gehorsam basiert, ist Eitelkeit und Sinnlosigkeit. Gott lässt sich nicht hinters Licht führen. Er weiß, wer ihn wirklich liebt. Seine wahren Kinder zeigen ihm ihre Liebe, indem sie seine Wege lieben und ihnen folgen.

Aus Liebe geborener Gehorsam ist keine Religion – und auch kein Werk. Ich spreche hier nicht davon, Dinge zu tun, um Errettung zu verdienen. Ich spreche darüber, Gott aus einem authentisch liebenden Herzen Zuneigung zu zeigen. Errettung und Anbetung sind zwei verschiedene Dinge. Errettung demonstriert die Liebe Gottes für uns. Anbetung zeigt unsere Liebe zu ihm.

Nun, mit all den konfessionellen Argumenten über die Vorteile und Gefahren von Gefühlsduselei ist es gut, sich daran zu erinnern, dass Jesus der Gott der Herzen ist, dass er durchbrechen und in unseren Emotionen regieren möchte. Aber es ist Gehorsam, der die Anbetung von reiner Gefühlsduselei abgrenzt. Gehorsam ist der Bestandteil, der Anbetung davor schützt, zur Realitätsflucht zu werden. Richard Foster sagte einmal: „Da Anbetung mit heiliger Erwartung anfängt, endet sie in heiligem Gehorsam. Heiliger Gehorsam rettet die Anbetung davor, ein Opium, eine Flucht vor den drängenden Nöten des modernen Lebens zu werden."

Jesus kam, um unsere Herzen zu gewinnen, und unsere Emotionen wurden wie der Rest von uns erlöst. Aber in der Gemeinde belügen unsere Handlungen oft unsere Emotionen. Die wahren Emotionen des Herzens sind die, die die Herrschaft beeinflussen. Wir werden dem Herrn, den wir lieben, gehorchen. Wenn wir unser Fleisch lieben, gehorchen wir ihm. Aber wenn wir Gott lieben, werden es unsere Emotionen durch wahren Gehorsam beweisen. Ich sage das, damit wir uns selbst richten können, nicht die Welt um uns herum. Lassen Sie uns auf uns selbst schauen.

Ich liebe Jesus. Ich möchte, dass er Wohnung in mir nimmt, und ich möchte, dass er sich mir offenbart. Ich liebe Jesus, darum gehorche ich ihm. Das ist Anbetung.

„Küsst den Sohn, damit er nicht zornig wird und ihr nicht umkommt auf dem Weg ..." (Ps 2,12)

Wo kein Gehorsam ist, da ist auch keine Anbetung. Dort ist keine Liebe Gottes, weil die Liebe für Gott nicht gezeigt wird. Anbetung, als einzig wahre Liebe, beginnt mit einer Motivation des Herzens, aber sie muss sich auch ausdrücken können.

SICH VOR DEM KÖNIG BEUGEN

Es gibt eine Einladung in Psalm 95,6, die sagt: *„Kommt, lasst uns anbeten und uns beugen, lasst uns niederfallen vor dem Herrn, unserem Schöpfer!"*

Erinnern Sie sich an die Szene in dem Musical *Der König und ich*, indem der König (gespielt von Yul Brynner) darauf besteht, dass Deborah Kerr niemals ihren Kopf höher halten soll als seinen? Er bewegt sich in immer tiefere Positionen, um zu sehen, ob sie auf sein Wort hören wird. Als er saß, saß sie tiefer. Als der König auf dem Boden saß, legte sie sich hin. Als er sich auf seinen Ellbogen stützte, warf sie sich vor ihm nieder.

Das ist kein schlechtes Bild von Anbetung. Nur ein Verräter oder ein Narr versucht, sich über seinen König zu erheben. Ein Anbeter stellt sicher, dass sein Herz und seine Position dem Herrn immer angemessen untergeordnet sind. Er richtet sich so ein, dass sein Kopf „unter" dem des Königs ist.

Das bringt uns zu dem Thema, das manche Leute niemals begreifen werden: Niederbeugen. Das hebräische Wort, das meistens mit *Anbetung* übersetzt wurde, ist das Wort *shachah*. Es bedeutet einfach *sich beugen*. Wir sehen es oft gepaart mit dem Wort *niedergebeugt*, wie in 1. Mose 24,26: „*Da neigte sich der Mann und betete an vor dem Herrn ...*". Wörtlich bedeutet das *der Mann neigte sich und beugte sich nieder*. Nur um sicherzustellen, dass es keine Verwirrung zwischen bildlichem und wörtlichem Niederbeugen gibt, wiederholt die Bibel das Wort, um beides abzudecken.

Wenn die Menschen im Alten Testament anbeteten, neigten sie sich wirklich hinunter – sie beugten sich sowohl körperlich als auch in ihren Herzen, sie demütigten sich vor dem Herrn. Anbetung bedeutet, sich niederzubeugen.

Sie sagen vielleicht: „Nun, das ist das Alte Testament, Zach. Sie waren nicht unter der Gnade, deshalb dachten sie, sie müssten vor dem Herrn kriechen. Richtig?" Um die Antwort zu finden, lassen Sie uns im Neuen Testament das griechische Wort für *Anbetung* anschauen. Wir haben es schon zum Teil beleuchtet. Es ist das Wort *proskuneo*. Zur Erinnerung: *Proskuneo* bedeutet *sich vor dem Herrn niederwerfen und ihm Küsse zuhauchen*, weil Sie ihn verehren.

Das Neue Testament nimmt uns in keinster Weise aus der Verantwortung. Viel eher neigen sich neutestamentliche Anbeter noch tiefer (*sich niederwerfen* bedeutet, mit dem Gesicht voraus flach auf dem Boden zu liegen) und demütigen sich selbst noch stärker als die alttestamentlichen Anbeter. Und es kommt noch eine weitere Dimension hinzu. Während sich die alttestamentliche Anbetung dem Herrn scheinbar mit Körper und Herz unterordnet, fügt die neutestamentliche Anbetung die Verehrung und Demonstration der Liebe hinzu. Wenn das Wort für *Anbetung* im Alten Testament *sich vor Ehrfurcht beu-*

gen bedeutet, bedeutet das Wort im Neuen Testament, sich noch tiefer zu beugen, weil Sie ihn lieben.

Egal, wie Sie es sich ansehen, Sie kommen nicht um das Offenkundige herum. Das hebräische sowie das griechische Wort für *Anbetung* bedeutet *sich vor Gott beugen*. Sich zu beugen ist und bleibt ein grundlegender Bestandteil von Anbetung. Sie könnten nun einwenden, dass Menschen in der Bibel Gott in vielen unterschiedlichen Körperhaltungen angebetet haben. Sicher, das ist wahr, aber keine dieser Haltungen waren wirklich in der Bedeutung des Wortes *Anbetung* eingeschlossen. Es gibt kein Wort für *Anbetung*, das *sitzen, stehen, klatschen, Hände heben, gebeugt stehen, herumhängen* oder *eine Pirouette drehen* bedeutet. Warum? – Weil Anbetung im Grunde genommen nicht aus stehen, sitzen, springen oder knien besteht. All diese Ausdrucksformen kommunizieren etwas über die Haltung unseres Herzens gegenüber Gott. Und sie sind alle in der Bibel enthalten. Aber sie sind nicht das, was man im Grunde unter Anbetung versteht. Anbetung steht ausdrücklich dafür, sich zu beugen. Denn Anbetung ist eine komplette Unterordnung Ihres ganzen Seins unter Gott. Warum beugen? – Weil Bewohner und Bürger des Landes sich vor ihrem König beugen. Es drückt Ehre und Respekt gegenüber der Autorität, Majestät und Herrschaft Gottes aus. Aber sind wir nicht Kinder Gottes? Beugen sich Kinder vor dem König? – Ja, das tun sie. Sogar Prinzen und Prinzessinnen beugen sich vor ihrem Vater, dem König. Durch die Beziehung innerhalb der Familie vermindert sich der Respekt gegenüber dem König nicht, sondern erhöht sich. **Gott ist nicht nur unser König, sondern er ist auch unser Vater – eine doppelte Autorität in unserem Leben – und würdig der doppelten Ehre.**

Ich verstehe einfach nicht, warum Christen so sehr gegen diese Ansicht ankämpfen (eigentlich verstehe ich es schon, aber es bricht mein Herz). Wir möchten uns auf keinen Fall beugen. Warum? Ist er nicht unser Gott und unser König? Was denken Sie, wird geschehen, wenn Sie in den Himmel kommen? – Sie werden sich beugen! Bitte beachten Sie:

„Und jedes Mal, wenn die lebendigen Wesen Herrlichkeit und Ehre und Dank darbringen dem, der auf dem Thron sitzt, der lebt von Ewigkeit zu Ewigkeit, so fallen die 24 Ältesten nieder vor dem, der auf dem Thron sitzt, und beten den an, der lebt von Ewigkeit zu Ewigkeit; und sie werfen ihre Kronen vor dem Thron nieder und sprechen: Würdig bist du, o Herr, zu empfangen den Ruhm und die Ehre und die Macht; denn du hast alle Dinge geschaffen, und durch deinen Willen sind sie und wurden sie geschaffen!" (Offb 4,9-11)

Haben Sie das verstanden? – Den 24 mächtigsten Wesen des Himmels wurden Kronen gegeben, nicht damit sie sie aufsetzen, sondern zur Verschönerung von Gottes Füßen. Ihnen wurden Throne gegeben, nicht um sie zu erheben, sondern um ihnen eine höhere Stellung zu geben, damit sie sich vor dem König demütigen und beugen können. Sie sehen dies nicht als eine Beleidigung, Verlegenheit oder Unannehmlichkeit an. Sie sehen es als Ehre an, sich vor dem König zu beugen, weil er würdiger ist als alles, was sie haben.

Wir sind dumme, kleine, stolze Kreaturen. Insbesondere Amerikaner haben ein ernsthaftes Problem damit, sich zu beugen. Wir beugen uns vor niemandem. Der letzte König, der versuchte, dass wir uns vor ihm beugen sollten, wurde wieder direkt nach England zurückgeschickt. Es liegt nicht in unserer Kultur, uns zu beugen. Es liegt nicht in der Kultur unserer Gemeinden, sich zu beugen. Es ist nicht die Kultur der modernen Anbetung, sich zu beugen. Seien wir doch ehrlich. Es geht unserer gefallenen Natur gegen den Strich, sich zu beugen.

Aber irgendwann müssen wir damit aufhören, von Gott zu verlangen, seine Königreichskultur unter unsere gefallene Kultur unterzuordnen. Er kann das einfach nicht tun. Der Grund, weshalb wir so wenig Kraft in unseren Gemeinden sehen, ist, dass wir uns auf unsere menschlichen Lehren gründen und von Gott erwarten, dass er sich selbst unseren Meinungen unterordnet. Er wird das nicht tun. Und wenn wir sein Königreich auf der Erde bauen möchten, so wie es im Himmel ist, müssen wir die Dinge tun, die im Himmel getan werden. Im Himmel beugen sie sich! Im Himmel gibt es keine Diskussion darüber, ob sich zu beugen ihrer Kultur entspricht oder nicht. Es ist die Kultur des Königreichs. Wenn wir unsere gefallene Kultur (in Bezug auf Nation, Familie, Konfession und Religion) aufgeben und die Kultur von Gottes Königreich akzeptieren, werden wir sehen, wie der Himmel wieder auf die Erde kommt. Siehe Philipper 2,10-11:

„... damit in dem Namen Jesu sich alle Knie derer beugen, die im Himmel und auf Erden und unter der Erde sind, und alle Zungen bekennen, dass Jesus Christus der Herr ist, zur Ehre Gottes, des Vaters."

Wenn wir diese Stelle wörtlich nehmen, würden wir jedes Mal, wenn der Name Jesus fallen würde, zu Boden fallen. Aus Respekt und Ehrerbietung würden wir uns beugen. Und dann würden sich auch Krankheit, Armut, Gebundenheiten, Süchte und der Tod beugen! Doch stattdessen benutzen wir den Namen aller Namen als Schimpfwort. Es wird Zeit, dass wir unsere Kultur seiner Kultur unterordnen. „Aber so sind wir nicht, Zach." Ja, ich weiß. Und die Ergebnisse sprechen für sich selbst.

Warum gibt es so viele leere Kirchen in der westlichen Welt? Warum sind aus kleinen weißen Kirchtürmen Grabsteine –

weiß gewaschene Gräber voller Menschen, aber ohne die Kraft und Gegenwart Gottes – in unserer Nation geworden? – Weil wir unseren eigenen Stolz auf den Thron gesetzt haben. Und Gott hat versprochen, dass er dem Stolz widerstehen wird (Jak 4,6). Er kann nicht unter dem Stolz des Menschen thronen. Und er wird es auch nicht!

Das ist der Tropfen, der das Fass zum Überlaufen brachte, als Mose Israel aus der Gefangenschaft Ägyptens ins verheißene Land führte. Die Israeliten waren so stolz, dass Gott sie beinahe allein hätte ziehen lassen, ohne seine Gegenwart. Gott sagte ihnen:

„[Geh hin] ... in das Land, in dem Milch und Honig fließt. Denn ich will nicht in deiner Mitte hinaufziehen, weil du ein halsstarriges Volk bist; ich würde dich sonst unterwegs vertilgen!" (2.Mo 33,3)

Haben Sie das verstanden? – Gott wollte nicht mit ihnen ins verheißene Land gehen, weil er sie sonst zerstört hätte! Weil sie halsstarrig sind? Was bedeutet denn halsstarrig? Legen Sie Ihre Hand auf Ihren Hinterkopf. Jetzt spannen Sie Ihre Nackenmuskeln an. Versuchen Sie nun Ihren Kopf runter oder nach vorne zu bewegen, während Sie Ihre Nackenmuskeln angespannt halten. Das ist halsstarrig. Halsstarrig bedeutet, sich nicht beugen zu wollen; sich selbst nicht Gottes Wegen, Geboten und Charakter unterzuordnen; es abzulehnen, ihm sein Herz unterzuordnen; es abzulehnen, sich zu beugen.

Können Sie sich das vorstellen? Was macht es für einen Sinn, ohne die Gegenwart Gottes in das verheißene Land einzuziehen? Wie kann ein Ort ohne Gott ein verheißenes Land sein?

Das sollte uns eine Warnung sein. Gott möchte seine Verheißungen an uns erfüllen, selbst wenn es bedeutet, nicht mit uns in das verheißene Land zu gehen. Was ist Gottes Verheißung für Sie? Heilung? Möchten Sie Heilung ohne die Gegenwart Gottes in Ihrem Leben? – Nein! Hat er Wachstum in Ihrer Gemeinde versprochen? Vielleicht ein neues Gebäude? Was nützt es uns, ein schönes, volles Gebäude zu haben ohne die Gegenwart Gottes? Zu was ist ein Gebäude gut, das zwar mit Menschen gefüllt ist, aber ohne Gott, der heilt, freisetzt, verändert und befähigt? Es ist einfach nur ein großer Wohltätigkeitsclub. Ohne Gott gibt es kein verheißenes Land! Warum lehnen Christen Demut und Unterordnung so sehr ab? Warum sind wir so allergisch auf die Herrschaft Christi?

> *„Und als er aus dem Schiff gestiegen war, lief ihm sogleich aus den Gräbern ein Mensch mit einem unreinen Geist entgegen, der seine Wohnung in den Gräbern hatte. ... Als er aber Jesus von ferne sah, lief er und warf sich vor ihm nieder, schrie mit lauter Stimme und sprach: Jesus, du Sohn Gottes, des Höchsten, was habe ich mit dir zu tun?"* (Mk 5,2-7)

Es ist beschämend, dass Dämonen sich vor den Füßen Jesu beugen und Christen es ablehnen. Wenn wir nur mit der gleichen Ehrfurcht wie dieser dämonisch besessene Mann Gott anbeten würden, könnten wir die Welt verändern. Wenn wir nur zu Jesu Füßen fallen und fragen würden: „Jesus, du Sohn Gottes, des Höchsten, was habe ich mit dir zu tun?".

Hier ist eine Herausforderung, wenn Sie sie annehmen möchten: Beginnen Sie für 40 Tage Ihren Tag wie der besessene Mann. Rollen Sie sich aus Ihrem Bett, legen Sie sich auf den Boden mit dem Gesicht nach unten und fragen Sie den Herrn: „Was willst du von mir, Jesus, du Sohn Gottes, des Höchsten?". Ich garantiere Ihnen, es wird Ihr Leben verändern – es wird das Leben aller Menschen ändern, denen Sie begegnen werden. Warum? – Weil Jesus durch ein demütiges, ihm untergeordnetes Herz wirken kann.

Der von Dämonen besessene Mann stellte die richtige Frage in der richtigen Haltung. Und die Antwort? – Rettung, Freiheit, Wiederherstellung, Heilung, Ganzheit, Gesundheit, Leben im Überfluss.

> *„So demütigt euch nun unter die gewaltige Hand Gottes, damit er euch erhöhe zu seiner Zeit!"* (1.Petr 5,6)

Das ist die Geschichte des dämonisch Besessenen. Er war ein Mann, der sich selbst demütigte, weshalb Gott ihn erheben konnte. Das ist auch die Geschichte des Kreuzes, wenn Sie Ohren haben zu hören. Jesus demütigte sich selbst bis zum Tod am Kreuz, um dem Willen seines Vaters zu dienen. Und zu gegebener Zeit setzte Gott ihn über alle Namen.

Das Kreuz, wie wir bald lernen werden, ist die größte Handlung von Anbetung in der Geschichte. Das ist das Beispiel von Anbetung, das uns noch gefehlt hat. Die bedeutendsten Anbeter der Bibel waren alles Menschen, die dazu bereit waren, sich selbst vor Gott zu demütigen – sich seinen Wegen unterzuordnen, statt den eigenen Weg zu gehen.

Sie fragen sich vielleicht: „Was ist Anbetung?". – Jesus definierte sie im Garten Gethsemane, als er seinem bevorstehenden Tod entgegenging: *„... doch nicht mein, sondern dein Wille geschehe!"*. Das ist Anbetung. Johannes der Täufer definierte Anbetung, als sein Dienst zu Ende ging und seine Jünger anfingen, Jesus zu folgen: *„Er muss wachsen, ich aber muss abnehmen"* (Joh 3,30). Das ist Anbetung.

Maria definierte Anbetung, als Gottes Plan für ihr Leben äußerste Ablehnung der Gesellschaft für sie bedeutete: *„Siehe, ich* *bin die Magd des Herrn; mir geschehe nach deinem Wort!"* (Lk 1,38). Das ist Anbetung.

Anbetung ist eine Haltung unseres Herzens, die alle Handlungen unseres Lebens bestimmt. Anbetung ist eine Einstellung von Liebe und Unterordnung, die Taten fordert. Warum beteten die Heiligen des Alten Testaments an, indem sie sich beugten und beugten? – Sie hatten eine gebeugte Einstellung in ihren Herzen, die zur gebeugten Haltung ihres Körpers führte. Das ist wahre Demut. Und das ist Anbetung. Als Bestätigung schlagen Sie Folgendes im Alten und Neuen Testament nach:

*„So seid nun nicht **halsstarrig** wie eure Väter, sondern ergebt euch dem Herrn und kommt zu seinem Heiligtum, das er auf ewig geheiligt hat, und dient dem Herrn, eurem Gott, so wird sich die Glut seines Zorns von euch wenden!"* (2.Chr 30,8)

*„Ihr **Halsstarrigen** und Unbeschnittenen an Herz und Ohren! Ihr widerstrebt allezeit dem Heiligen Geist; wie eure Väter, so auch ihr!"* (Apg 7,51)

Gott hatte schon vorher mit Menschen wie uns zu tun. Ironischerweise ist es das religiöse Herz, das fromme, das seinem Ruf nicht folgt. Ich erinnere mich an den Abend, als ich die Anbetung in einer Gemeinde für vielleicht 15 junge Leute leitete. Sie waren im ganzen Chorraum verteilt, ein paar liefen herum und beteten an, andere tanzten, die einen saßen, ein paar knieten. Ich hatte sie angewiesen, sich zu verteilen und einen Platz zu finden, wo sie sich entspannen und sich dem Herrn ausdrücken konnten. Während wir anbeteten, lief ein großer, sportlicher, kirchenferner Jugendlicher im hinteren Teil des Gebäudes mit einem erstaunten Gesichtsausdruck umher. Er kam den Mittelgang halb nach vorne, fiel auf seine Knie, streckte seine

Hände in die Luft, legte sich dann mit dem Gesicht auf den Boden und betete Gott an. Eine halbe Stunde lang bewegte er sich nicht. Er hatte nie Lehre bekommen, was Anbetung bedeutet. Er wusste nichts über Gott oder Gemeinde oder ein angemessenes Verhalten. Er wusste nur, dass ein mächtiger König im Raum war, als er diesen Raum betrat, und er reagierte dementsprechend. Dieser Jugendliche wurde an diesem Abend errettet. Und er wurde am selben Abend ein Anbeter.

ANBETUNG – HALTUNG ODER HANDLUNG?

Ist Anbetung eine Haltung oder eine Handlung? Die Antwort auf diese Frage ist: Ja. Anbetung ist beides. Anbetung ist eine Haltung, die alle Handlungen unseres Lebens motiviert. Darum kann Anbetung nicht für jemand anderes getan werden. Ich „mache" keine Anbetung. Ich werde zur Anbetung. Wenn Anbetung die Haltung meines Herzens wird, dann sehe ich, wie sie jede Handlung meines Lebens beeinflusst.

In gewisser Weise ist Anbetung das Gegenteil von Sünde. Sünde und Anbetung haben beide eine innere und äußere Ausdrucksform. Die innere Ausdrucksform von Sünde ist Missetat. Missetat geschieht, wenn sich unser Herz von bestimmten Arten von Sünden angezogen fühlt. Jesaja 53,5 sagt, dass Jesus für unsere Missetat zerschlagen wurde. Er litt zum Teil, um unsere Herzen vom Verlangen zu sündigen zu heilen – um das wegzunehmen, was uns dazu führt, Sünde zu lieben. Die innere Ausdrucksform von Anbetung ist Liebe, wie wir schon besprochen haben. Die äußere Ausrucksform von Sünde ist Übertretung. Während Missetat innerlich motiviert ist, ist Übertretung die Handlung der Sünde. Übertretung bedeutet, eine Schranke oder ein Gesetz zu missachten. Wir übertreten, wenn wir Gott gegenüber ungehorsam sind – die Grenzen der Gerechtigkeit missachten. Jesaja 53,5 sagt auch, dass Jesus um unserer Übertretungen willen durchbohrt wurde.

Das Kreuz ist das Heilmittel für beides: unseren Antrieb zu sündigen und unsere sündigen Handlungen. Die äußere Ausdrucksform von Anbetung ist Unterordnung unter die Herrschaft Christi; das ist Gehorsam.

So, wie das Kreuz unsere innere und äußere Ausdrucksform von Sünde heilt, ist es auch der Antrieb unserer inneren und äußeren Ausdrucksform von Anbetung. Anbetung ist eine Antwort auf das, was Jesus für uns am Kreuz getan hat.

Also, warum beten Sie heute an? Und wie beten Sie heute an?

GOTTES METAPHER FÜR ANBETUNG

Woher weiß ich, dass Anbetung eine Antwort auf das Kreuz ist? – Weil Gott sagt, dass sie wie eine Ehe ist (das war ein Scherz)! Meine Ehe ist die zweitbeste Beziehung in meinem Leben. Aber wir lernen etwas über Anbetung durch die Ehe. Lesen Sie Epheser 5,22-33:

„Ihr Frauen, ordnet euch euren eigenen Männern unter als dem Herrn; denn der Mann ist das Haupt der Frau, wie auch der Christus das Haupt der Gemeinde ist; und er ist der Retter des Leibes. Wie nun die Gemeinde sich dem Christus unterordnet, so auch die Frauen ihren eigenen Männern in allem.

Ihr Männer, liebt eure Frauen, gleichwie auch der Christus die Gemeinde geliebt hat und sich selbst für sie hingegeben hat, damit er sie heilige, nachdem er sie gereinigt hat durch das Wasserbad im Wort, damit er sie sich selbst darstelle als eine Gemeinde, die herrlich sei, sodass sie weder Flecken noch Runzeln noch etwas ähnliches habe, sondern dass sie heilig und tadellos sei. Ebenso sind die Männer verpflichtet, ihre eigenen Frauen zu lieben wie ihre eigenen Leiber; wer seine Frau liebt, der liebt sich selbst. Denn niemand hat je sein eigenes Fleisch gehasst, sondern er nährt und pflegt es, gleichwie der Herr die Gemeinde. Denn wir sind Glieder seines Leibes, von seinem Fleisch und von seinem Gebein. ‚Deshalb wird ein Mann seinen Vater und seine Mutter verlassen und seiner Frau anhängen, und die zwei werden ein Fleisch sein'. Dieses Geheimnis ist groß; ich aber deute es auf Christus und auf die Gemeinde. Doch auch ihr – jeder von euch liebe seine Frau so wie sich selbst; die Frau aber erweise dem Mann Ehrfurcht!"

In dieser Stelle geht es nicht nur um Ehe. Es geht auch um Anbetung. Paulus versucht den Ephesern zu erklären, dass ihre Ehen Anbetung widerspiegeln müssen, wenn sie eine gute Ehe führen wollen. Wie funktioniert Anbetung? – Jesus gab sich selbst für die Gemeinde hin. Bevor seine Braut es verdient hatte, bevor sie eingewilligt hatte und bevor sie liebte, respektvoll oder freundlich war, legte Jesus sein Leben für sie hin. Das ist aufopfernde Liebe, und darum geht es beim Kreuz.

Wie antwortet die Gemeinde darauf? – Indem sie Christus respektiert und sich seiner Herrschaft unterordnet. Das ist Anbetung.

Wenn sich die Welt gute Ehen ansieht, dann sieht sie Folgendes: ein Mann, der seine Frau selbstlos liebt, sich selbst für sie aufopfert und ihr mit dem Wort Gottes begegnet (nicht sie kritisiert; wir werden das später genauer betrachten). Selbst wenn sie es nicht verdient, liebt er sie, vergibt ihr und gibt sich selbst für sie hin.

Ehemann, wenn Sie so handeln, wird sich Ihre Frau sicher geliebt fühlen. Sie wird niemals einen anderen „Herrn" suchen.

Und wenn die Welt eine göttliche Ehefrau sieht, sieht sie eine Braut, die so dankbar für die aufopfernde Liebe ihres Ehemanns ist, dass sie ihn gerne respektiert, ehrt und sich ihm unterordnet. Sie vertraut ihm und glaubt, dass er alles, was er macht, aus Liebe zu ihr macht. Also ehrt sie ihn ohne Rücksicht auf ihre Umstände.

Ehefrau, wenn Sie Ihren Ehemann so behandeln, wird er sich angebetet fühlen. Er wird niemals nach einer anderen Frau Ausschau halten.

Das ist politisch nicht korrekt, aber die Kultur des Himmels.

Wenn die Welt eine gute Ehe sieht, sieht sie ein lebendiges Bild des Evangeliums, und sie sieht gute Anbetung. Wenn die Welt eigensinnige Ehemänner und respektlose Ehefrauen sieht, sieht sie die Perversion des Evangeliums und eine Perversion von Anbetung. Wir müssen genau widerspiegeln, wie sehr uns unser Herr liebt, indem wir unsere Partner genauso lieben. Wenn also die Anbetung einer Kultur fehlerhaft ist, fangen ihre Ehen an zu versagen. Wenn wir dem gehorchen würden, was Gott in Epheser 5 sagt, würde es unsere Familien, unsere Gemeinden und unsere Kultur retten. Das Evangelium und die Anbetung haben beide eine errettende Natur. Und sie sind nicht nur auf die Gemeinde anzuwenden; sie sind Lektionen, um ein gesegnetes Leben auf der Erde zu führen.

DER PERFEKTE ANBETER?

Dies ist ein bemerkenswerter Moment im kurzen Leben und Dienst von Jesus von Nazareth:

> *„Es bat ihn aber einer der Pharisäer, mit ihm zu essen. Und er ging in das Haus des Pharisäers und setzte sich zu Tisch. Und*

siehe, eine Frau war in der Stadt, die war eine Sünderin; als sie hörte, dass er in dem Haus des Pharisäers zu Gast war, da brachte sie ein Alabasterfläschchen voll Salböl, und sie trat hinten zu seinen Füßen, weinte und fing an, seine Füße mit Tränen zu benetzen; und sie trocknete sie mit den Haaren ihres Hauptes, küsste seine Füße und salbte sie mit der Salbe. Als aber der Pharisäer, der ihn eingeladen hatte, das sah, sprach er bei sich selbst: Wenn dieser ein Prophet wäre, so wüsste er doch, wer und was für eine Frau das ist, die ihn anrührt, dass sie eine Sünderin ist!

Da antwortete Jesus und sprach zu ihm: Simon, ich habe dir etwas zu sagen.

Er sprach: Meister, sprich!

Ein Gläubiger hatte zwei Schuldner. Der eine war 500 Denare schuldig, der andere 50. Da sie aber nichts hatten, um zu bezahlen, schenkte er es beiden. Sage mir: Welcher von ihnen wird ihn nun am meisten lieben?

Simon aber antwortete und sprach: Ich vermute der, dem er am meisten geschenkt hat.

Und er sprach zu ihm: Du hast richtig geurteilt! Und indem er sich zu der Frau wandte, sprach er zu Simon: Siehst du diese Frau? Ich bin in dein Haus gekommen, und du hast mir kein Wasser für meine Füße gegeben; sie aber hat meine Füße mit Tränen benetzt und mit den Haaren ihres Hauptes getrocknet. Du hast mir keinen Kuss gegeben; sie aber hat, seit ich hereingekommen bin, nicht aufgehört, meine Füße zu küssen. Du hast mein Haupt nicht mit Öl gesalbt, sie aber hat meine Füße mit Salbe gesalbt. Deshalb sage ich dir: Ihre vielen Sünden sind ver-

geben worden, darum hat sie viel Liebe erwiesen; wem aber wenig vergeben wird, der liebt wenig.

Und er sprach zu ihr: Dir sind deine Sünden vergeben!

Da fingen die Tischgenossen an, bei sich selbst zu sagen: Wer ist dieser, der sogar Sünden vergibt?

Er aber sprach zu der Frau: Dein Glaube hat dich gerettet; geh hin in Frieden!" (Lk 7,36-50)

Diese Geschichte bewegt mich. Sie bewegt mich so sehr, dass ich ein Anbetungslied darüber geschrieben habe mit dem Namen „Alabaster Jar". Die Handlung der Frau ist wohl das vollständigste Bild von Anbetung in der Bibel.

Ohne jegliche Menschenfurcht nähert sie sich Jesus. Warum sie das tat, wird uns nicht gesagt, aber Jesus muss etwas Wunderbares für sie getan haben, denn ihr Herz wurde von dieser Güte überwältigt (Manche sagen, es war Maria Magdalena, aus der Jesus sieben Dämonen austrieb – s. Mk 16,9 und Lk 8,2.).

Aus diesem dankbaren Herzen floss eine der schönsten Ausdrucksformen von Liebe in der ganzen Bibel. Diese Frau sah die dreckigen Füße Jesu, beugte sich nieder zu seinen Füßen und begann zu weinen. Vielleicht brach es ihr das Herz, dass er so wenig Ehre in den Augen der Pharisäer hatte, dass sie ihm nicht einmal einen Diener gaben, der ihm die Füße wusch, was zur damaligen Zeit Sitte war. Sie weinte über die entehrten Füße ihres geliebten Herrn.

Bricht es Ihnen das Herz, wenn die kleinsten und ärmsten Glieder des „Körpers" vernachlässigt und entehrt werden? Ein Herz der Anbetung weint um sie. Sie weinte über dem Schmutz und Staub der Straße, während sie seine Füße benetzte. Dann tat sie etwas Erstaunliches. Sie öffnete ihr Haar und trocknete Jesu Füße damit. 1. Korinther 11,13 sagt, dass das Haar einer Frau ihre Ehre ist. Diese Frau benutzte ihre Ehre als Handtuch, um Jesus zu dienen. Wenn wir nur so gut anbeten könnten. Wenn wir doch unsere Ehre benutzen würden, um seinem Leib zu dienen, anstatt unsere Ehre wie Kronen zu unserer eigenen Schönheit zu tragen.

Während sie seine Füße trocknete, küsste sie sie fortwährend und ehrte die Füße ihres Retters, während andere Jesus entehrt hatten. Dann nahm sie ein teures Öl, öffnete die Flasche und goss den Inhalt auf diese dreckigen, schlammigen Füße. Was für eine Verschwendung! Was für eine Demut! Was für ein Ausdruck von Liebe! Was für ein Ausdruck von Wert! Was für eine Anbetung brachte sie Jesus an diesem Tag! Ist es da ein Wunder, dass sich Jesus geliebt fühlte? Wenn wir doch nur so gut anbeten, uns vor dem Herrn beugen, im Herzen dankbar sein, ihm gegenüber unsere Gefühle ausdrücken, unsere Liebe zeigen, unsere Ehre benutzen, um ihm zu dienen, und ihn verschwenderisch ehren würden – wie könnte Gott solch einer Braut bzw. solch einem Volk widerstehen?

Aber in vielen Gemeinden sind wir oft wie die Pharisäer: Wir sitzen auf unseren Podesten und verurteilen das „unangebrachte Verhalten" von dankbaren Anbetern, denen bereits vergeben ist. Und wir wundern uns, warum unsere „Anbetung" nicht die Verlorenen überzeugt. Das ist die einzige Stelle in der Bibel, die ich kenne, an der Jesus sagt, dass jemand ihm Liebe gezeigt hätte. Wie unfassbar traurig. Nur ein Mal in der ganzen Bibel sagte Jesus, dass er sich geliebt fühlte, und die Person, die das tat, wurde dafür auch noch kritisiert und verhöhnt. Was wäre, wenn wir ihn alle so lieben würden?

Ich bete, dass Gott so unwiderstehlich für uns wird, dass solche Handlungen von Anbetung die Norm werden. Und ich bete, dass wir so unwiderstehlich für ihn werden, dass er Wohnung macht: in unseren Häusern und Herzen sowie in Stiftshütten überall.

KAPITEL 6

WAS IST LOBPREIS?

„Alles, was Odem hat, lobe den Herrn! Hallelujah!" (Ps 150,6)

Lobpreis sind schnelle Lieder, richtig? Für Lobpreis nimmt man E-Gitarren, Bläser oder Schlagzeug, während man für Anbetung immer Klavier oder Streicher nimmt, richtig? Lobpreis pflügt den Boden unseres Herzens, um ihn für den Samen des Wortes vorzubereiten, richtig?

Lasst uns von vorne anfangen. Zunächst ist Lobpreis ein Ausdruck von Anerkennung oder Bewunderung. Wir loben Gott, aber wir loben auch unsere Kinder, Ehepartner, Mitarbeiter – sogar hin und wieder unsere Hunde (aber niemals unsere Katzen). Gott braucht unsere Anerkennung oder Bewunderung nicht, aber er tut fortwährend Dinge, die beeindruckend sind. Wir drücken unsere Bewunderung über diese Dinge durch Lobpreis aus. Und Gott ist ohne Zweifel das bewundernswerteste Wesen des Universums, darum loben wir ihn für seine Eigenschaften.

Lobpreis ist genauer gesagt eher ein Ausdruck von Respekt oder Dankbarkeit als eine Handlung der Anbetung. Lobpreis kann auch ein Ausdruck der Anbetung sein. Sie sehen, Lobpreis und Anbetung schließen sich nicht gegenseitig aus. Anbetung beginnt mit der Motivation, Gott zu lieben und ihn zu ehren. Diese Motivation muss auch eine Ausdrucksform haben, und Lobpreis ist eine dieser Ausdrucksformen, die die Handlung der Anbetung vervollständigt:

„Ich will den Herrn loben von ganzem Herzen, ich will alle deine Wunder erzählen." (Ps 9,2)

Beachten Sie auch, dass Lobpreis in diesen beiden Fällen ausgedrückt werden muss. Warum ist das wichtig? – Vielen von uns wurde durch falsche Lehre und die Kultur der Denomination beigebracht, dass es wirklich O.K. sei, wenn wir mit verschränkten Armen, geschlossenen Mündern und rollenden Augen vor Langeweile während des Lobpreises an die Decke starren. Wir haben uns selbst belogen, indem wir dachten, wir könnten Gott loben, ohne das Lob *auszudrücken*. Das können wir nicht. Laut der Definition muss Lobpreis eine Ausdrucksform haben.

Sie sagen vielleicht: „Zach, ich lobe Gott in meinem Herzen. Und der Herr kennt mein Herz". Ja, das tut er und er lässt sich nicht betrügen. Er weiß, dass es immer einen Grund dafür gibt, warum es Menschen ablehnen, ihn auch äußerlich zu loben, aber es ist nie ein Grund, der Jesus ehrt oder erhebt.

Eine Person antwortete mir einmal wütend und forderte: „Was ist mit einem stummen, an beiden Armen und Beinen Gelähmten? Wie soll diese Person ihren Lobpreis Gott gegenüber ausdrücken?" – „Sagst du damit, dass, nur weil diese Person nicht singen, tanzen oder die Hände heben kann, sie Gott nicht preist?"

Nun, das ist eine tragische Situation, aber lassen Sie einfach Gott urteilen, wie Lobpreis für solch eine Person in Gottes Augen aussieht. Fakt ist, Sie HABEN Hände und Füße und eine Stimme, um sie für Gottes Ehre zu nutzen. Die Situation dieses Gelähmten hat keine Auswirkung darauf, ob SIE den Herrn anbeten oder nicht.

Warum suchen Menschen immer eine Ausrede? Warum sucht man nach einem Weg, um so wenig wie möglich zu tun, um Gott zu ehren? Die Antwort darauf ist einfach. Diese Person liebt Jesus nicht so sehr. Wenn sie es tun würde, würde sie nicht nach einer Ausrede suchen, Gott nicht anbeten zu müssen, sondern sie würde nach jeder Gelegenheit Ausschau halten, um ihn anzubeten.

Wir müssen uns diesbezüglich selbst prüfen. Lassen Sie uns das deutlich sagen: Lobpreis ist kein Gefühl, er ist ein Ausdruck. Diese Ausdrucksform muss sichtbar werden, um sie Lobpreis nennen zu können. Lobpreis muss ausgedrückt werden, um von Gott angenommen, von den Verlorenen wahrgenommen und von der Hölle gefürchtet zu werden. Wir werden in Kürze sehen, warum.

Ausdrucksform - der Prozess, etwas bekannt zu machen, zu vermitteln oder die eigenen Gedanken, Gefühle, Empfindungen oder Meinungen in Worte zu fassen.

Wie machen Sie Ihre Gefühle und Gedanken über Gott bekannt, fassen sie in Worte oder vermitteln sie? Diese Frage erklärt, was Lobpreis ist. Als Priester sind wir berufen, diesen Gott der Welt bekannt zu machen – den Lobpreis für den Einen, der uns von der Finsternis ins Licht gerettet hat, zu verkündigen.

„Ihr aber seid ein auserwähltes Geschlecht, ein königliches Priestertum, ein heiliges Volk, ein Volk des Eigentums, damit ihr die Tugenden dessen verkündet, der euch aus der Finsternis berufen hat zu seinem wunderbaren Licht ..." (1.Petr 2,9)

Vielleicht fühlen Sie Bewunderung in Ihrem Herzen, aber wie drücken Sie sie gegenüber Gott und der Welt aus? Wie machen Sie sie „bekannt"? Wie „verkündigen" Sie sie? Das ist Lobpreis.

WARUM LOBEN WIR?

Erstens loben wir Gott für das, was er ist. Sie werden sehen, wie sich Umstände ändern. Manchmal sind sie schlecht, manchmal gut. Aber der Charakter Gottes ändert sich nie. Er ist von unseren Umständen vollkommen unabhängig. Unsere Situation mag schlecht aussehen, aber Gott ist niemals schlecht. Gott ist gut. Selbst wenn ich körperlich krank bin, ändert das nichts an der Tatsache, dass Gott ein Heiler ist. *Jahwe Rapha* bedeutet *der Herr, der mich heilt*. Vielleicht sagt der Arzt, meine Situation sei hoffnungslos, aber Gott ist treu. Er ist stark und mächtig. Gott lügt nie, er verlässt uns nie und er versagt nie. Ohne Rücksicht auf meine Situation habe ich einen Grund, Gott zu preisen, weil sein Charakter sich nicht ändert.

Gott ist des Lobes würdig, ohne Rücksicht auf unsere Umstände. Lesen Sie das Buch Offenbarung und sehen Sie selbst (Lesen Sie Offb 4,2-11; 5,6-14; 7,9-12; 15,2-4; 19,1-8.). Das ganze Buch hindurch, egal, was auf der Erde geschieht, wird Gott gepriesen. Siegen die Heiligen? Gott wird gepriesen. Werden die Heiligen versucht? Gott wird gepriesen. Gibt es Plagen, Kriege und Seuchen? Gott wird gepriesen. Kommt der Antichrist? Gott wird gepriesen. Und wenn der Antichrist vernichtet ist? Gott wird gepriesen. Denn er ist würdig, was auch immer passiert.

Als Zweites preisen wir Gott für das, was er getan hat. Das macht am meisten Sinn für uns, weil wir die Situation vor Augen haben, für die wir ihn preisen. Nur ein dankbarer Mensch kann wirklich Gott preisen, denn Dank ist das Wesentliche am Lobpreis. Pessimismus oder Undankbarkeit haben im Reich Gottes keinen Nutzen. Lobpreis erzählt die Großtaten Gottes. Die Wahrheit und die frohe Botschaft werden verkündigt. Lobpreis ist das Evangelium in Liedern. Ein Lobpreisleiter erinnert die Gemeinde daran, was Gott getan hat und wer er ist, damit sie einen Grund hat, ihm gegenüber Bewunderung und Dankbarkeit auszudrücken.

Als Drittens preisen wir Gott für das, was er tun wird. Die Bibel erzählt uns viel darüber, was Gott tun wird, und wir loben ihn dafür. Manchmal bekommen wir ein Wort durch Weissagung oder im Gebet über das, was Gott tun wird. Das ist ein guter Grund, ihn zu preisen.

Ich liebe die Geschichte von Paulus und Silas im Gefängnis (Apg 16,25-27). Sie sind im Gefängnis an Händen und Füßen gefesselt, aber preisen Gott mit all ihrer Kraft.

> *„Um Mitternacht aber beteten Paulus und Silas und lobten Gott mit Gesang, und die Gefangenen hörten ihnen zu. Da entstand plötzlich ein großes Erdbeben, sodass die Grundfesten des Gefängnisses erschüttert wurden, und sogleich öffneten sich alle Türen, und die Fesseln aller wurden gelöst. Da erwachte der Kerkermeister aus dem Schlaf, und als er die Türen des Gefängnisses geöffnet sah, zog er sein Schwert und wollte sich töten, weil er meinte, die Gefangenen seien entflohen."*

Sie priesen Gott, während sie gefesselt im Gefängnis saßen? Warum würden Sie Gott in solch einer Situation preisen? Sie loben ihn für das, was er ist, und für das, was Sie glauben, dass er tun wird. Wussten sie, was Gott tun würde? – Nein. Aber das hielt sie nicht davon ab, ihm zu vertrauen, dass er etwas Gutes tun würde. Lobpreis kann auch ein Teil der Fürbitte sein, der Weissagung in Erfüllung bringt. Paulus ermutigt Timotheus, an den Weissagungen, die über ihn ergangen sind, festzuhalten, damit er durch sie den guten Kampf kämpfen könnte (1.Tim 1,18). Lobpreis ist eine der Waffen der geistlichen Kampfführung. Was hat Gott in Ihr Leben gesprochen? Loben Sie ihn für seine Treue, das zur Vollendung zu bringen, was er in Ihnen angefangen hat!

Sagt uns nicht die Bibel, dass wir *„durch seine Wunden ... geheilt"* (Jes 53,5) sind? Dann preisen Sie Gott, dass er Heiler ist und dass er die Krankheit in Ihrem Körper heilen wird.

Die Verheißungen des Herrn sind zahlreich. Loben Sie ihn dafür. Lobpreis ist manchmal die größte Glaubenshandlung eines Gläubigen. Meine Frau hatte eine Freundin in der Schule, der am Telefon gesagt wurde, dass ihre Mutter unerwartet gestorben sei. Ihre Freundin legte auf und sagte: *„Freut euch im Herrn allezeit; abermals sage ich: Freut euch!"* Das braucht Glauben. Glaube, dass Gott würdig des Lobes ist, ohne Rücksicht auf die Situation. Glaube, dass er Trauer in Tanz verwandeln und dass er etwas Gutes aus den schwierigsten Umständen schaffen kann.

Als Hiob alles außer seiner verbitterten Frau (die ihm sagte, er solle Gott verfluchen und sterben) verloren hatte, sagte er: *„Siehe, er soll mich töten – ich will auf ihn warten ..."* (Hi 13,15). Das war Lobpreis, der Glauben verlangte.

Lobpreis leugnet nicht unsere Umstände. Lobpreis verkündet, dass Gott treu und vertrauenswürdig ist, ohne Rücksicht auf unsere Situation. Glaube sagt nicht: „Ich werde Gott vertrauen, wenn er mich durchtragen wird". Glaube sagt: „Ich weiß, Gott kann mich durchtragen, aber ich vertraue Gott, egal, was passiert, denn er hat seine Liebe zu mir schon am Kreuz bewiesen".

Wenn Sie das Buch der Psalmen lesen, entdecken Sie, dass David seine Lieder oft damit beginnt, eine schwierige Situation zu beschreiben. Es ist in Ordnung, ehrlich gegenüber Gott zu sein. David (der Autor der meisten Lobpreislieder der Bibel) erkennt immer die Realität seiner Situation an, aber das hindert ihn nicht daran, mit einer Haltung von Dankbarkeit, Glaube und Lob zu Gott zu kommen. Psalm 35 ist ein großartiges Beispiel dafür. Er beginnt mit Davids Problemen: *„Herr, führe meine Sache gegen meine Widersacher ..."* Aber er endet mit Lob: *„Und meine Zunge soll reden von deiner Gerechtigkeit, von deinem Lob allezeit!"*.

Unsere Gemeinden und Versammlungen müssen verstehen, dass sie ehrlich gegenüber Gott sein können. Und sie brauchen Beispiele von Menschen, die Gott sogar in schweren Zeiten vertrauen.

Einer meiner besten Sonntagmorgen-Gott-Momente war an dem Tag, an dem meine Frau und ich unseren zweiten Sohn verloren. Bei Jen traten Anzeichen einer Fehlgeburt auf. Wir taten alles, was wir in der Bibel fanden. Wir gehorchten in allem. Aber das Kind starb dennoch. Ich habe einen Sohn im Himmel mit dem Namen Mattias.

Ungefähr einen Monat vor der Fehlgeburt hielt mich Gott jede Nacht wach, um mir seinen Namen immer und immer wieder zu sagen. Wir kannten seinen Namen! Wir hatten Hoffnungen und Träume für ihn! Er war schon ein Teil unserer Familie. Er war mein Sohn. Der Morgen nach der Fehlgeburt war ein Sonntag. Mein Herz war gebrochen, aber ich entschied, den Lobpreis trotzdem zu leiten. Warum? – Weil Gott es wert ist. Irgendwann in der Mitte des zweiten Liedes fing ich an zu weinen. Die Gemeinde wusste nicht, was passiert war, also stoppte ich den Lobpreis und erzählte es. Sie liebten uns und hatten auch für dieses Baby gebetet. Daher war es auch für sie schwer. Ich erzählte alles, was wir geglaubt, getan, gebetet und proklamiert hatten – und dass wir unseren Sohn trotzdem verloren hatten. Dann sagte ich: „Leute, ich vertraue Gott nicht, weil er immer das tut, was ich will. Ich vertraue ihm, weil er schon bewiesen hat, dass er mich liebt. Und selbst wenn ich ihn nicht immer verstehe, weiß ich, dass er für mich immer das Beste im Sinn hat."

Und ich führte sie zurück in den Lobpreis und die Anbetung Gottes. An diesem Tag wurde in der Gemeinde etwas freigesetzt. Es gab so viele Menschen, deren Erwartungen erschüttert wurden. So viele Menschen, die verletzt und beraubt wurden, hatten Gott vertraut und standen am Schluss mit leeren Händen da. An diesem Tag vergaben diese Menschen Gott. Es mag sich wie Irrlehre anhören, aber sie hatten Gott Vorwürfe gemacht, dass er ihre Wünsche nicht erfüllt hatte, und sie mussten ihm vergeben. Durch mein Zeugnis hat Gott das Herz der Menschen und ihre Beziehung zu ihm geheilt.

Ehepaare, deren Ehe am Zerbrechen war, sprachen sich gegenseitig Vergebung zu. Paare, die Kinder verloren hatten, weinten vor dem Herrn und beteten ihn zum ersten Mal nach dem Verlust an. Gott heilte Herzen an diesem Tag, weil die Leute sahen, dass jemand bereit war, Gott zu vertrauen und ihn zu preisen ohne Rücksicht auf die Umstände.

Wenn die Gemeinde aufhören würde vorzutäuschen, dass guten Menschen keine schlimmen Dinge passieren würden, und Menschen ehrlich wären, hätten wir der Welt etwas anzubieten. Aber solange unsere Religion sich wie Tupperware anfühlt und nach Verleugnung, Verurteilung und Falschheit stinkt, werden wir weiterhin in unserer Selbstgerechtigkeit verkümmern. Wenn guten Menschen schlimme Dinge nicht passieren, warum folgen wir dann Jesus? Wenn das wahre Leben nicht in unseren „heilen" Gemeinden geschieht, was machen wir dann mit den Geschichten von Josef, David, Jeremia, Daniel und all den Aposteln? Jesus ist der Herr des wirklichen Lebens. Und er ist würdig, in unseren realen Lebenssituationen gepriesen zu werden – in allen.

VORTEILE VON LOBPREIS

Vielleicht hätte ich damit anfangen sollen. Jeder liebt es zu hören, was für Vorteile man hat. Wie wird Lobpreis mein Leben bereichern? Hier gibt es gute Nachrichten. Lobpreis ist eine der gesündesten Aktivitäten, die ein Christ tun kann. Hier sind einige Vorteile:

Erstens: Lobpreis bringt uns in Position, um in die Verheißungen Gottes hineinzukommen

Erinnern Sie sich an die zwölf Kundschafter (4.Mo 13-14), die ausgesandt wurden, um das verheißene Land auszukundschaften, bevor die Israeliten hineingingen? Zehn von ihnen kamen mit ungläubigen, klagenden Berichten zurück: „Die Menschen sind zu groß. Wir sind zu klein. Das Land wird uns vertilgen. Wir schaffen das nicht. Jammer, Jammer, Jammer, Jammer." Zwei von ihnen, Josua und Kaleb, kamen mit realistischen Berichten, positiven Einstellungen und Lobpreis auf ihren Lippen zurück:

> „... Das Land, das wir durchzogen haben, um es auszukundschaften, ist ein sehr, sehr gutes Land! Wenn der Herr Gefallen an uns hat, so wird er uns in dieses Land bringen und es uns geben – ein Land, in dem Milch und Honig fließt. Seid nur nicht widerspenstig gegen den Herrn und fürchtet euch nicht vor dem Volk dieses Landes; denn wir werden sie verschlingen wie Brot. Ihr Schutz ist von ihnen gewichen, mit uns aber ist der Herr; fürchtet euch nicht vor ihnen!" (4.Mo 14,7-9)

Habt keine Angst! Das Land ist gut! Gott wird uns beschützen! Wir „verspeisen unsere Feinde zu Mittag", denn Gott ist mit uns!

Erkennen Sie den Unterschied in der Einstellung und Ausdrucksform? Leider hörten die Israeliten auf die Stimme der Jammerer. Regel Nummer eins im Hause Neese ist: „Gehe niemals auf ein jammerndes Kind ein." Gott hatte wohl die gleiche Regel, denn er wollte solch undankbaren, jammernden Rotzlöffeln das verheißene Land nicht geben. Darum gab er ihnen 40 Jahre, um das Jammern und Klagen in Israel aussterben zu lassen. Die einzigen Menschen, die das verheißene Land aus dieser Generation betraten, waren die zwei, die Gott priesen: Kaleb und Josua.

Gott hat sich nicht verändert. Er hält immer noch Verheißungen für seine Kinder bereit. Für einige von uns hält er Wunder bereit. Für einige gibt es einen Dienst, einen Traum oder eine Bestimmung auf der anderen Seite des Flusses. Für andere gibt es Wiederherstellung der Familienbeziehungen. Wir alle haben ein verheißenes Land, in das wir hoffen, eintreten zu können. Aber Gott führt uns nicht in diese Verheißungen, bis wir gelernt haben, ihm zu vertrauen und ihn zu preisen. Dafür gibt es die Wüste. Gott brachte Israel in die Wüste, damit er ihnen begegnen konnte, aber sie lehnten es ab. Er wollte ihnen zeigen, wer er war, aber sie waren zu sehr auf sich selbst gerichtet. Darum hat er sie über sich selbst gelehrt.

Gott wollte die Wüstenzeit für sie zum Segen setzen, aber sie lehnten dies ab. Darum benutzte er die gleiche Wüste, um Klage, Unglaube, Bitterkeit und Götzendienst aus den Leuten auszutreiben. Wüsten lehren uns, Gott für das zu preisen, was er ist, ohne Rücksicht auf unsere Umstände. Wüsten lehren uns, ihn dafür zu preisen, was er tun wird, und dafür dankbar zu sein, was er tut. Wüsten bereiten unsere Herzen darauf vor, die Verheißungen Gottes zu empfangen und an ihnen festzuhalten. Jeder von uns hat ein verheißenes Land, auf das wir vorbereitet werden – und Gott ist sehr geduldig. Es ist unsere Aufgabe, mit offenem Herzen und Verstand in die Wüste zu gehen, damit wir die Lektion Gottes für uns empfangen können.

Wenn Sie jetzt gerade in der Wüste sind, fassen Sie Mut. Sie wurde nicht geschaffen, um Sie zu zerstören. Sie wurde gestaltet, um Sie auf den Berg zu führen, damit Sie Gott kennenlernen. Wir sterben nur in der Wüste, wenn wir es ablehnen, näher zu Gott zu kommen.

Die Wüste war der entscheidende Punkt, um das verheißene Land zu empfangen. Lobpreis bringt uns in die Position, Gottes Verheißungen zu empfangen. Was sind Gottes Verheißungen für Sie? Hat Gott einen Traum in Ihr Herz gelegt? Ist es eine Heilung? Ist es eine Wiederherstellung? Oder ist Ihr verheißenes Land ein Ort inniger Gemeinschaft mit Gott? Diese Verheißungen sind vielleicht gar nicht so weit weg, wie Sie denken. Loben Sie den Herrn und warten Sie ab!

Zweitens: Gott zeigt sich, wenn sein Volk ihn preist

Hier sind zwei Übersetzungen von Psalm 22,4:

> „*Aber du bist heilig, der du wohnst unter den Lobgesängen Israels!*"

> „*Du aber bist heilig, der du thronst über den Lobgesängen Israels.*" (Luther 1984)

Was sagt uns dieser Vers? Er offenbart uns, dass überall, wo Gottes Kinder ihn preisen, er unter ihnen wohnt. Er setzt seinen Thron an diesen Ort und baut dort seine Herrschaft und sein Reich. Er lebt dort, wo seine Kinder ihn preisen. Die englische Bibelübersetzung *The Message* beschreibt, dass sich Gott auf den Kissen des Lobpreises ausruht.

Er macht sich dort eine Wohnung. Und überall, wo Gott ist, ist alles möglich. Ich kam einmal in Schwierigkeiten, als ich diesen Punkt erklären wollte. Ich hatte einen bärtigen Freund, der wie Jesus aussah, und sich hinter der Tür eines Nebenraumes versteckte. Als ich den Aufruf zur Anbetung machte, ermutigte ich die Gemeinde dazu, Jesus einzuladen, ihn zu erheben und ihn unter uns wirken zu lassen. Dann bat ich sie, ihre Stimmen zu erheben und Gott zu preisen. Während sie das taten, klopfte „Jesus" an die Tür. Eine der traurigsten Stellen in der Bibel ist Offenbarung 3,20. Der Gedanke daran, dass Jesus an der Tür klopfen muss, um Zugang zu seiner eigenen Gemeinde zu bekommen, ist ernüchternd und herzzerreißend. Ich unterbrach und fragte: „Hat jemand das Klopfen gehört?". Alle schauten sich um und zuckten mit den Schultern. Wir fingen wieder an zu loben. Wieder klopfte Jesus. Ich sagte: „Da klopft jemand. Ich kann das Klopfen an der Tür hören. Könnte bitte jemand nachschauen?" Niemand bewegte sich. Also sprang ich runter von der Bühne, rannte zum Nebenraum und öffnete die Tür. Herein kam Jesus. Sie hätten die Gesichter sehen sollen.

Ich legte meine Arme um ihn: „Jesus! Du bist gekommen! Ich bin so froh, dich zu sehen!" Ich legte meinen Arm auf seine Schulter, ging mit ihm auf die Bühne und stellte ihn allen vor: „Jesus, du kennst doch Bob. Und erinnerst du dich an Sandra? Oh, da ist Kirk. Du hast ihn noch nicht kennengelernt? Aber wir arbeiten daran."

Als wir auf die Bühne gingen, sagte ich: „Jesus, du kommst genau richtig. Wir waren gerade dabei, dich zu loben. Möchtest du bei uns bleiben?" – „Ja natürlich, liebend gern", antwortete Jesus.

Also griff ich in meine Tasche und zog einen kleinen Holzstuhl aus dem Puppenhaus meiner Tochter hervor. Ich zeigte ihn der Gemeinde, dann stellte ich ihn feierlich in die Mitte der Bühne. „Jesus, sitz du auf dem Thron im Lobpreis deines Volkes" sang ich feierlich.

„Was? Darauf?", fragte er skeptisch.

Wieder sang ich: „Ja, Herr, Allmächtiger. Wir erheben deine Majestät."

„Du willst, dass ich darauf sitze?"

„Ja, Herr. Komm, wohne im Lobpreis deines Volkes.", sagte ich feierlich singend und mich verneigend.

Jesus schaute auf seine Uhr. „Weißt du, ich wünschte, ich könnte bleiben, aber ich habe noch etwas anderes zu tun. Ich muss jetzt wirklich gehen."

„Oh Jesus", sagte ich traurig. „Wirklich? Kannst du nicht bleiben?"

Jesus schaute noch einmal zum Stuhl, dann auf seine Uhr. „Nein, ich kann wirklich nicht. Tut mir leid."

Also umarmte ich Jesus. „O.K., Jesus. Es war wirklich schön, dich zu sehen.", sagte ich traurig. „Sagt alle Tschüss zu Jesus."

Sie hätten wieder ihre Gesichter sehen sollen, als Jesus wieder zurücklief und durch die Tür verschwand.

„Was ist passiert? Warum ist er nicht geblieben?", fragte ich die Gemeinde. Ich bückte mich, nahm den Stuhl und stellte ihn auf meine Handfläche.

„Die Bibel sagt in Psalm 22,4, dass der Herr im Lobpreis seines Volkes thront. Unser Lobpreis baut einen Stuhl der Ehre für unseren König, dass er kommt und seine Herrlichkeit sich lagert. Gemeinde, wir haben einen großen Gott. Wenn wir ihn preisen, bauen wir dann einen Thron, der sein Gewicht aushält?"

Ich lief über die komplette Bühne mit dem Stuhl auf meiner Hand. „Meine Frage heute an dich ist die: Wie viel von Gott willst du? Denn dieser Stuhl reicht nicht als Thron für den Gott aus, den ich will. Wie viel Gott willst du?"

Diese Gemeinde gab alles im Lobpreis. Wir erlebten eine Erweckung in dieser Gemeinde. Trotzdem war der Pastor mit mir ein wenig verärgert. Ich hatte einige Leute beleidigt. Aber niemand hat diese Lektion je vergessen. Ein paar Jahre später sagte ein Kind von einem meiner Freunde: „Papa, erinnerst du dich an den Tag, als Jesus in die Gemeinde kam?" Süß, und auch traurig. Traurig, dass es denkt, dass Jesus nur dieses eine Mal in ihre Gemeinde kam.

Ich möchte in keine Gemeinde gehen, in der Jesus nicht ist. Ohne die Gegenwart Gottes ist die Gemeinde schlimmer als eine sinnlose Übung. Es ist Religion und geistlicher Tod. Aber dort, wo Jesus ist, kann alles geschehen. Programme werden versagen; die Gegenwart Gottes nicht. Lobpreis schafft einen Wohnraum für Gott. Sei es ein Gemeinderaum, ein Herz oder ein Haus – Lobpreis schafft einen Ort der Begegnung. Darum lobe den Herrn!

Drittens: Lobpreis ist eine Waffe geistlicher Kampfführung

Lobpreis lädt nicht nur die Gegenwart des mächtigen Gottes, des Herrn der Heerscharen, Jahwe Zebaoth, ein, er ist auch eine Waffe in der Hand eines Christen. Wir müssen uns daran erinnern, dass das Wort Gottes ein Schwert ist. Was sonst ist Lobpreis, als das Wort, die Verheißungen und das Wesen des Herrn auszudrücken? Lobpreis ist kräftig, aktiv und aggressiv. Er schlägt den Feind, bevor wir ihn überhaupt kommen sehen. Er zieht ihm den Boden unter den Füßen weg, macht seinen Ratschlag zunichte und widerspricht seinen Lügen.

Psalm 8,3 sagt: *„Aus dem Mund von Kindern und Säuglingen hast du ein Lob bereitet um deiner Bedränger willen, um den Feind und den Rachgierigen zum Schweigen zu bringen."*

Sie sehen, dass Satan angesichts von Lobpreis still und stumm wird. Er kann nichts entgegenhalten. Warum? – Weil seine Hauptstrategie zu lügen ist. Lobpreis ist pure Wahrheit. Ein reifer Christ kann sich durch Lobpreis seinen Weg von Irrlehre, Entmutigung und Verwirrung freimachen – denn all das sind Bestandteile der Sprache der Hölle. Lobpreis ficht nicht nur die Lügen Satans an, Lobpreis schlägt ihm auf den Mund. Die Bibel nennt es *„bringt den Feind und den Rachgierigen zum Schweigen"* – Lobpreis bringt den Feind zum Schweigen.

Warum ist Lobpreis im Mund eines Kindes so mächtig? Weil Kinder noch alles glauben, was sie singen, und sie erwarten von Gott, dass er das ist und das tut, was er sagt. Im Lobpreis eines Kindes gibt es keine Arglist – nur unschuldigen Glauben. Und Gott möchte uns zu erkennen geben, dass selbst ein Kind dem Teufel den Mund verbieten kann, wenn es ein Kind voller Lobpreis ist. Was könnte ein reifer Christ mit der gleichen Waffe ausrichten?

„Das Lob Gottes sei in ihrem Mund und ein zweischneidiges Schwert in ihrer Hand, um Rache zu üben an den Heidenvölkern, Strafe an den Nationen, um ihre Könige mit Ketten zu binden und ihre Edlen mit Fußeisen, um das geschriebene Urteil an ihnen zu vollstrecken. Das ist eine Ehre für alle seine Getreuen. Hallelujah!" (Ps 149,6-9)

Ein lobpreisender Christ kann Mächte und Gewalten binden, Festungen einreißen und die Rache Gottes gegen das Königreich der Finsternis einfordern. Das, so sagt die Bibel, ist die Herrlichkeit ALLER seiner Heiligen. Das schließt auch Sie mit ein, mein Freund. Darum loben Sie den Herrn und sehen Sie die Kraft Gottes wirken.

Als ich frisch bekehrt war, fing Gott an, mich über den Wert von Lobpreis zu unterrichten. Gott spricht manchmal in Träumen zu mir (Apg 2,17 sagt, dass er in Träumen spricht, und ich als junger Christ glaubte alles voll und ganz.).

(Wenn Sie nicht glauben, dass Gott durch Träume spricht, dann überspringen Sie einfach diesen Teil – oh, und auch die Geschichten von Josef, Salomo, Hiob, Daniel, Hesekiel, Petrus, Paulus und die Weihnachtsgeschichte. Diese alle beinhalten das Reden Gottes in Träumen. Nun, Sie sollten lieber auch die Apostelgeschichte überspringen, denn Gott wirkt dort allerlei wundersame Dinge. Denken Sie gar nicht erst über die Offenbarung nach.)

Eines Nachts hatte ich einen sehr lebhaften Traum. In meinem Traum war ich eine Art Action-Held – ein GI Joe – in Gottes Hand. Ich hatte einen weißen Kampfanzug an, aber die Tarnung war nicht wie gewohnt, sondern in einem gemalten und verschmierten Rot. Ich fragte Gott, warum ich so angezogen war, und er sagte mir, dass ich in die Gerechtigkeit eingehüllt (Jes 61,10) und mit dem Blut des Lammes bedeckt sei (Offb 7,14). In jeder Hand hatte ich ein Schwert. Gott brachte mich zu einem für mich riesigen (mir erschien er riesig, aber für Gott war er überhaupt nicht groß), im Rohbau befindlichen Wolkenkratzer – nur Stockwerke, Stahlträger und Balken. Er hatte keine Wände oder Fenster. Er führte mich zu einem der Stockwerke, und je näher er mich brachte, umso deutlicher sah ich, dass auf der ganzen Ebene eine offene Schlacht stattfand. Sie erstreckte sich über eine große Fläche. Je näher ich kam, umso größer wurde sie, bis ich keine Abgrenzungen mehr sehen konnte. Und die ganze Schlacht schien mir wie ein See voller schwarzer Dämonen zu sein.

Gott hielt mich fest, seine Hand lag auf meinem Rücken. Aber als er mich näher zu den Kämpfen brachte, änderte sich meine Perspektive, und ich sah mich selbst als ein Mensch in Normalgröße. Gott ging mitten hinein in die Horde des Feindes und stellte mich ganz genau in die Mitte der Dämonen – hundertausende von ihnen. Sobald meine Füße den Boden berührten, begann ich die Schwerter zu schwingen. Sie wirbelten so schnell umher, dass sie wie eine Motorsense aussahen, und ich mähte die Dämonen nieder wie Gras, hackte ihre Gliedmaßen ab, köpfte sie wie eine unaufhaltsame Maschine, die einen kilometerweiten Weg ebnet. Es war unglaublich aufregend. Ich kämpfte allein, aber hin und wieder bemerkte ich über den Köpfen der Horde eine schwarze Wolke von Gliedern der Dämonen, die in eine andere Abteilung der Horde flogen, und ich wusste, es gab noch andere Christen, die in diesem Kampf kämpften. Aber es waren nicht viele. Die Dämonen hatten schreckliche Angst vor mir. Sie versuchten, vor mir zu fliehen, aber es waren zu viele von ihnen, um wegrennen zu können. Kämpfen oder fliehen, sie fielen sowieso.

Ab einem gewissen Punkt in meinem Traum änderte sich etwas. Erinnern Sie sich an die Szene in *Raiders of the Lost Ark* (*Jäger des verlorenen Schatzes*), als die Menge der Ägypter sich teilte und Indiana Jones dem riesigen Schwertmann gegenüberstand? So etwas Ähnliches passierte. Die Dämonen fingen an, sich von mir wegzudrängen und einen Weg vor mir zu bahnen. Und als die Menge sich geöffnet hatte, offenbarten sie eins der ekelhaftesten Ungeheuer, das ich je gesehen hatte (sowohl im wahren Leben als auch in der Traumwelt). Ich weiß nicht, ob es eine Macht oder ein Fürst war, aber es war groß, hässlich und beängstigend. Dieser Dämon war ca. 2,50 m groß und sah annähernd so aus wie eine Kreuzung zwischen einem grotesken Baby und einem Warzenschwein. Es hatte pinkfarbenes Fleisch und Speckschwarten. Faule, tropfende Wunden bedeckten seine Haut, und Hörner kamen aus seiner Haut an allen möglichen Stellen. Seine Augen waren tief versunken, blutunterlaufen, geschwollen und mit Beuteln darunter. Seine Nase glich der eines Warzenschweins, und Stoß- und Giftzähne hingen in unregelmäßigen Abständen heraus. Und seine Hände und Füße waren gigantisch, schwarze Krallen überzogen jeden Finger zur Hälfte. Dieses Scheusal sonderte Fäule aus und Einschüchterung ging wie Wellen von ihm aus. Es wälzte sich zu mir, und mit jedem Schritt fühlten sich meine Knie schwächer an, bis sie sich wie Wasser anfühlten. Je näher es kam, umso verwirrter wurde ich, und ein schwarzes Fass voller Furcht schien sich über mir auszugießen. Schlussendlich wurde ich ohnmächtig, die Furcht war zu groß für mich, um sie auszuhalten.

Es war so, als ob ich in meinem Traum eingeschlafen wäre und durch die Finsternis schweben würde. Und dann begann ich, Stimmen zu hören. Sie waren anfangs sanft und leise, aber der Gesang nahm an Intensität zu wie ein Chorgesang, der aus der Dunkelheit herausklang. Ich erkannte das Lied, das sie sangen. Es war aus dem vierten Kapitel der Offenbarung: *„Heilig, heilig, heilig ist der Herr, Gott der Allmächtige, der war und der ist und der kommt!".* Es klang wie eine Armee Engel; die himmlischen Wesen priesen den Herrn. Und während es immer lauter wurde, drängte ein strahlendes Licht die Finsternis zurück. Die Lautstärke und die Klarheit des Lichts stiegen so sehr an, dass es meine Sinne überwältigte. Und plötzlich war ich wieder zurück im Kampf und zerschlug wieder die Horden von Dämonen. Das Scheusal war nirgends mehr zu finden, und ich wusste, dass Lobpreis den Feind geschlagen hatte, den ich mit meiner eigenen Kraft nicht schlagen konnte. Diese Lektion, die ich träumte, hat mich nie losgelassen. Lobpreis ist eine Kriegswaffe. Wenn die Schwere der Finsternis uns erdrückt – wenn unser Feind stärker als unsere Kraft ist –, dann ist es der Kampf des Herrn, und Lobpreis ist die Waffe, die den Feind außer Gefecht setzt. Darum loben Sie den Herrn!

Viertens: Lobpreis verursacht Panik und Verwirrung in Satans Reihen

Wir denken nicht viel darüber nach, aber es ist wirklich offensichtlich: Wenn Satan mit der Sprache der Lüge kommuniziert und Lobpreis das Gegenteil von Lüge ist, dann kann Lobpreis sehr nützlich sein, die Kommunikationsebenen des Feindes zu zerstören. Durchtrennen Sie die Kommunikationsebenen, so werden Satans Strategien in Stücke zerfallen. Wenn die Strategien der Hölle zerfallen, beginnt sie sich selbst zu zerstören. Ich zeige Ihnen, wie es funktioniert. Erinnern Sie sich an den dämonisch Besessenen in Markus 5? Er war von einer Legion Dämonen besessen. Als Jesus aus dem Boot stieg und sein Fuß das Ufer betrat, ging ein übergeordneter Befehl in die geistliche Welt, und diese Dämonen mussten sich vor ihrer Autorität zeigen. Der besessene Mann fiel Jesus zu Füßen und die Dämonen fragten ihn (durch ihn): „Was willst du von uns, Jesus, Sohn des allerhöchsten Gottes?". Dämonen sind Rebellen, aber sie wissen immer noch, wer das Sagen hat. Die Bibel sagt, dass JEDES Knie sich im Namen Jesu beugen muss – das bedeutet, auch die Dämonen. Nach einem kurzen Gespräch bat die Legion, nicht wieder in die Hölle zurückgesandt zu werden, sondern stattdessen in eine Herde Schweine fahren zu dürfen. Als Jesus sagte: „Geht", gingen sie, und die Schweine rannten sofort in den See und ertranken. Warum?

Alles, was Dämonen können, ist töten, stehlen und zerstören (Joh 10,10). Sie haben ihre Talente eingesetzt, um den besessenen Mann auszurauben, zu töten und zu zerstören, bis Jesus vorbeikam und den Mann befreite. Dann richteten die verwirrten Dämonen ihre zerstörerischen Absichten auf ihre nächsten Halter. Alles, was sie konnten, war zerstören, und genau das geschah. Die Schweine starben.

Satan möchte Sie zerstören. Die Gegenwart Jesu ist für Dämonen so beängstigend, dass er Sie nicht mehr länger Ziel des Feindes sein lässt. Wenn Jesus das tut, macht Satan das, was er am besten kann: Er zerstört. Wenn Dämonen keinen Menschen haben, den sie zerstören können, was tun sie dann? – Dann zerstören sie alles, was sie gerade finden. Zerstörung liegt in ihrer Natur und sie können nicht anders. Lobpreis lädt die Gegenwart Gottes ein und verwirrt den Feind; und was dann passiert, ist immer sehr schön anzusehen.

Die Bibel nennt uns ein großartiges Beispiel dieser Verwirrung in 2. Chronik 20,4-12. König Josaphat von Juda wurde von drei Armeen bedroht, und die Situation schien hoffnungslos. Schauen Sie, was Josaphat in dieser Situation tut.

„Und Juda kam zusammen, um von dem Herrn Hilfe zu erbitten ... und er sprach: O Herr, du Gott unserer Väter, bist du nicht Gott im Himmel und Herrscher über alle Königreiche der Heiden? In deiner Hand ist Kraft und Macht, und niemand kann vor dir bestehen! ... Denn in uns ist keine Kraft gegen diesen großen Haufen, der gegen uns herangerückt ist, und wir wissen nicht, was wir tun sollen, sondern auf dich sind unsere Augen gerichtet!"

Josaphat und die Menschen Judas fingen an, Gott zu preisen. Wofür? – Für das, was er ist. Erinnern Sie sich: Egal, wie unsere Umstände aussehen, Gottes Charakter ändert sich nie. Darum ist er immer würdig, gepriesen zu werden. Sie preisen Gott und proklamieren ihren Glauben an ihn.

„Da kam der Geist des Herrn auf Jehasiel ... mitten in der Gemeinde, und er sprach: Horcht auf, ganz Juda und ihr Einwohner von Jerusalem und du, König Josaphat: So spricht der Herr

zu euch: Fürchtet euch nicht und erschreckt nicht vor diesem großen Haufen; denn nicht eure, sondern Gottes Sache ist der Kampf! ... Aber es ist nicht an euch, dort zu kämpfen. Tretet nur hin und bleibt stehen und seht die Rettung des Herrn, der mit euch ist! O Juda und Jerusalem, fürchtet euch nicht und verzagt nicht! Zieht morgen aus gegen sie, und der Herr ist mit euch!" (V. 14-17)

Als nächstes gibt Gott ihnen ein Wort. Er kümmert sich darum. Sie sollten einfach gehorchen und gegen den Feind ausziehen. Und er gibt ihnen einen Befehl: Habt keine Angst!

„Da beugte sich Josaphat mit seinem Angesicht zur Erde, und ganz Juda und die Einwohner von Jerusalem fielen vor dem Herrn nieder und beteten den Herrn an. Und die Leviten von den Söhnen der Kahatiter und von den Söhnen der Korahiter machten sich auf, um den Herrn, den Gott Israels, zu loben mit laut schallender Stimme." (V. 18-19)

Wow! Schauen Sie, was dann geschah. Der König beugte sich und betete Gott an (Erinnern Sie sich an *shachah* und *proskuneo*?). Dann standen die Priester (das sind Sie und ich) auf und priesen den Herrn mit lauter Stimme. Warum preisen sie ihn? – Natürlich preisen sie Gott für das, was er tun wird. Sie preisen ihn im Glauben und sie glauben daran, dass sie diese Verheißungen erleben werden:

*„Und ... am Morgen früh ... als sie auszogen, ... stellte (Josaphat) die, welche **in heiligem Schmuck dem Herrn singen und ihn preisen sollten**, im Zug vor die gerüsteten Krieger hin, um zu singen: Dankt dem Herrn, denn seine Gnade währt ewiglich!" (V. 20-21)*

Josaphat ist weise. Er weiß, dass es die Schlacht des Herrn ist. Aber er weiß auch, dass der Herr im Lobpreis seines Volkes thront. Josaphat verlangt nach der Gegenwart des Herrn der Heerscharen in mitten seines Volk und tut etwas Verrücktes. Anstatt Bogenschützen, Kriegswagen und Männer mit Speeren an die Spitze seiner Armee zu stellen, sendet er das Lobpreisteam aus! Können Sie sich das vorstellen? Er stellt die Harfen, Trommeln und Hörner an die Spitze und setzt Sänger ein, Lobpreislieder gegen den Feind zu singen! Was für eine Erkenntnis! Was für ein Glaube!

*„Und **als sie anfingen mit Jauchzen und Loben**, ließ der Herr einen Hinterhalt kommen über die Ammoniter, Moabiter und die vom Bergland Seir, die gegen Juda gekommen waren, und sie wurden geschlagen. Und die Ammoniter und Moabiter stellten sich denen vom Bergland Seir entgegen, um sie zu vernichten und zu vertilgen. Und als sie die vom Bergland Seir aufgerieben hatten, halfen sie selbst einander zur Vertilgung. Als aber Juda zur Bergwarte gegen die Wüste hin kam und sich gegen den Haufen wenden wollte, siehe, da lagen die Leichen auf dem Boden; niemand war entkommen." (V. 22-24)*

Gott geht vor der Armee her und kämpft an ihrer Stelle. Völlig verwirrt, da Juda nicht mehr ihr Ziel war, taten die Armeen der Finsternis das, was sie am besten konnten – zerstören. Aber da sie nicht fähig waren, Juda zu zerstören, zerstörten sie sich gegenseitig. Die Schlacht wurde gewonnen, noch bevor Juda überhaupt das Schlachtfeld betrat. Lobpreis ist wie ein interkontinentales Raketengeschoss. Der Kampf ist schon gewonnen, bevor die Truppen überhaupt den Boden berühren.

*„Und Josaphat kam mit seinem Volk, um **unter ihnen Beute zu machen**, und sie fanden dort eine Menge sowohl Güter als auch Leichname sowie kostbare Geräte, und sie plünderten für sich so viel, dass sie es nicht tragen konnten. Und sie plünderten drei Tage lang, weil so viel vorhanden war. Aber am vierten Tag kamen sie zusammen im ‚Lobetal'; denn dort lobten sie den Herrn. Daher nennt man jenen Ort ‚Lobetal' [**Beracha**] bis zu diesem Tag."* (V. 25-26)

Das Einzige, was Josaphat noch tun musste, war, die Beute mitzunehmen. Also, was taten sie nun? – Sie priesen Gott noch mehr. Warum? – Sie priesen ihn für das, was er gerade für sie getan hatte. Sie nennen das Tal sogar *Beracha*, was im Hebräischen *Lobetal* bedeutet.

*„Danach kehrte die ganze Mannschaft von Juda und Jerusalem wieder um, mit Josaphat an ihrer Spitze, um mit Freuden nach Jerusalem zu ziehen; denn der Herr hatte ihnen Freude gegeben angesichts der Niederlage ihrer Feinde. Und sie **zogen** in Jerusalem **ein unter Harfen-, Lauten- und Trompetenklang, zum Haus des Herrn**."* (V. 27-28)

Und als sie nach Hause kamen, gingen sie in das Heiligtum und dankten und priesen Gott noch einmal für das, was er für sie getan hatte. Und nur für den Fall, dass Ihre Denomination den Gebrauch von Instrumenten verpönt: Beachten Sie, dass sie Instrumente benutzten, um Gott zu preisen.

Was für eine reiche Textstelle. Diese Geschichte ist das Lehrbuchbeispiel der Macht und Vorzüge von Lobpreis, den Gottes Volk mit Freuden bringt. Bei solch einer starken Beweislage stellt sich die Frage: Warum enthalten wir uns so etwas Vorteilhaftes vor? Preist den Herrn!

Fünftens: Lobpreis richtet uns auf den Himmel aus

Wie zuvor schon angesprochen: Wenn wir die Dinge des Himmels auf der Erde erleben wollen, müssen wir auf der Erde die Dinge tun, die im Himmel getan werden. Was geschieht sozusagen im Himmel? – Lobpreis. Tatsächlich gibt es eine Sache, die immer und jeden Tag für den Rest unserer endlosen Existenz (mit Ausnahme der halbstündigen Stille in Offb 8,1) stattfinden wird: Gott sitzt auf dem Thron und wird gepriesen.

Weil wir schon immer in diesem Tunnel „Zeit" existieren, fällt es uns Menschen schwer, über die Umstände hinwegzusehen, die gerade vor uns sind. Wir gehen durch unser Tal des Todes und der Sorgen, und unsere Perspektiven sind so erdgebunden und niedrig, dass alles, was wir sehen können, die eindrucksvollen Wände unserer Täler sind. Wir haben eine Tendenz, emotional, mental und körperlich auf die „Fakten" des Lebens, die uns begegnen, zu reagieren. Schlimmer noch, wir neigen dazu, mehr auf die Angst zu reagieren, was wohl als nächstes auf uns zukommt, als auf die Verheißungen Gottes.

Unsere Perspektiven können uns in Furcht und Angst versetzen und uns lähmen. Pastor Marcus Brecheen hat eine tiefsinnige Ansicht über Furcht. „Furcht", sagt er, „ist die Prophetie des Teufels." Furcht ist die falsche Vorhersage, dass sich Gott als untreu erweisen wird.

Lobpreis entlarvt Satans Lügen, entwaffnet ihn und entkräftet seine Lügen und Anklagen (s. Jes 54,17) . Er zerstört jedes Argument und jede Ambition, die sich gegen die Erkenntnis Gottes auflehnt, und nimmt jeden Gedanken gefangen zum Gehorsam gegen Christus (s. 2.Kor 10,5). Aber er bewirkt noch etwas anderes: Lobpreis erhebt unseren Blick aus unseren Tälern auf den Berg des Herrn. Dies gibt uns einen Blick aus Sicht der Ewigkeit und zeigt uns die Perspektive des Himmels über unsere Umstände. So, wie David in Psalm 23, befinden wir uns vielleicht im Tal des Todesschattens, aber Lobpreis stärkt unseren Glauben, sodass wir kein Unglück fürchten müssen. Wir glauben, dass Gott mit uns ist und dass dieser Feind, dem wir auf der Erde begegnen, schon jetzt zum Untergang in Ewigkeit verurteilt ist. Wir bekommen Gottes Perspektive, dass dieser kraftlose Feind ein Spektakel und Highlight für unsere Unterhaltung sein wird, während wir am Tisch des Herrn essen. Und wir haben eine Bestimmung, nicht zur Niederlage, sondern zum Sieg und für immer im Haus des Herrn zu bleiben – in der ewigen Stiftshütte mit unserem Gott. Die Sicht des Himmels zeigt uns, dass wir gewinnen. Die Sicht des Himmels offenbart die Ohnmacht und Belanglosigkeit unseres Feindes und die Kraft und Treue unseres Gottes. Die Sicht des Himmels zeigt uns, dass dies auch geschehen soll, und unsere Täler nur ein Moment in der langen Geschichte unserer Ewigkeit sind. Sie sind in Gottes Realität Gelegenheiten, seine Herrlichkeit in unserem Leben sichtbar zu machen. Diese Täler, die durch Satan ursprünglich böse gemeint waren, nutzt Gott, um seine Herrlichkeit und Güte vor der ganzen Welt zu offenbaren (Röm 8,28).

Groll, Klagen und Ängstlichkeit bringen uns in Übereinstimmung mit der falschen Prognose Satans. Lobpreis bringt uns in Übereinstimmung mit der Perspektive Gottes. Lobpreis ist das endgültige „Amen". Darum öffnen Sie Ihre Augen für die geistliche Realität Ihrer Situation. Loben Sie den Herrn!

> *„Er sprach: Fürchte dich nicht! Denn die, welche bei uns sind, sind zahlreicher als die, welche bei ihnen sind! Und Elisa betete und sprach: Herr, öffne ihm doch die Augen, damit er sieht! Da öffnete der Herr dem Knecht die Augen, sodass er sah. Und siehe, der Berg war voll feuriger Rosse und Streitwagen rings um Elisa her." (2.Kö 6,16-17)*

Sechstens: Lobpreis ist evangelistisch

Wir haben schon gesehen, dass Lobpreis manchmal das in Liedern interpretierte Evangelium ist. In gleicher Art und Weise ist es auch wahr, dass viele unserer klassischen Lobpreislieder Zeugnisse sind, unterlegt mit einer Melodie.

So wie der Psalmist proklamiert: *„... und gab mir ein neues Lied in meinen Mund, ein Lob für unseren Gott. Das werden viele sehen und sich fürchten und werden auf den Herrn vertrauen"* (Ps 40,4).

Ich liebe diesen Vers. Die vorausgehenden zwei Verse beschreiben das Zeugnis einer Person, die Gott anruft, die aus der Grube des Verderbens gezogen und fest auf den Felsen Christi gestellt wurde. Das ist ein Zeugnis. Und wenn Sie solch ein Zeugnis haben, ist es leicht, ein Lobpreislied auf den Lippen zu haben.

Manchmal frage ich mich, ob der Mangel an hingegebenem Lobpreis in unseren Versammlungen wirklich den Mangel an Zeugnissen widerspiegelt. Leute, die den Herrn nicht angerufen haben und somit auch nicht errettet wurden, haben nicht viel, um Gott zu preisen. Aber eine errettete Person hat viel Grund zu singen. Eine errettete Person ist zu dankbar, um still zu sein. Errettete Menschen müssen mit Gott prahlen.

Wenn Sie in einer Versammlung sind, die keine lobpreisende Versammlung ist, dann sollten Sie herausfinden, ob sie errettet sind oder nicht. Das Problem muss zuerst angesprochen werden. Wie oft versuchen wir, Lobpreis hervorzurufen oder einzufordern, bevor wir die Menschen zu Jesus führen? Über was wollen sie ohne das Werk des Kreuzes in ihrem Leben überhaupt singen?

Ich liebe das, was Vers vier sagt: Gott (nicht ein Lobpreispastor) legt ein Loblied in meinen Mund. Es ist sein Geist, der uns loben lässt, genauso wie es auch durch seinen Geist geschieht, dass wir die Stiftshütte bauen. Jesus ist der ultimative Lobpreisleiter.

Es geht damit weiter, dass viele SEHEN werden. Und warum nicht hören? – Weil Lobpreis mehr als nur ein Lied ist. Er ist ein Ausdruck, der unser gesamtes errettetes Sein umfasst, ebenso wie Anbetung. Viele werden den Ausdruck meines Lobes und meiner Leidenschaft für Christus sehen. Viele werden mich aus dem Schlamm gerettet und auf dem festen Felsen stehen sehen, seine Wahrheit und sein Lob verkündend.

Viele werden es sehen und sich FÜRCHTEN. Vor was fürchten? – Dass Gott real ist. Dass es einen König gibt, der auf dem Thron sitzt. Dass Jesus errettet. Dass die Hölle besiegt und die Sünde gebrochen ist. Dass Gericht kommen wird. Und dass dieser König mehr als nur ein Lippenbekenntnis und eine mentale Zustimmung verdient: Er ist würdig, in jedem einzelnen Leben zu regieren. Er muss Herr über alles sein, oder er ist überhaupt nicht Herr. Das ist ein Grund, sich zu fürchten.

Lobpreis fordert eine Antwort. Lobpreis fordert von denen eine Entscheidung, die ihn sehen und hören. Ist das Evangelium wahr oder nicht? Ist Jesus die Person, die er vorgibt zu sein, oder nicht? Wäge vorsichtig ab. Fürchte dich. Das ist die Entscheidung, von der die Ewigkeit abhängt.

Eine lobende Person ist wie ein wandelnder Altaraufruf. Und viele, die wahren Lobpreis suchen und die Erfahrung der Gegenwart Gottes, der im Lobpreis wohnt, erleben, werden ihr Vertrauen auf den Herrn setzen.

Meine erste Vollzeitstelle als Lobpreisleiter war in einer wunderschönen kleinen Gemeinde im ländlichen Pennsylvania. Das Gemeindehaus lag auf einem Hügel, aber die Leute wohnten im Tal, und die meisten Familien lebten schon seit Generationen dort. Sie waren Weiße, die von den Deutschen abstammten. Es gibt viele Äcker in diesem Gebiet und zur Erntezeit kamen viele Erntehelfer, um beim Äpfelpflücken zu helfen. Sie lebten in kleinen Hütten, die von den Bauern zur Verfügung gestellt wurden. Sie blieben unter sich, denn sie sprachen nur Spanisch, und die Bewohner (obwohl aufgeschlossen) wurden mit den Fremden nur langsam warm. Niemand im Dorf sprach mit ihnen oder kümmerte sich um sie. Auf meinem Weg in die Gemeinde fuhr ich jeden Tag an diesen Arbeitern vorbei. Aber eines Tages berührte mich der Geist Gottes. Jemand musste sie erreichen, und ich war derjenige, den Gott dafür „freiwillig" ausgesucht hatte.

Am nächsten Tag kam ich mit ein paar Körben voller Gemüse und Konserven bei ihnen vorbei. Ein paar der Männer saßen auf der Veranda und genossen den leichten Wind. Einige von ihnen waren milde ausgedrückt ziemlich dunkle Gestalten (diese Saison gab es schon einen Mord unter ihnen), aber Gott sagte zu mir, geh hin. Also gab ich ihnen das Essen und versuchte, mit ihnen ein wenig zu kommunizieren. Da ich in Texas geboren wurde, kannte ich ein paar spanische Wörter, aber sie reichten für mein Vorhaben nicht aus. Also lud ich sie mit Handbewegungen in die Gemeinde ein und malte ihnen eine Landkarte auf (mit laienhaften Bildbeschreibungen und Orientierungshilfen), damit sie dorthin finden würden. Einfach die Straße rauf an der Buffalo Farm vorbei. Dann nach links an der Rinderscheune. Danach der Straße über zwei Brücken hinweg folgen, und vom Hügel aus sieht man dann schon den Kirchturm. Ich schrieb auch die Gottesdienstzeiten oben auf die Landkarte, schüttelte alle Hände und verließ sie mit einem *Adiós*.

Ich meinte, ich hätte meine Pflicht erfüllt, aber mit Sicherheit würde niemand so einer Einladung folgen. Ich war ja nur ein weißer Kerl, der kaum Spanisch sprach. Überraschung! Ich lag falsch. An jenem Sonntag kamen, während ich für den Lobpreis probte, drei von ihnen herein. Sofort bat ich die Baskin namens Nieves um Hilfe. Sie war die einzige spanisch-sprechende Frau im Umkreis. Ich machte sie miteinander bekannt und bat sie, den Übersetzungsdienst zu übernehmen. Sie sprach kurz mit ihnen, drehte sich dann zu mir um und sagte: „Sie sprechen kein spanisch. Sie sprechen mexikanisch."

Wie auch immer, sie war die einzige qualifizierte Person für diese Aufgabe, also entließ ich sie nicht aus ihrem Dienst. Sie setzten sich in die erste Reihe und ich bat Nieves, alles, was geschah und gesagt wurde, zu übersetzen. Wenn Gott etwas mit ihnen vorhatte, wollte ich nicht, dass sie es verpassen würden.

Der Gottesdienst begann und wir priesen Gott. Ich arbeitete schon seit etwas mehr als drei Jahren in dieser Gemeinde, und sie war zu einer wahren Anbetungsgemeinde geworden. Sie lobten Gott und erwarteten dabei, ihm zu begegnen. Als wir in die Anbetung gingen, schaute ich zu Nieves mit der Erwartung, sie würde die Liedtexte übersetzen, aber sie tat nicht mal annähernd etwas in diese Richtung. Sie streckte ihre Arme zu Gott aus, ihr Kopf war in ihrem Nacken und sie lobte Gott mit allem, was sie hatte. – Heutzutage findet man wirklich sehr schwer eine wahre Hilfe. Ich dachte mir, Gott wird es schon richten. Also entspannte ich mich und führte die Leute in die Anbetung. Schon nach kurzer Zeit der Anbetung verlor ich mich in der Gegenwart Gottes und vergaß völlig unsere spanischen Freunde. Irgendwann hörte ich ein Schluchzen zu meinen Füßen. Ich öffnete meine Augen und sah zwei unserer Gäste weinend auf den Stufen des Altars. Ich signalisierte meinem Pianisten, er solle weiterspielen, kniete mich vor sie nieder und winkte zu Nieves hinüber: „Frag sie, was sie da tun." Mit ihrer lispelnden Stimme ratterte sie ein paar Wörter auf Spanisch hinunter. Beide schauten sie mit Tränen in den Augen an und antworteten. Nieves schaute mich an und erklärte: „Sie verstehen kein

Wort von dem, was wir singen, aber sie wissen, dass Gott an diesem Ort ist, und sie möchten errettet werden."

Was?! Niemand hatte das Evangelium gepredigt (ausgenommen unser Lobpreis). Es wurde noch keine Botschaft weitergegeben (ausgenommen durch den Lobpreis). Und diesen Männern wurde nichts in ihrer Sprache gesagt. Was war geschehen? – Psalm 22,4 war geschehen: *„Aber du bist heilig, der du wohnst unter den Lobgesängen Israels!"*. Dann geschah Psalm 40,3: *„… und gab mir ein neues Lied in meinen Mund, ein Lob für unseren Gott. Das werden viele sehen und sich fürchten und werden auf den Herrn vertrauen"*.

Die „Seeker Sensitive"-Bewegung muss einiges über Evangelisation lernen. Eins dieser Dinge ist: Verlorene Menschen fühlen sich nicht von der Gegenwart Gottes angegriffen; sie werden von der Gegenwart Gottes überzeugt und errettet. Unseren Gemeinden fehlt es nicht an Relevanz, weil sie nicht cool sind oder dem Zeitgeist nicht entsprechen. Sie sind nicht relevant, weil die Gegenwart Gottes nicht da ist. Gott kommt im Lobpreis und die Menschen werden errettet. Gott begegnet Menschen dort, wo sie sind; das ist das Einzige, was zählt.

An diesem Tag hatten Nieves und ich die Ehre, zwei Männer zu Gott zu führen. Er liebte sie so sehr, dass er ihre ganze Situation benutzte und sie über tausende Kilometer in seine Gegenwart brachte.

Lobpreis ist ein mächtiges Werkzeug der Evangelisation. Also, loben Sie den Herrn!

Siebtens: Lobpreis ist ein Lehrwerkzeug

In Kolosser 3,16 finden wir dieses Gebot: *„Lasst das Wort des Christus reichlich in euch wohnen in aller Weisheit; lehrt und er-*

mahnt einander und singt mit Psalmen und Lobgesängen und geistlichen Liedern dem Herrn lieblich in eurem Herzen".

Wie viele Bibelstellen kennen Sie auswendig? Wie viele Lieder können Sie auswendig singen? Vielleicht haben Sie darüber noch nie nachgedacht, aber die meisten Bibelstellen, an die sich Menschen erinnern können, sind die, die vertont wurden. Darum ist die Musik eine gute Gedächtnishilfe. Unser Gehirn erinnert sich viel besser an Dinge, wenn wir sie als Musik abspeichern. Ich war Mathelehrer, und die Schüler taten sich ziemlich schwer, die quadratische Gleichung zu lernen. Eines Tages hatte ich einen genialen Einfall. Ich verband die quadratische Gleichung mit der Melodie des Liedes „Row, Row, Row Your Boat". Innerhalb von zwanzig Minuten konnte jedes Kind der Schulklasse die Gleichung behalten. X ist gleich minus B plus/minus Wurzel aus B-Quadrat minus vier AC geteilt durch zwei A. Und ich wette, sie können sie noch heute.

Die meisten Menschen hängen an musikalischen Erinnerungen. Warum sangen Soldaten Generation um Generation in den Schützengräben das Lied „Jesus liebt mich, ich weiß es genau"? – In ihrer Notsituation, wenn Kugeln über ihre Köpfe fliegen und Explosionen den Boden erschüttern, ist die Wahrheit, an die sie sich am besten erinnern können, die, die ihre Mutter ihnen immer und immer wieder zum Einschlafen vorsang. Die gesamte Theologie dieser Soldaten lässt sich in diesem einfachen Lied zusammenfassen. Daran erinnern sie sich.

Warum lieben ältere Christen ihre Hymnen? – Weil Erinnerungen und Gefühle daran hängen. Diese Hymnen sind die Soundtracks ihres Lebens mit Gott. Und jedes Mal, wenn sie eine Hymne singen, verbinden sie schöne Erinnerungen damit.

Aus diesem Grund vertonten die Reformatoren ihre Lehren, damit die Gemeinde sie sang. Gibt es einen besseren Weg, als das Wort Gottes in Musik zu verpacken, um die Menschenherzen zu erreichen? Und gibt es einen besseren Weg, eine neue Lehre als festen Bestandteil des Lebens einzuprägen, als sie in moderne Popmusik zu verpacken? Calvin und Luther waren brillant. Ich würde wette, dass bis heute die Theologie der Christen, die regelmäßig zur Gemeinde gehen, nicht durch die Predigt geformt ist, sondern zu 80 % durch die Lieder, die gesungen werden. Es ist für einen Christen schwer, die Predigt des Pastors zu wiederholen, aber es ist einfach, Liedverse hunderter Lobpreislieder auswendig zu können. Darum ist es unglaublich wichtig, dass wir Texte schreiben, die biblisch fundiert sind, Liedtexte, die reich an Bibelstellen sind. Wenn wir der Gemeinde ein Liederrepertoire anbieten – einen Hymnengesang –, lehren wir sie das Wort Gottes. Wir erbauen ihren Glauben. Wir ermutigen sie, zu hoffen und weiterzugehen. Wir rüsten sie aus, um das Leben zu meistern. Lobpreis lehrt uns die Wege, das Wort und den Charakter Gottes. Darum loben Sie den Herrn!

Lassen Sie uns nun einige Wege entdecken, unseren Lobpreis auszudrücken.

KAPITEL 7

BIBLISCHE AUSDRUCKSFORMEN VON LOBPREIS

Das Wertvollste an den Psalmen für mich ist, dass sie die gleiche Freude an Gott ausdrücken, die David tanzen ließ.
C.S. Lewis

Ich möchte kein Langweiler sein, aber es gibt Menschen die sehr kleinlich darin sind, was im Lobpreis erlaubt ist und was nicht. Offengesagt sind viele Denominationen in diesem Punkt schon so lange ungehorsam, dass es Teil ihrer „Glaubens"-Kultur geworden ist (oder ein Mangel darin).

Noch einmal: Wir können nicht von Gott erwarten, dass er sein Königreich unserer Kultur unterordnet. Stattdessen müssen wir, wenn wir ihn Herr nennen, unsere Kultur (in Bezug auf Nation, Region, Ethik, Familie, Konfession oder Religion) der Kultur seines Königreiches unterordnen. Dies nicht zu tun, ist bestenfalls dumm oder äußerst arrogant, und schlimmstenfalls pure Rebellion. Als ich begann, in die Gemeinde zu gehen, hatte ich damit genauso Probleme, wie die anderen auch. Die Menschen bewegten sich lächerlich, klatschten nicht im Takt und verkrampften ihre Augenlider, als ob sie ein Bauchkrampf quälen würde. Warum musste es solch eine Show sein? Warum musste ein Lobpreisgottesdienst wie eine Zirkusmanege aussehen? „Heute in der Manege, aus den Bergen des alten Russlands, die Nachfahren der alten Kosaken. Sie werden Sie ins Staunen bringen und Sie unterhalten – die fliegenden Stroganoff-Pastoren!"

Als ich mich bekehrte, führte Gott mich zu einigen starken, fürsorglichen christlichen Freunden. Sie versuchten immer, mich zu den Sonntagmorgen-Gottesdiensten zu bewegen; und ich hatte es immer abgelehnt. Ich ging zu Bibelstunden und liebte Anbetung in Kleingruppen, aber diese „Sache mit der Gemeinde" machte mich wirklich nicht an. Ich las die Bibel viermal, bevor sie es schlussendlich schafften, mich in die Gemeinde mitzunehmen. Als sie ihr Ziel erreicht hatten, öffnete Gott an diesem Tag meine Augen. Ich hatte mich daran gewöhnt zuzusehen, wie Christen im Lobpreis standen und dabei zu denken: „Sie sind einfach nur Leute, die so tun, als ob ihnen schlechte Musik gefallen würde. Was gibt es da zu klatschen?" Aber an diesem Tag sah ich etwas anderes.

Ich beobachtete wieder die klatschenden Menschen und sah, dass sie nicht der schlechten Musik applaudierten, sondern ihre Herzenshaltung gegenüber Gott zum Ausdruck brachten – Verehrung und Lobpreis. Ich beobachtete wieder die Menschen mit erhobenen Händen und dachte: „Das muss der körperliche Ausdruck ihrer Herzenshaltung gegenüber Gott sein – Hingabe und Erhöhung." Dann sah ich hier und da ein paar Leute, die sich auf den Boden niederbeugten. Wollten sie die Aufmerksamkeit auf sich ziehen? Die Aufmerksamkeit gebührt doch nur Gott. Sie zeigten ihre Herzenshaltung ihm gegenüber – totale Unterordnung unter die Herrschaft des Königs.

Dann schaute ich auf die Bühne. Dort, an der hinteren Wand der Gemeinde, stand ein Kreuz, an dem Jesus seinem Vater diente, indem er sein Leben für eine lieblose Welt hingab – für mich. Das Kreuz ist der körperliche Ausdruck der Herzenshaltung Gottes gegenüber mir. Er liebte mich ... bis zum Tod.

Wie könnte ich es verweigern, meine Herzenshaltung ihm gegenüber zu zeigen, wenn er die Herzenshaltung seines Herzens mir gegenüber so völlig leidenschaftlich ausdrückte?

An diesem Tag tat ich Buße für mein kleinliches, ignorantes und verurteilendes Herz. An diesem Tag veränderten sich mein Lobpreis und meine Anbetung. Ich fing an, Gott in Freiheit auszudrücken, was in meinem Herzen war.

Warum dies zwischen so vielen Denominationen ein Knackpunkt bleiben sollte, ist für mich ein Rätsel. Jesus betete, dass wir einander lieben und in Einheit stehen sollen.

Ich schlage vor, dass wir uns hinter dem vereinigen, was die Bibel über dieses Thema lehrt, und die Argumente der Widersacher und selbsternannten „Theologen" hinter uns lassen.

Hier sind nun, in Kürze, einige biblische Haltungen und Ausdrucksformen von Lobpreis. Es ist keine vollständige Liste, denn unser ganzes Handeln sollte ein Ausdruck von unserem Lobpreis und unserer Anbetung Gott gegenüber sein. Es ist nur eine Liste, um einigen lächerlichen Argumenten von Denominationen auf den Grund zu gehen. Nun, das Wort Gottes soll entscheiden.

GESUNGENER LOBPREIS

Dem Herrn zu singen, ist kein Vorschlag in der Bibel, es ist ein Befehl. Hier sind nur ein paar der vielen Stellen im Wort Gottes, die davon sprechen:

„Singt dem Herrn, alle Welt; verkündigt Tag für Tag sein Heil!" (1.Chr 16,23)

„Ich aber vertraue auf deine Gnade; mein Herz soll frohlocken in deinem Heil. Ich will dem Herrn singen, weil er mir wohlgetan hat!" (Ps 13,6)

„Ich will dem Herrn danken für seine Gerechtigkeit, und dem Namen des Herrn, des Höchsten, will ich lobsingen." (Ps 7,18)

„Lobsingt dem Herrn, ihr seine Getreuen, und preist seinen heiligen Namen!" (Ps 30,5)

„Ihr Königreiche der Erde, singt Gott, lobsingt dem Herrn, (Sela) ..." (Ps 68,33)

Wenn Sie noch mehr Beweise haben möchten, schlagen Sie es selbst nach in 2. Mose 15,1; Richter 5,3; Psalm 27,6; 30,13; 89,2 und Offenbarung 15,3. Ehrlich gesagt gibt es so viele, dass ich müde geworden bin, sie alle aufzulisten. Wenn Sie Gott keine Lieder singen wollen, dann liegt das Problem bei Ihnen und nicht am Singen. Ich verstehe, dass manche nicht zu Gott singen, weil sie glauben, sie hätten keine schöne Stimme. Einige Leute wurden durch Kritik verunsichert. Aber wir singen Gott nicht zu, weil wir gute Sänger sind; wir singen, weil er ein guter Gott ist.

Ich würde mich freuen, Sie angstfrei vor der Meinung der Menschen zu sehen, damit Sie an erster Stelle über die Freude Gottes nachdenken können. Für Einige ist es vielleicht ein Lobpreisopfer, aber jedes Opfer kostet uns etwas. Manchmal bedeutet es, aus unserer Komfortzone herauszukommen.

Opfer werden gegeben, um Gott zu ehren und wertzuschätzen, nicht um es uns bequem zu machen. Opfer sind immer unbequem. Ihr Gesang muss nicht der Beste sein, sondern nur das Beste, was Sie haben. Meine Kinder sind keine ausgebildeten Sänger, aber es erfreut mich sehr, wenn ich höre, wie sie ihre Stimmen zu Gott erheben. Sie verunstalten die Lieder, erfinden Lieder, singen Sachen, die nicht einmal Sinn machen. Aber für ihren Vater sind diese Lieder unbezahlbar. Ihre Lieder sind auch für Ihren Vater unbezahlbar. Kümmern Sie sich nicht darum, ob Ihr Gesang für das Lobpreisteam oder das Radio gut genug ist. Das ist nicht Ihr Publikum. Ihr Vater ist Ihr Publikum. Und er liebt es einfach, Sie singen zu hören. Darum singen Sie ihm ein Lied!

LOBPREIS MIT INSTRUMENTEN

Wenn Sie dem biblischen Muster von Lobpreis nacheifern wollen, ist nicht nur die menschliche Stimme involviert. Hier sind einige Beispiele, was die Bibel darüber sagt:

„... da war es, wie wenn die, welche die Trompeten bliesen und sangen, nur eine Stimme hören ließen, um den Herrn zu loben und ihm zu danken. Und als sie die Stimme erhoben mit Trompeten, Zimbeln, ja, mit Musikinstrumenten und mit dem Lob des Herrn, dass er gütig ist und seine Gnade ewig währt, da wurde das Haus, das Haus des Herrn, mit einer Wolke erfüllt ..." (2.Chr 5,13)

„Und David und das ganze Haus Israel spielten vor dem Herrn mit allerlei Instrumenten aus Zypressenholz, mit Zithern und mit Harfen, mit Tamburinen und mit Schellen und mit Zimbeln." (2.Sam 6,5)

„David aber und ganz Israel spielten vor Gott her mit aller Kraft, mit Liedern und Lauten, mit Harfen und Handpauken, mit Zimbeln und Trompeten." (1.Chr 13,8)

„Und David befahl den Obersten der Leviten, dass sie ihre Brüder zu Sängern bestimmen sollten mit Musikinstrumenten, Harfen, Lauten und Zimbeln, damit sie sich hören ließen und die Stimme mit Freuden erhöben." (1.Chr 15,16)

„So brachte ganz Israel die Bundeslade des Herrn hinauf mit Jauchzen, mit dem Schall von Schopharhörnern, Trompeten und Zimbeln; sie spielten laut mit Harfen und Lauten." (1.Chr 15,28)

Schlagen Sie auch 1. Chronik 25,6; 2. Chronik 29,25; Nehemia 12,27; Jesaja 30,32; Offenbarung 14,2; 15,2 nach. Ich wurde wieder müde, alle Stellen aufzulisten. Es gibt einfach zu viele. Instrumente für den Lobpreis zu benutzen, ist nicht nur eine kulturelle (israelische) Besonderheit. In 1. Chronik 25,6 befiehlt Gott den Priestern, ihn mit allen Arten von Instrumenten zu preisen, einschließlich mit (welch Horror!) scheppernden Zimbeln. Im Alten sowie auch im Neuen Testament und in der ewigen Anbetung des Himmels benutzen die Heiligen Instrumente, um Gott zu loben. Jesaja 30,32 offenbart sogar, dass Gott den Feind mit Bestrafung schlägt, wenn der Lobpreis unserer Instrumente erklingt! Das ist mächtig! Lobpreis mit Instrumenten ist eine Plage für Satan!

Müssen Sie ein Instrument spielen, um Gott zu loben? – Nein (obwohl Sie zu diesem Zweck mit Instrumenten in Ihrem Körper geboren wurden). Aber sollen wir es in der Gemeinde verbieten? – Auf keinen Fall! Wie könnten wir etwas verbieten, was die Bibel gutheißt? Das ist eine gefährliche theologische Einmischung. Darum, nehmen Sie Ihre Gitarre, lernen Sie mit dieser „Axt" umzugehen, wenn Sie dazu bereit sind, und loben Sie den Herrn!

JUBELN ZU GOTTES LOB

Wie ich schon erwähnte, hat Gott Instrumente des Lobpreises in Sie hineingelegt. Eines davon ist so einfach, dass sogar ein 4-jähriges Kind es einsetzen könnte. Ich spreche über das Jubeln.

„Und es geschah, als die Bundeslade des Herrn in das Lager kam, da jauchzte ganz Israel mit großem Jauchzen, sodass die Erde erbebte. Als aber die Philister den Schall dieses Jauchzens hörten, sprachen sie: Was bedeutet der Schall eines so großen Jauchzens im Lager der Hebräer? Und sie erfuhren, dass die Lade des Herrn in das Lager gekommen war." (1.Sam 4,5-6)

„... und die Männer Judas erhoben ein Feldgeschrei. Und als die Männer Judas ein Kriegsgeschrei erhoben, schlug Gott den Jerobeam und ganz Israel vor Abija und Juda." (2.Chr 13,15)

„Und sie stimmten einen Wechselgesang an und dankten dem Herrn und lobten ihn, dass er so gütig ist und dass seine Gnade ewiglich währt über Israel; und das ganze Volk lobte den Herrn mit großem Freudengeschrei darüber, dass nun der Grund für das Haus des Herrn gelegt war." (Esr 3,11)

„Aber alle werden sich freuen, die auf dich vertrauen; ewiglich werden sie jubeln, denn du wirst sie beschirmen; und fröhlich werden sein in dir, die deinen Namen lieben!" (Ps 5,12)

„Freut euch an dem Herrn und seid fröhlich, ihr Gerechten, und jubelt alle, die ihr aufrichtigen Herzens seid!" (Ps 32,11)

„Aber jauchzen und fröhlich sein sollen alle, die meine Rechtfertigung wünschen; sie sollen allezeit sagen: Der Herr sei hochgelobt, der das Heil seines Knechtes will!" (Ps 35,27)

„... denn der Herr selbst wird, wenn der Befehl ergeht und die Stimme des Erzengels und die Posaune Gottes erschallt, vom Himmel herabkommen, und die Toten in Christus werden zuerst auferstehen." (1.Thes 4,16)

„Singt ihm ein neues Lied, spielt gut mit Posaunenschall!"
(Ps 33,3)

Um zu sehen, wie allgegenwärtig „jubeln" in der Bibel vorhanden ist, lesen Sie auch hier nach: Psalm 66,1; 98,4; 98,6; 132,9; Jesaja 12,6; Sacharja 9,9; 4. Mose 23,21; 2. Samuel 6,15 und Psalm 47,6 – um nur ein paar zu nennen.

Jubeln warnt die Welt, dass wir einen König in unserem Lager haben. Es ist das Brüllen des Löwen vom Stamme Juda, der Siegesschrei und der Ruf zum Krieg. Gott riss Jericho durch das Jubelgeschrei seines Volkes ein. Er streckte ihre Gegner durch den Klang ihres Jubelgeschreis nieder.

Warum schreien wir auf Sportveranstaltungen wie die Verrückten, sogar vor dem Fernseher, aber schämen uns zu sehr, für die Ehre unseres Gottes zu schreien? Wir wurden getäuscht und beraubt, Freunde. Die Ehre, die für Gott war, wurde Menschen zugesprochen, die sich gegenseitig Bälle zuspielen. Es wird Zeit, den Siegesschrei zurück ins Lager des Herrn zu bringen und zuzuschauen, wie die Hölle erbebt. Jubeln Sie mit Freude vor dem Herrn, unserem König, und loben Sie seinen Namen!

KLATSCHEN ALS LOBPREIS GOTTES

Sie haben ein weiteres Instrument, strategisch platziert am Ende jedes Armes.

„Klatscht in die Hände, ihr Völker alle! Jauchzt Gott zu mit fröhlichem Schall!" (Ps 47,2)

„... die Ströme sollen in die Hände klatschen, die Berge allesamt sollen jubeln ..." (Ps 98,8)

> *"Denn ihr werdet mit Freuden ausziehen und in Frieden geleitet werden; die Berge und Hügel sollen vor euch in Jubel ausbrechen und alle Bäume des Feldes in die Hände klatschen."* (Jes 55,12)

Obwohl der Beweis für das Klatschen im Lobpreis nicht so ausführlich dargebracht werden kann wie für andere Ausdrucksformen, können wir an diesen Stellen sehen, dass es sehr wohl ein Befehl in den Psalmen ist. Klatschen ist rhythmischer Lobpreis der stimmlosen Ströme und raschelnden Bäume. Es ist auch die Art, wie wir Menschen gestaltet wurden – mit Schlaginstrumenten an unserem Körper. Vielleicht spielen Sie kein Instrument in der Gemeinde, aber jeder Einzelne wurde von Gott mit Instrumenten ausgerüstet, um sie im Lobpreis zu spielen. Erstens haben wir die melodische Musik unserer Stimmen. Dann haben wir die rhythmischen Instrumente an unseren Händen und Füßen. Darum nutzen Sie die Instrumente, die Gott Ihnen gegeben hat, damit Sie ihm Ehre zurückgeben können. Klatschen Sie in Ihre Hände und loben Sie den Herrn.

HÄNDE HEBEN IM LOBPREIS

> *"Und Esra pries den Herrn, den großen Gott; und das ganze Volk antwortete mit aufgehobenen Händen: Amen! Amen! Und sie verneigten sich und beteten den Herrn an, das Angesicht zur Erde gewandt."* (Neh 8,6)

> *"Höre die Stimme meines Flehens, wenn ich zu dir rufe, wenn ich meine Hände aufhebe zum Sprachort deines Heiligtums."* (Ps 28,2)

„Erhebt eure Hände in Heiligkeit und lobt den Herrn!" (Ps 134,2)

„Lass mein Gebet wie Räucherwerk gelten vor dir, das Aufheben meiner Hände wie das Abendopfer." (Ps 141,2)

„Lasst uns unsere Herzen samt den Händen zu Gott im Himmel erheben!" (Kla 3,41)

„Er führte sie aber hinaus bis in die Nähe von Bethanien und hob seine Hände auf und segnete sie." (Lk 24,50)

„So will ich nun, dass die Männer an jedem Ort beten, indem sie heilige Hände aufheben ohne Zorn und Zweifel." (1.Tim 2,8)

Schauen Sie auch Psalm 63,5; 119,48 und Klagelieder 2,19 nach.

Wenn meine Kinder wollen, dass ich sie hochhebe, schauen sie mir ins Gesicht und strecken mir ihre Hände entgegen. Das Händeheben ist eins der ausdrucksstärksten biblischen Handlungen von Lobpreis. Es kommuniziert Übereinstimmung mit Gott, komplette Auslieferung unter seinen Willen, Flehen, Buße und Fürbitte. Gehobene Hände stehen dafür, dass wir unser Leben als Opfer für Gott hingeben. Sie repräsentieren, dass wir unsere Hände heiligen Handlungen widmen. Hände werden gehoben, um Segen zu sprechen und zu empfangen. Und Hände werden gehoben, einfach um das Herz des Herrn zu segnen. Unsere Hände gehören zu den ausdrucksstärksten Teilen des Körpers. Ist es da noch verwunderlich, dass sie Gott so viel mitteilen?

Für viele Menschen ist es ein schwieriger Schritt, ihre Hände vor anderen Menschen zu heben. Es verlangt für viele von uns eine Unterordnung der Kultur der Denomination, in der wir aufwuchsen, unter die Kultur des Wortes. Es verlangt, dass wir unseren Stolz und unsere Menschenfurcht ablegen und unsere Herzen und körperlichen Haltungen Gott unterordnen. Und es verlangt, dass wir für alle sichtbar unsere Gefühle und Überzeugungen gegenüber unserem König körperlich ausdrücken, denn das ist genau das, was von uns in der Anbetung erwartet wird.

Wie Paulus sagte: „Ich wünschte, dass Menschen überall ihre Hände zu Gott heben würden". Denn schließlich ist er es wert.

TANZEN IST EIN BIBLISCHER AUSDRUCK VON LOBPREIS

Tanzen?! „O.K. Jetzt mischst du dich in etwas ein, Zach. Ich bin Baptist (oder was auch immer). Wir tanzen nicht."

Ich persönlich habe ein größeres Problem als das, wenn es ums Tanzen geht. Ich bin unkoordiniert und sehe lächerlich aus, wenn ich tanze.

Egal, ob unser Problem die Tradition unserer Denomination oder die Angst davor, in einem YouTube-Video als „dieser Typ" gesehen zu werden, ist, wir müssen den Beweisen folgen und der Bibel mehr gehorchen als unseren Mythen und unserem Stolz. Mir ist es egal, was Sie sind. Wenn Sie sich in erster Linie mit einer Denomination identifizieren, bevor Sie sich als Christ bezeichnen, dann ist das schon der erste Fehler. Also lassen Sie es uns angehen und unsere Medizin nehmen, wie brave Kinder.

Wie gesagt, ich habe sechs Kinder, und mir fiel auf, dass es die unschuldigste und natürlichste Sache der Welt für ein Kind ist, wenn es Musik hört, zu klatschen und zu tanzen. Versuchen Sie nicht, dies als gefallene Natur des Menschen zu sehen. Sie wissen, dass das, was ich sage, wahr ist. Es ist nichts Böses daran, wenn ein Kind tanzt. Und es ist auch nichts Böses daran, wenn ein Kind Gottes tanzt. Wir können das Tanzen genauso zurückgewinnen wie das Wort, die Priesterschaft und die Anbetung. Wir brauchen nur den Willen und den Geist Gottes, um das zu tun.

„Und Mirjam, die Prophetin, Aarons Schwester, nahm das Tamburin in ihre Hand, und alle Frauen folgten ihr nach mit Tamburinen und im Reigen." (2.Mo 15,20)

„David aber tanzte mit aller Macht vor dem Herrn her, und David war mit einem leinenen Ephod umgürtet." (2.Sam 6,14)

„Sie sollen seinen Namen loben im Reigen, mit Tamburin und Laute ihm lobsingen!" (Ps 149,3)

„Lobt ihn mit Tamburin und Reigen, lobt ihn mit Saitenspiel und Flöte!" (Ps 150,4)

„Du hast mir meine Klage in einen Reigen verwandelt; du hast mein Trauergewand gelöst und mich mit Freude umgürtet ..." (Ps 30,12)

„Weinen hat seine Zeit, und Lachen hat seine Zeit; Klagen hat seine Zeit, und Tanzen hat seine Zeit ..." (Pred 3,4)

„Ich will dich wieder aufbauen, ja, du wirst aufgebaut dastehen, du Jungfrau Israel; du sollst dich wieder mit deinen Handpauken schmücken und ausziehen in fröhlichem Reigen." (Jer 31,4)

Tanzen diente in erster Linie der Anbetung und nicht der Erholung oder Unterhaltung der Menschen. Es ist der Ausdruck eines fröhlichen Volkes, eines Volkes, das von seinen Gebundenheiten befreit wurde.

Unser Problem ist, dass die menschlichen Traditionen uns gehindert haben und wir dachten, weil unsere Vorväter das Tanzen einschränkten, dass das Wort es auch einschränken würde. Auf keinen Fall.

Tanzen muss nicht sinnlich sein. Es muss kein Aufsehen erregen oder ein Spektakel sein. Es kann heilig, angemessen und mächtig sein. Ich meine damit nicht, dass wir eine Lehre schaffen sollten, die besagt, wie, wann und in welcher Form wir tanzen sollten. Ich weiß die Antwort auf diese Fragen nicht. Ich möchte nur, dass das Volk Gottes weiß, dass es vor seinem König tanzen kann, so wie es David tat, und er nimmt den Tanz als Lobpreis an. Meine Lieblingsstelle übers Tanzen ist diese:

„Der Herr, dein Gott, ist in deiner Mitte, ein Held, der rettet; er wird sich über dich freuen mit Wonne, er wird still sein in seiner Liebe, er wird über dich jubelnd frohlocken." (Zef 3,17)

Aber sie sagt doch gar nichts über Tanzen aus, oder? Nun, sehen Sie das Wort *jubeln*? Dieses Wort heißt im Hebräischen *suws*; es bedeutet wörtlich *jubeln und frohlocken, indem man tanzend in die Luft springt.* Mit anderen Worten bedeutet es *mit Freuden zu tanzen.* Das bedeutet, dass in Zefanja 3,17 Gott über uns tanzt und singt. Unser Gott ist ein tanzender, singender, feiernder Gott. Und ich wette, er tanzt sogar über uns im Allerheiligsten, wenn Sie sich so etwas vorstellen können. Wenn das nicht die Diskussion beendet, dann weiß ich auch nicht weiter. Wenn Sie es auf dem Herzen haben, tanzen Sie vor dem Herrn. Ich vermute, er wird mit Ihnen tanzen.

BEUGEN IST EIN BIBLISCHER AUSDRUCK VON ANBETUNG

Wir haben Beugen schon im Detail betrachtet, darum möchte ich dies nicht noch einmal ausgraben. Es ist mehr ein Ausdruck von Anbetung als ein Ausdruck von Lobpreis. Lassen Sie uns trotzdem einige Bibelstellen bzgl. Beugen betrachten. Es ist eine der meist befohlenen Handlungen bei der Anbetung in der Bibel, es muss also wichtig sein.

„Da neigte sich der Mann und betete an vor dem Herrn ..." (1.Mo 24,26)

„Und es geschah, als der Knecht Abrahams ihre Worte hörte, da verneigte er sich vor dem Herrn zur Erde." (1.Mo 24,52)

„Da neigte sich Mose schnell zur Erde und betete an ..." (2.Mo 34,8)

„Und David sprach zu der ganzen Gemeinde: Nun lobt den Herrn, euren Gott! Und die ganze Gemeinde lobte den Herrn, den Gott ihrer Väter; und sie neigten sich und warfen sich nieder vor dem Herrn und vor dem König." (1.Chr 29,20)

„Und Esra pries den Herrn, den großen Gott; und das ganze Volk antwortete mit aufgehobenen Händen: Amen! Amen! Und sie verneigten sich und beteten den Herrn an, das Angesicht zur Erde gewandt." (Neh 8,6)

„Kommt, lasst uns anbeten und uns beugen, lasst uns niederfallen vor dem Herrn, unserem Schöpfer!" (Ps 95,6)

„Deshalb beuge ich meine Knie vor dem Vater unseres Herrn Jesus Christus ..." (Eph 3,14)

„Doch mir erweist du große Güte: Ich darf zu deinem Tempel kommen, vor deinem Heiligtum mich niederwerfen und voller Ehrfurcht zu dir beten." (Ps 5,8 – GNB)

Um sich detaillierter damit zu befassen, lesen Sie 2. Moses 4,31; 2. Chronik 29,30; Psalm 22,28; 66,4 und Römer 14,11.

BIBLISCHE WÖRTER FÜR LOBPREIS

Die englische Sprache ist wirklich sehr lebhaft, aber nicht annähernd so präzise wie Hebräisch. Was wir mit *Lobpreis* übersetzen, sind tatsächlich mehrere Wörter unterschiedlicher Bedeutungen und Implikationen. Ich gebe diese Informationen in diesem Kapitel, um ein vollständiges Bild über das zu zeichnen, worüber wir sprechen. Es ist ein weiterer Bereich, der so reich an Informationen ist, dass er ein halbes Jahr Predigten füllen könnte.

1. Halal: *hervorscheinen, prahlen, genießen, lautstark feiern oder laut verrückt sein.*

Von diesem Wort leitet sich das Wort *Hallelujah* ab. Es ist irgendwie lustig, dass wir *hallelujah* oft als Klagelied singen, obwohl es doch lautstarkes Feiern bedeutet. Dieses Wort bedeutet *mit Gott angeben* und *ihn feiern*. Es ist ein lautes, wildes Wort und würde in einigen unserer Gemeinden möglicherweise nicht sehr willkommen geheißen werden.

Psalm 69,31+35 besagt: *„Ich will den Namen Gottes loben (halal) mit einem Lied und ihn erheben mit Dank. ... Himmel und Erde sollen ihn rühmen (halal), die Meere und alles, was sich in ihnen regt!"*

2. Yadah: *danken, preisen, bezeugen, Lob mit gehobenen Händen ausbreiten.*

Dies ist das Wort, das in Psalm 9,2 mit *loben* übersetzt wurde:

„Ich will den Herrn loben (yadah) von ganzem Herzen, ich will alle deine Wunder erzählen."

Dieses Wort bedeutet *die Hände benutzen, um Gott zu loben und seinen Namen zu bezeugen.* Erhobene Hände drücken eine dankbare Haltung aus. Wenn Sie auf diese Weise loben, dann heben Sie nicht nur Ihre Hände, um ihn zu preisen, sondern es ist, als ob Sie ihm Lobpreis entgegenschleudern würden.

3. Toda: *Danksagung, Dankopfer, Lobpreisopfer, Lobpreishymne oder ein Lobpreischor.*

So viel Bedeutung in so einem kleinen Wort! Diese Art von Lobpreis ist musikalischer Natur und auch von Grund auf aufopfernd. Das bedeutet, dass es uns etwas kostet, den Lobpreis darzubringen. Er ist nicht einfach oder billig, aber zeigt Dankbarkeit gegenüber Gott und gibt ihm Ehre. Es wird im Englischen oft mit *Danksagung* oder *Opfergabe* übersetzt.

Es ist sehr wichtig, dass wir verstehen, dass Lobpreis und Anbetung immer das Geben beinhalten und dass wir Gott etwas von uns darbieten. Ein kleinliches Herz wird ausnahmslos ein Herz sein, das es ablehnt, Gott Lobpreis auszudrücken.

„Wer Dank (toda) opfert, der ehrt mich ..." (Ps 50,23)

„Sie sollen ihm Dankopfer (toda) bringen und jubelnd seine Taten erzählen!" (Ps 107,22)

4. Zamar: *singen und loben, während man ein Instrument spielt.*

„Darum will ich dich, o Herr, loben unter den Heiden und deinem Namen lobsingen (zamar) ..." (2.Sam 22,50)

„Ich will dem Herrn danken (yadah) für seine Gerechtigkeit, und dem Namen des Herrn, des Höchsten, will ich lobsingen (zamar)." (Ps 7,18)

„Nun ragt mein Haupt hoch über meine Feinde, die um mich her sind, und ich will Jubelopfer bringen in seinem Zelt; ich will singen und spielen (zamar) dem Herrn." (Ps 27,6)

Zamar findet man überall im Buch der Psalmen. David benutzt es ständig, was Sinn macht, wenn Sie wissen, was er tat. David schrieb nicht nur Lieder für Gott, er komponierte die Hymnen Israels (und der Gemeinde). Er, in Gehorsam gegenüber Gott, stellte Teams von Priestern zusammen, die Instrumente spielten und Gott 24 Stunden lang priesen. Davids Vorstellung von Lobpreis beinhaltete fast immer ein Instrument. Dieses Wort entlarvt die falsche Lehre, dass für die Anbetung in der Gemeinde Instrumente nicht angemessen seien.

5. Tehilla: *enthusiastischer Lobpreis, Verehrung, Herrlichkeit, Ansehen, Ruhm, öffentlicher Lobpreis.*

„Aber du bist heilig, der du wohnst unter den Lobgesängen (tehilla) Israels!" (Ps 22,3)

„... dass ihnen ... gegeben werde Feierkleider (tehilla) statt eines betrübten Geistes ..." (Jes 61,3)

„... Den Aufrichtigen ziemt Lobgesang (tehilla)." (Ps 33,1)

Ich liebe dieses Wort. Ich mag es einfach, es zu sagen. Es erinnert mich an Pee Wee Herman, wie er zu dem alten *Tequila*-Song tanzt. Ah, Erinnerungen. Abgesehen von diesem schlechten Vergnügen ist dieses Wort BEDEUTUNGSVOLL. Damit segnet Gott Enthusiasmus (was wörtlich *mit Gott – theos – gefüllt sein* bedeutet) ab. Enthusiastischer öffentlicher Lobpreis gibt Gott Herrlichkeit, Ehre, Ansehen, Ruhm. Es ist eine öffentliche Handlung von Verehrung.

Es ist die Art von Lobpreis, die Gott auf den Thron erhebt. Es ist dieser enthusiastische Lobpreis, auf den Gott antwortet, den er anerkennt und in dem er wohnt.

Psalm 33 sagt, dass *tehilla*-Lobpreis von den Gerechten (den Heiligen) schön ist. Schön für wen? – Für Gott, die Welt und die Engel. Für alle außer für die Religiösen.

Jesaja sagt, dass Gott den enthusiastischen Lobpreis benutzt, um den Geist der Schwere von seinem Volk wegzunehmen. Er benutzt keine stoische, langweilige, prüde Religion. Er benutzt enthusiastischen Lobpreis, um sein Volk zu bedecken. Gott empfängt unseren Lobpreis und nimmt unsere Schwere hinweg. Was für ein mächtiges und wichtiges Wort.

6. Barak: *segnen, loben, knien, verehren.*

„... lasst uns niederfallen (barak) vor dem Herrn, unserem Schöpfer!" (Ps 95,6)

„... Lobe (barak) den Herrn, meine Seele ..." (Ps 103,1)

„... täglich wird man ihn segnen (barak)." (Ps 72,15)

Dieses Wort wird fast immer mit *gesegnet* übersetzt, und es ist das Wort, welches benutzt wird, um zu sagen, dass etwas oder jemand *den Herrn lobt* (so wie in Ps 103). Es bedeutet *Gott auf den Knien ehren und preisen*. Wieder haben wir hier ein Wort, das einen Fehler im Leib Christi entlarvt. Jedes Mal, wenn Sie die Worte „lobe den Herrn" in der Bibel lesen, erinnern Sie sich daran, dass diese Person vor dem Herrn in Verehrung und Lobpreis kniete.

Vielleicht erinnern Sie sich daran, dass, nachdem Gott in 2. Chronik den König Josaphat und Juda von ihren Feinden befreite, sie den Ort das Tal *Beracha* (das gleiche Wort wie *Barak*) nannten, was übersetzt bedeutet das Tal des *Lobpreises*. Warum? – Weil Gott ihre Feinde schlug, während sie ihn priesen und seinen Namen lobten.

7. Shabach: *loben, preisen, befehlen, triumphierend prahlen* – im Sinne von jemanden beruhigen und stillen.

„Denn deine Gnade ist besser als Leben; meine Lippen sollen dich rühmen (shabach)." (Ps 63,4)

„Ein Geschlecht rühme (shabach) dem andern deine Werke und verkündige deine mächtigen Taten!" (Ps 145,4)

„Lobt (halal) den Herrn, alle Heiden! Preist (shabach) ihn, alle Völker!" (Ps 117,1).

Das ist ein sehr interessantes Wort. Es beschreibt keinen leisen Lobpreis, sondern eher einen begeisterten, triumphierenden, prahlerischen Lobpreis. Aber es bedeutet auch, das Herz des Zuhörers zu stillen und zu beruhigen. Ist es möglich, dass es eine Art von Lobpreis gibt, die das Herz Gottes beruhigt? Das ist Stoff für ein weiteres Buch (obwohl David Spuren der Antwort in 2. Chronik 6,41 und Psalm 132,8 hinterlässt: „*Mache dich auf, o Herr, zu deiner Ruhestätte, du und die Lade deiner Macht!*"), aber es gibt definitiv einen Unterschied bei dieser Art von Lobpreis. Warum würde Psalm 117 sonst zwei verschiedene hebräische Wörter gebrauchen, und nicht einfach *halal* wiederholen?

Beachten Sie in Psalm 145,4, wie oben erwähnt, dass die Generationen ermutigt werden, miteinander den Namen des Herrn zu loben. Was bedeutet das? – Es bedeutet, dass Mütter, Väter und Großväter ihre Zeit damit verbringen sollen, vor ihren Kindern zu prahlen, was Gott in ihrem Leben getan hat. Warum muss die Gemeinde alle paar Jahre von vorne anfangen, um neue Strategien zu entwickeln, die nächste Generation zu erretten? – Weil die vorherige Generation so viel Zeit, Geld und Anstrengung investierte, Gott nach ihrem Geschmack anzubeten, dass sie es verpasste, die nächste Generation mitzunehmen. Sie vergaß, ihren Kindern und Enkelkindern Gott real zu machen. In diesem Vers geht es darum, Gottes Herrlichkeit und Realität unaufhörlich ihren Kindern vor Augen zu halten. Denn Gott ist der Gott der Generationen, nicht der Gott einer Generation.

Darum *shabach* – Lobpreis, in dem man über die Werke und den Charakter Gottes voreinander prahlt und das Zeugnis Christi zwischen den Generationen aufrechterhält.

Ihnen ist vielleicht aufgefallen, dass wir nur hebräische Worte für Lobpreis analysiert haben. Es gibt auch ein paar griechische Worte für Lobpreis, aber ihre Definitionen sind nicht so farbenfroh und facettenreich wie die hebräischen. Sie bedeuten meistens *mündliche Anerkennung zollen, Zustimmung* oder (im Fall von *doxa*) *Herrlichkeit*.

GEBEN SIE DEN MENSCHEN EINEN GRUND ZUM LOBEN

Um dieses Thema abzuschließen, möchte ich noch einmal die Wichtigkeit und Kraft von Lobpreis unterstreichen. Lobpreis ist ein Aktionswort. Es muss eine Ausdrucksform haben, um Gott zu erheben und ihn bekannt zu machen. Lobpreis ist eine angemessene Antwort darauf, wer Gott ist, was er getan hat und was er tun wird.

Als Vater und Lobpreisleiter muss ich mir das gut merken. Ich möchte, dass meine Familie eine Familie des Lobpreises ist. Ich möchte, dass die Gemeinde eine Gemeinde ist, die Gott preist. Wenn das der Fall ist, muss ich ihnen einen Grund zum Loben geben.

Ich verbringe einige Zeit damit, Gott zu fragen, wie ich die Menschen daran erinnern kann, dass er unseres Lobpreises würdig ist. Als Lobpreisleiter einer gut besuchten Gemeinde kann ich es nicht von jedem erwarten, dass er in den Gottesdienst kommt und bereit ist, Gott zu loben (sie sollten das zwar, aber die Realität ist, dass es viele nicht sind). Es ist Teil meiner Aufgabe, ihnen zu helfen, sich bereit zu machen, Gott zu loben – ihnen etwas zu geben, worauf sie antworten können, sie daran zu erinnern, wer er ist, was er getan hat und was wir von ihm erwarten können.

Wir entdecken mehr darüber auf den folgenden Seiten.

KAPITEL 8

EINTRETEN

Der Mensch, der trotz der Lehre der Bibel versucht, ohne einen Retter zu beten, beleidigt Gott; und derjenige, der sich vorstellt, dass seine natürlichen Wünsche, die vor Gott aufkommen und nicht mit dem kostbaren Blut gewaschen sind, für Gott ein wohlgefälliges Opfer wären, macht einen Fehler; er hat kein Opfer gebracht, das Gott akzeptieren kann.
Charles Spurgeon

Nun sind wir bereit, einen Blick auf die Stiftshütte zu werfen, über die wir gesprochen haben. Erinnern Sie sich? Teil der Aufgabe eines Priesters ist es, Orte der Begegnung zwischen Gott und dem Menschen aufzubauen. Darum geht es bei der Stiftshütte. Sie ist Gottes Prozess der Offenbarung, die uns tiefer in seine Gegenwart führt. Diese Stiftshütte ist äußerst detailliert, und Gelehrte haben wirklich gute Arbeit geleistet, die Symbolik der Materialien, die zum Bau benutzt wurden, zu erklären (alles bedeutet etwas – darum war Gott beim Bau so genau). Sie können die biblischen Vorgänge des Baus der Stiftshütte in 2. Mose 25-40 nachlesen. Für mich persönlich sind diese Kapitel einerseits faszinierend und andererseits ein gutes Mittel gegen Schlaflosigkeit. Ich bin nicht besonders daran interessiert, jede Bedeutung jedes Stabes und jeder Faser auszulegen (obwohl jedes Detail etwas bedeutet). Ich bin viel mehr daran interessiert, was die Stiftshütte uns darüber lehrt, wie wir Gott begegnen und wie wir ihn durch Anbetung ehren können. Die Stiftshütte ist eine himmlische Gottesdienstordnung für Anbetung. Sie ist ewig und geschieht gerade jetzt im Himmel. Ich möchte himmlische Anbetung, Gottes Gegenwart und Kraft hier auf der Erde erleben. Was kann ich also vom Studium der Stiftshütte lernen?

Wenn ich ein Israelit zur Zeit Moses gewesen wäre, wäre das Erste, was ich möglicherweise bemerkt hätte, dass es verschiedene Abteilungen der Stiftshütte gibt. Von draußen kann ich den Vorhof sehen. Das ist die unbedeckte, äußerliche Region der Stiftshütte. Sie sieht wie ein Garten aus, der von einem Zaun aus silbernen Stangen und Vorhängen aus Leinen umgeben ist. Im Vorhof finden viele Aktivitäten statt und Priester laufen zwischen den Leuten umher, überprüfen die Opfergaben und das Waschen und bringen Opfer dar. Möglicherweise höre ich, wie Menschen miteinander reden, weinen, beten und loben. Ich höre, wie Ziegen und Lämmer blöken, Ochsen brüllen und Vögel zwitschern. Und ich höre ihren Todesschrei, wenn sie am Altar geschlachtet werden. Sicherlich würde ich auch den Gestank der Tiere, Abfälle, Blut und verbranntes Fleisch riechen. Weil es unter freiem Himmel ist, bin ich auch dem Wetter ausgeliefert. Wenn es sonnig und heiß ist, warte ich in der Hitze, bis ich dran bin. Wenn es regnet, werde ich nass. Wenn der Wind beißt, ist es mir kalt. Aber ich warte, bis ich an der Reihe bin. Es ist Teil meiner Anbetung.

Ich komme niemals mit leeren Händen (2.Mo 23,15; 34,20, 5.Mo 16,16). Manchmal bringe in den Zehnten, manchmal eine Spende, manchmal ein Opfer, um meine Dankbarkeit für ein neues Kind auszudrücken, und manchmal führe ich ein Tier zum Tod mit dem Wissen, dass ich es bin, der ihn verdient hätte.

Dies sind die Klänge, die Gerüche und das Gefühl von Sünde und Opfer. Und sie arbeiten an meinem Herzen, während ich an den Altar Gottes herantrete.

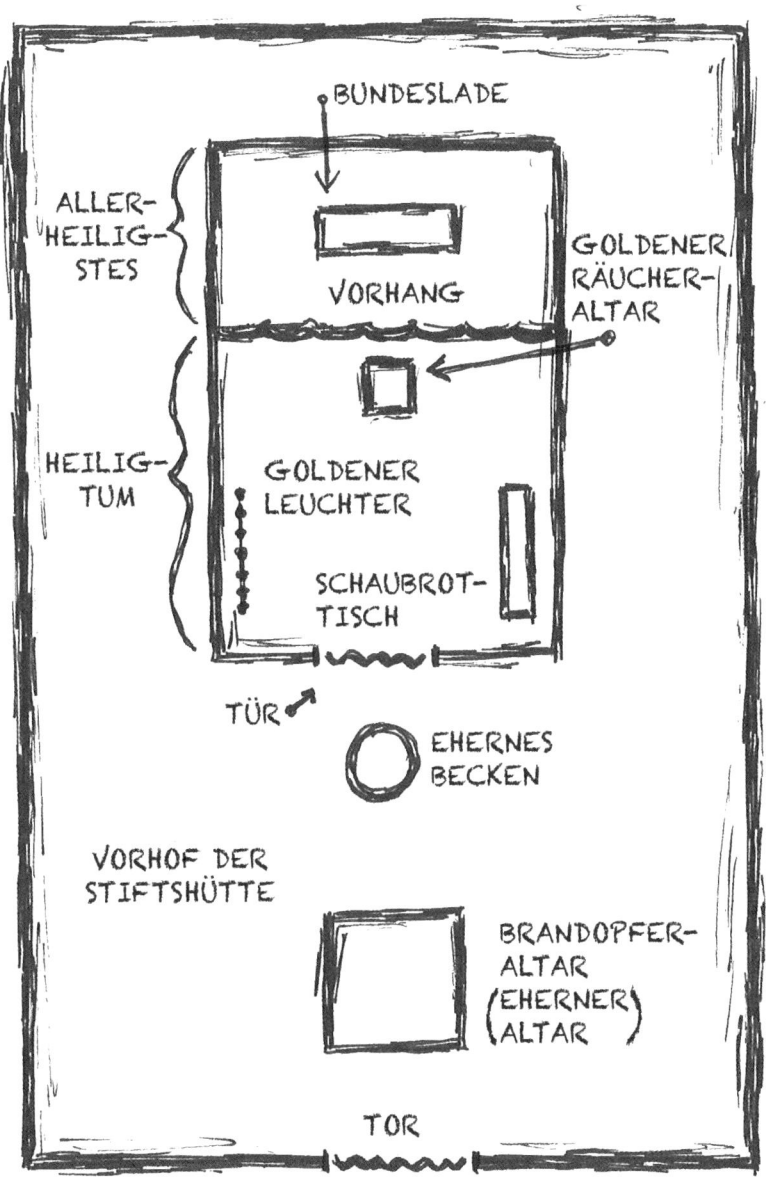

DIE TORE

Lassen Sie uns auf bekanntem Gebiet anfangen – Psalm 100:

> *„Geht ein zu seinen Toren mit Danken, zu seinen Vorhöfen mit Loben; dankt ihm, preist seinen Namen!" (V. 4)*

Stellen Sie sich Tom Sawyers Haus bildlich vor, umgeben von einem Garten mit einem weißen Lattenzaun. Wenn ich, Huck, zu einem Besuch rüberkomme, muss ich durch den Garten gehen, um ins Haus zu kommen. Und ich muss durch das Tor gehen, um in den Garten zu kommen. Gottes Stiftshütte ist genauso wie Toms Haus. Bevor ich sein „Haus" betreten kann, muss ich durch seinen „Garten" gehen – den Vorhof. Um das zu tun, muss ich durch das Tor eintreten.

Was ist das „Tor" in Bezug auf Anbetung? Und wie kann ich durchgehen? Die Antwort auf die erste Frage ist die Antwort auf jede Frage, die Sie Ihr Sonntagsschullehrer jemals gefragt hat – Jesus. Tatsächlich sagt er von sich selbst:

> *„Ich bin die Tür. Wenn jemand durch mich hineingeht, wird er gerettet werden und wird ein- und ausgehen und Weide finden." (Joh 10,9)*

Vielleicht sind Sie jetzt über mich frustriert und sagen in Ihrem Herzen: „Wenn dieses Buch nur das Offensichtliche ausführt, dann vergeude ich hier meine Zeit". Geben Sie mir einen Moment, denn das klingt vielleicht offensichtlich, aber ich sehe momentan keinen Beleg dafür, warum wir diese Wahrheit in unserer Leiterschaft ausblenden sollten.

Sie sehen es selbst: Wenn Jesus das Tor ist, können wir nur durch ihn in die Gegenwart Gottes kommen. Ich kann Ihnen nicht sagen, wie oft ich in Lobpreisgottesdiensten saß und Lobpreisleiter und Pastoren beobachtete, die versuchten, die Menschen in die Gegenwart Gottes hineinzudrängen, ohne sie mit ans Tor zu nehmen.

Wir erzählen Menschen, sie sollen kühn in die Gegenwart Gottes kommen. Dann singen wir ein Lied über Feuer oder Wind, den Strom oder Freiheit, oder wir singen ein Lied, das nicht einmal direkt an Gott gerichtet ist – wir besingen uns selbst! An den Liedern selbst ist nichts falsch und es gibt eine Zeit und einen Platz dafür, aber sie werden nicht dem Ziel dienen, zu dem wir sie nutzen. Feuer ist nicht das Tor! Freiheit ist nicht das Tor! Und ich bin sicherlich auch nicht das Tor! Ich sehe Hirten, die die Herde direkt an eine Wand laufen lassen, dann gehen sie hinter sie und drücken ihr Hinterteil, darüber frustriert, dass sie Gott nicht näherkommen.

Mein erster Gedanke ist: Wenn man möchte, dass sie in den Vorhof kommen (oder den Schafstall), dann muss man sie zum Tor bringen. Singen Sie Lieder zu und über Jesus Christus und was er getan hat. Er ist *„der Weg und die Wahrheit und das Leben; niemand kommt zum Vater als nur durch"* ihn (Joh 14,6)! Jesus wusste, worüber er sprach. Er sprach über den Weg in die Gegenwart Gottes – den Zugang zu Orten der Begegnung mit seinem Vater.

Es ist das Gleiche mit Evangelisation. Egal, ob ich in der Gemeinde bin oder in meinem Wohnzimmer, auf der Straße oder in einem Supermarkt. Der Weg zu Gott ist durch Christus. Wenn Sie wirklich ein „Seeker Sensitive" („Ernsthafter Sucher") sein wollen, dann seien Sie ein „Finder sensitive" („ernsthafter Finder"). Wir dürfen die Menschen nicht mehr überreden, beschwatzen und trösten, ohne Christus und das Kreuz in das Königreich Gottes zu kommen. Jesus ist der einzige Weg.

In Gottes Haus ist es nicht erlaubt, über den Zaun zu springen. Jesus sagte: *„Wahrlich, wahrlich, ich sage euch: Wer nicht durch die Tür in die Schafhürde hineingeht, sondern anderswo hineinsteigt, der ist ein Dieb und ein Räuber"* (Joh 10,1).

Es gibt absolut keinen anderen Weg, zu Gott zu kommen als durch Jesus allein. Macht das Gott intolerant? – Nein. Es macht ihn gütig. Nur ein brutaler Gott würde jemandem die Ewigkeit zeigen, dann aber keinen Weg, wie er eintreten kann. Nur ein brutaler Vater würde seinen Kindern eine Beziehung zu ihm anbieten, dann von ihnen weggehen und sie raten lassen, wie sie ihn finden können. Unser Gott ist nicht brutal, verwirrend oder unklar. Er ist mitfühlend, gnädig und barmherzig – und er ist exakt. In seiner großen Liebe hat er uns genau gezeigt, wie wir zu ihm kommen können.

DER RIEGEL

Es reicht nicht aus, zum Tor zu laufen und dort stehen zu bleiben. Um einzutreten, muss der Riegel zurückgeschoben und das Tor geöffnet werden.

Meine Kinder lieben es, die alten Popeye-Cartoons anzuschauen. In einer Folge versucht Popeye, die gute Olive Oil von den Klauen Ali Babas und seinen 40 Räubern zu befreien. Er beobachtet, wie sie aus ihrem Versteck in einem Berg durch eine geheime Tür gehen und sie sich hinter ihnen schließt. Popeye geht zu der geheimen Tür und probiert das Passwort aus: „Salami öffne dich!" Nichts passiert. „Sardine öffne dich!" Nichts. „Ich sage Dir, öffne dich!" Nichts. Schlussendlich benutzt er seine Pfeife als Gasbrenner, schneidet sich seine eigene Tür heraus, streckt die heimtückischen Ganoven nieder und rettet seine Geliebte.

Wussten Sie, dass es ein Passwort für das Tor der Stiftshütte Gottes gibt? Psalm 100,4 sagt:

„Geht ein zu seinen Toren mit Danken, zu seinen Vorhöfen mit Loben; dankt ihm, preist seinen Namen!"

Die englische Bibelübersetzung *The Message* drückt diesen Vers wie folgt aus: *„Tritt ein mit dem Passwort ‚Danke!'. Fühle dich wie zu Hause, spreche Lobpreis! Danke ihm. Bete ihn an."*

Was bedeutet das? Es gibt eine Haltung, um einzutreten. Wenn wir Menschen zum Tor (Jesus) führen, sollte der Weg, den wir sie führen, Lobpreis und Dankbarkeit auslösen. Das Evangelium löst Dankbarkeit aus.

Wir haben schon sehr ausführlich über Lobpreis gesprochen. Wir haben gesehen, wie Lobpreis uns in das von Gott verheißene Land bringt. Die Gegenwart Gottes ist das verheißene Land für das Volk Gottes. Und so, wie Gott 40 Jahre damit verbrachte, in der Wüste die Einstellung Israels zu ändern, wird er Umstände und Gottes Wahrheit in unserem Leben dazu nutzen, unser Nörgeln und Klagen auszumerzen, das uns davon abhält, ihm näherzukommen. Warum? – Weil der erste Schritt zu ihm der Schritt des Glaubens an Christus ist. Dieser Glaube führt zu Dankbarkeit und Lobpreis. Und es sind Danksagung und Lobpreis, die unser Herz noch näher zu ihm bringen. Diese Dinge öffnen uns für das, was Gott in unserem Leben als Nächstes tun möchte.

Wie führe ich also Menschen in den Vorhof Gottes? Führen Sie sie einfach zu Jesus, zeugen Sie von den Dingen, die er getan hat (insbesondere vom Kreuz) und drücken Sie Dankbarkeit und Lobpreis aus, dass er ist, wer er ist, und getan hat, was er getan hat.

JESUS – DER GRÖSSTE LOBPREISLEITER ALLER ZEITEN, TEIL 1

Als ich anfing, Jesus als Lobpreisleiter zu studieren, wurde meine Sichtweise revolutioniert. Sie sehen, Jesus ist der Hohepriester des Himmels, der himmlische Liturg, der Lobpreisleiter Gottes. Ich fing an, die Evangelien zu lesen, und schaute nach allem, was er in Bezug auf Lobpreisleitung sagte oder tat. Immer, wenn er etwas tat, führte er die Menschen in Begegnungen mit seinem Vater. Er rief Lobpreis und Anbetung hervor, indem er die Gegenwart Gottes mit sich trug, seinem Vater diente und die Menschen segnete. Jesus ist der größte Lobpreisleiter aller Zeiten.

Wenn dies der Fall und die Stiftshütte die himmlische Straßenkarte für Anbetung ist, wie ich es schon auslegte, sollten wir in Jesu Dienst Beispiele der Elemente der Stiftshütte sehen. Und genau das finden wir. Wie brachte Jesus die Menschen dazu, durch das Tor mit Lobpreis zu kommen? – Der triumphierende Einzug. Während Jesu letzter Woche, als er den Tempel betrat und vom Ölberg nach Jerusalem herunterkam, saß er auf einem jungen Esel, und die Menschen legten die Straße mit ihren Kleider aus, wedelten mit Palmblättern und priesen ihn so laut, dass die religiösen Führer der damaligen Zeit empört und verärgert waren.

Warum trat Jesus in Jerusalem mit solch einer Fanfare und Festlichkeit ein? – Er lehrte uns etwas über Anbetung. Jesus ist der König, und Könige treten in ihr Reich mit Ehre, Lob, Festlichkeit und Triumph ein. Auf die gleiche Art und Weise wie Jesus an diesem Tag in die Stadt kam, wird er auch in unsere Städte kommen. Es ist die Art und Weise, wie er in unsere Nachbarschaft und zu uns nach Hause kommen wird. Es ist die Art und Weise, wie er in unsere Gemeinden und in unsere Nation kommen wird. Und es ist die Art und Weise, wie er in unsere Herzen einziehen wird.

Jesus schleicht sich nie in eine Stadt und auch nie in ein Herz. Er kommt nicht bei Klageliedern und halbherzigen Lippenbekenntnissen des Volkes. Jesus ist der König der ganzen Schöpfung. Er zieht ein mit Triumph und Lobpreis, als Majestät und Herr, oder er kommt überhaupt nicht.

Jesus betrat Jerusalem nicht zu einem Trauerlied bei einem Begräbnis. Er ging nur auf diese Art und Weise weg. Lobpreisleiter, während unsere Denominationen sich darüber streiten, ob Lobpreis und Festlichkeit für unsere „Gottesdienste" relevant und angemessen sind, gibt es draußen eine sterbende Welt. Der größte Lobpreisleiter aller Zeiten lehrte uns, wie er einzieht, und wir sollten weise sein und von ihm lernen.

Wir müssen näher zu ihm kommen. Unsere Gemeinden und Familien verkümmern durch einen Mangel an seiner Gegenwart und Kraft. Sind wir bereit, Dinge zu tun, wie Gott sie tut, um Gottes Verheißungen zu sehen? Oder werden wir an Wegen festhalten, die sich als fruchtlos erwiesen haben?

Für mich und mein Haus gilt: Die Steine sollen niemals loben müssen, weil wir es verpassten, Lobpreis zu opfern.

„Und als er sich schon dem Abhang des Ölberges näherte, fing die ganze Menge der Jünger freudig an, Gott zu loben mit lauter Stimme wegen all der Wundertaten, die sie gesehen hatten, und sie sprachen: Gepriesen sei der König, der kommt im Namen des Herrn! Friede im Himmel und Ehre in der Höhe! Und etliche der Pharisäer unter der Volksmenge sprachen zu ihm: Meister, weise deine Jünger zurecht! Und er antwortete und sprach zu ihnen: Ich sage euch: Wenn diese schweigen sollten, dann würden die Steine schreien!" (Lk 19,37-40)

KAPITEL 9

DER BRANDOPFERALTAR

Geliebte Freunde, es gibt keinen Jesus, wenn es kein vergossenes Blut gibt; es gibt keinen Retter, wenn es kein Opfer gibt ... Ohne die Sühne ist niemand ein Nachfolger Christi und Christus ist nicht Jesus. Wenn du das geopferte Blut wegnimmst, hast du das Herzstück aus dem Evangelium Jesu Christi herausgerissen und dessen Leben genommen.
Charles Spurgeon

Die erste Sache, die man sieht, wenn man durch die Tore der Stiftshütte kommt, ist der Brandopferaltar. Das Erz, mit dem der Altar überzogen wurde, funkelt (2.Mo 27,2). Der Altar selbst ist aus Akazienholz gemacht. Er ist 1,5 bis 1,8 Meter hoch (Gelehrte diskutieren oft über die Ellenlänge) mit einer quadratischen Grundfläche. An jeder Ecke des Altars ist ein ehernes, oder bronzenes, Horn angebracht. Anbeter brachten ihre Opfer zur Stiftshütte und banden sie mit Schnüren an die Hörner des Altars (Ps 118,27), dann übertrugen sie ihre Sünden auf das Tier, indem sie eine Hand auf den Kopf des Tieres legten und ihre Sünde bekannten. Der Hals des Tieres wurde dann durchgeschnitten, sein Blut floss an den Fuß des Altars und wurde mit dem Finger auf die vier Hörner getan (2.Mo 29,12). Nachdem das Tier geschlachtet wurde, verbrannten die Priester einen Teil des Opfers auf dem Altar als „lieblichen Geruch" für den Herrn. – Und das ist Anbetung.

Ich vergesse nie, wie ich das erste Mal das Buch *Till we have Faces (Du selbst bist die Antwort)* von C.S. Lewis las. Seine Beschreibung in diesem Buch über den Geruch im Tempel haute mich um. Er beschrieb den Geruch von geschlachteten Tieren und Blut, verbranntem Fleisch und Rauchopfer. Das, sagte er, ist der Geruch von Heiligkeit.

Sela.

Was für ein mächtiges, tiefgründiges Bild. Stellen Sie sich vor, was die Sinne eines Anbeters kommunizierten, während er am Altar sein Opfer darbrachte. Die Klänge von Leben und Tod vermischten sich. Der Geruch der Reste, von Blut und verbranntem Fleisch. Der Anblick des Schlachtens. Die Emotionen, die damit einhergingen, dass jemand anderes an seiner Stelle starb. Und die Schwere, die vom Herzen genommen wurde, wenn das Opfer vollständig ausgeführt war.

Machen Sie keinen Fehler; der Altar war eine Opferstätte. Und Anbetung braucht einen Altar.

KONSTRUKTION

Lassen Sie uns kurz anschauen, aus was dieser Altar gemacht wurde. Noch einmal: Gott war mit seinen Anweisungen bzgl. der

Konstruktion akribisch genau. Warum? – Weil jedes Detail der Stiftshütte eine Lektion ist. Die Stiftshütte lehrt uns etwas. Sie wurde gestaltet, um das Volk Gottes anzuweisen, wie sie den einzig heiligen Gott und König kennenlernen und anbeten konnten.

Wie oben erwähnt, wurde der Altar aus Holz gemacht, Akazienholz, um genau zu sein. Es ist sehr wichtig, dass die Israeliten Gott gehorchten und genau dieses bestimmte Holz benutzten und nicht Eiche, Zeder, Olive oder ein anderes in Fülle vorhandenes Holz. Sehen Sie, Akazienholz modert nicht so schnell. Es ist ein Symbol der Reinheit der Seele oder der unbestechlichen Menschlichkeit. Wegen seiner Stabilität und seiner Resistenz gegen Verwesung ist es auch ein Symbol der Auferstehung und der Unvergänglichkeit. Überzogen wurde das Akazienholz mit Erz oder Bronze. Erz ist ein biblisches Symbol für Gericht. In 5. Mose 28,22-23 erläutert Gott seine Gerichte über die Sünde. Einen Teil dieses Gerichts beinhaltet diese Beschreibung:

„Der Himmel über deinem Haupt wird für dich zu Erz werden und die Erde unter dir zu Eisen." (V. 23)

Haben Sie jemals das Gefühl gehabt, Ihre Gebete würden einfach an den Wolken abprallen? Dass sie nicht zu Gott durchdringen würden? Hier sagt Gott den Israeliten, dass, wenn sie ihm nicht gehorchen wollen, dieses Gefühl Realität werden wird. Das Gericht der Sünde verlangt Bezahlung, oder es trennt den Menschen von Gott. Eine weitere interessante Passage ist die Geschichte der Schlangen in 4. Mose 21. Das Volk Israel beklagte sich und *„redete gegen"* Gott. Giftige Schlangen kamen in das Lager und töteten viele. Die Menschen baten Gott um Vergebung, und Gott wies Mose an, eine eherne Schlange zu machen und sie an einem langen Stab zu befestigen. Wurde eine Person gebissen und schaute auf die Schlange, konnte diese Person überleben.

In Johannes 3,14-15 sagt Jesus uns, dass die eherne Schlange ein Symbol für ihn selbst war, der bald am Kreuz hängen würde, um die Strafe für unsere Sünden auf sich zu nehmen. Jeder, der zu ihm aufschaut, wird von dieser Strafe gerettet werden. Vereinen Sie den Altar aus Erz und den ehernen Schlangenstab, und Sie bekommen ein ziemlich vollständiges Bild der Aufopferung Jesu am Kreuz. Der Altar ist aus einem nicht modernden Holz gemacht und wird mit Erz (Bronze) überzogen. Ebenso Jesus – rein, unsterblich und unbestechlich –, er nahm unsere Sünde auf sich (oder wurde mit ihr bedeckt). Sein perfektes Leben trug die Strafe Gottes für uns. Das ist das endgültige Bild des Altars. „*[D]as Lamm Gottes, das die Sünde der Welt hinwegnimmt!*" (Joh 1,29).

Zu was dienen die Hörner? – Die Hörner des Altars repräsentieren Barmherzigkeit. Wenn eine Person im Lager Israels Gericht verdiente, aber Vergebung brauchte, konnte sie ins Heiligtum rennen, die Hörner des Altars ergreifen und „Barmherzigkeit!" rufen (1.Kö 1,49-53; 2,28). In gleicher Weise rennt ein Sünder zum Kreuz, wirft sich in Jesu Arme und schreit nach Barmherzigkeit. Das Kreuz ist wirklich der Altar Gottes. Und auf ihm wurde sein sündloser Sohn als Opfer dargebracht, um die Strafe für die Sünden der Menschheit zu tragen. Sein Blut wurde an den Füßen des Kreuzes und an seinen „Hörnern" (Armen) ausgegossen, dort, wo seine Hände und Füße mit Nägeln durchbohrt waren. Und durch sein Blut empfangen wir Vergebung.

LOBPREISLEITER

Warum befindet sich dieser Altar genau vor dem Tor des Heiligtums Gottes? Erinnern Sie sich? Das Heiligtum lehrt uns etwas darüber, zu Gott hinzuzutreten. Der allererste Schritt in Gottes Heiligtum ist der Schritt des Opfers. Und Zugang zu Gott ist nicht möglich ohne ein Blutsopfer.

Anbetung beginnt mit dem Tod Christi am Kreuz – ohne dies gibt es KEINEN ZUGANG zu oder DIENST für Gott! Anbetung ohne das Kreuz ist überhaupt keine Anbetung. Darum betrübt es mich, wenn ich in einem ganzen Gottesdienst kein Wort über das Kreuz höre. Es betrübt mich, dass Lobpreisleiter denken, sie hätten es gelernt, die Menschen zu Gott zu führen, ohne den zerbrochenen, verletzten und blutigen Leib Christi anzuerkennen und sich an ihn zu erinnern.

Haben Sie Probleme, die Menschen in die Gegenwart Gottes zu führen? Versuchen Sie, sie zuerst ans Kreuz zu bringen.

UNSER OPFER ÜBERGEBEN

Also, wenn Jesus das Opfer für meine Sünde ist, dann gibt es nichts mehr zu tun, richtig? – Falsch. Sie sehen, bei dem Altar ging es schon immer um Nötigen, Töten und Fleisch verbrennen. Und wir müssen noch etwas verbrennen. Gott wird nicht durch den Stolz der Menschen erhoben; um also Gott näherzukommen, müssen wir unseren Stolz töten, ihn verbrennen und an der Tür zurücklassen.

In allen Dingen müssen wir Nachahmer Christi werden, und es gibt ein Beispiel für uns, dem wir im Schatten des Alten Testaments folgen sollen. Am ehernen Altar nötigen wir unsere Emotionen und unseren Körper dazu, sich Gott unterzuordnen, und bringen unser Leben als Opfer des Lobpreises und der Danksagung dar.

Darüber spricht Paulus in Römer 12,1, wenn er sagt: *„Ich ermahne euch nun, ihr Brüder, angesichts der Barmherzigkeit Gottes,* *dass ihr eure Leiber darbringt als ein lebendiges, heiliges, Gott wohlgefälliges Opfer: das sei euer vernünftiger Gottesdienst!"*

Wir sehen Gottes Barmherzigkeit, wenn wir uns daran erinnern, dass er sich selbst als ein Opfer am Kreuz unterordnete. Unsere Antwort auf sein Opfer ist, unser eigenes Opfer unterzuordnen. Und Gott wird nicht durch Lämmer und Ochsen besänftigt. Jesus hat uns gelehrt, unsere „*Leiber ... als ... lebendiges, heiliges, Gott wohlgefälliges Opfer*" darzubringen.

Einige Übersetzungen sagen, dass dies die „zulässige" Handlung der Anbetung sei. Mit anderen Worten, dies ist die Art, die Gott akzeptieren wird. Anbetung, die nicht zur Unterordnung führt, ist keine Anbetung. Diese Art von Anbetung „gefällt" Gott, weil sie ihm mitteilt, dass wir es wirklich verstanden haben. Er möchte nicht unseren Kram haben. Er sandte seinen Sohn nicht in den Tod, damit wir ihm unseren Kram bringen. Er sandte seinen Sohn, um unsere Seelen und unsere Herzen zu gewinnen sowie UNSERE LEBEN ZU RETTEN. Diese geretteten Leben Gott wieder zurückzugeben, ist gute Anbetung.

Ich mache hier einen Zwischenstopp, um ein unsinniges Argument am Rande anzusprechen: Es gibt einige Meinungsverschiedenheiten darüber, was „spirituelle Anbetung" ausmacht. Diese Meinungsverschiedenheiten schwirren um die Aussage Jesu, dass Gott jene sucht, die in Wahrheit und im Geist anbeten (Joh 4,23-24). Was bedeutet das? – Eine Denomination sagt, wir sollten in Zungen sprechen, eine andere, wir sollten Schophare blasen und Ehrenringe tragen, eine dritte, wir sollten nur alte Hymnen singen und wiederum eine andere, wir sollten neue Lieder singen. Eine weitere sagt, dass alle diese Dinge Missverständnisse seien, und wir müssten einfach mehr Bibelstellen lernen.

Vielleicht wird dies den Nebel lichten: Laut Römer 12,1 bedeutet *Anbetung im „Geist"*, seinen Körper als lebendiges Opfer darzubieten, ein heiliges und wohlgefälliges Opfer für Gott. Anbetung ist die vollständige Unterordnung unter die Herrschaft Christi. Ohne Unterordnung machen wir uns nur selbst vor, dass wir Anbeter seien – wir täuschen nicht Gott. Und was bedeutet dann *in „Wahrheit" anbeten*? – Das ist einfach. Johannes 14,6 sagt: *„Jesus spricht zu ihm: Ich bin der Weg und die Wahrheit und das Leben; niemand kommt zum Vater als nur durch mich!"*.

Anbetung in Wahrheit bedeutet Anbetung durch Jesus und es bedeutet zu realisieren, dass der Sohn der einzige Weg ist, um wahren Zugang zum Vater zu haben.

Wenn ich anbete und mich Jesus nicht unterordne, bete ich den Vater nicht an. Unterordnung ist kein eindeutiges Wort, und ich möchte Sie nicht mit unpraktischen Abstrakta stehen lassen, darum lassen Sie mich beschreiben, wie das in meinem Leben aussieht.

Es revolutionierte mein Leben, als ich entdeckte, dass Jesus jeden einzelnen Bereich von mir, den Gott geschaffen hat, durch seinen Tod errettete. Und eines Tages fing ich einfach an, ihm jeden Bereich von mir, für den er am Kreuz bezahlt hatte, zurückzugeben. Ich rollte mich aus meinem Bett, fiel auf die Knie und flehte: „Bitte Gott, zeig mir dein Kreuz. Hilf mir, den Leib deines Sohnes zu würdigen, damit ich mich daran erinnern kann, was du für mich getan hast." Dann wartete ich. Gott ließ Bilder des Kreuzes durch meinen Kopf wandern. Ich sah die Füße Jesu, durchbohrt für mich und betete: „Jesus, danke dass du es erlaubt hast, dass deine perfekten Füße für mich durchbohrt wurden, obwohl sie niemals einen falschen Weg in all deinen Tagen gegangen sind. Heute ordne ich dir meine Füße und die Wege meines Lebens unter. Hilf mir, auf deinen Wegen der Gerechtigkeit um deines Namens willen zu gehen. Bestimme und dirigiere die Treffen und Abmachungen meines Tages und bewahre mich vor jedem Weg, der zur Versuchung oder Sünde führt."

Meine Augen schauten an seinem Leib hoch, und ich sah die Wunde in seiner Seite, die der Stab, der in sein Herz gestoßen wurde, verursacht hatte. Dies setzte eine Quelle des Lebens, Blut und Wasser frei. Ich betete: „Danke Herr, dass du dein sündloses Herz als Opfer für mich gabst und dich niemals zu einer unreinen Zuneigung hast hinreißen lassen. Heute gebe ich dir mein Herz, um zu lieben, was du liebst, und zu hassen, was du hasst. Ich ordne dir heute meine Zuneigung, meine Leidenschaft und meinen Willen unter. Lass mich heute nicht von meinen Emotionen geleitet werden. Ich übergebe dir meine Emotionen. Ich bete, dass du mir hilfst zu fühlen, was du fühlst, und dass deine Emotionen meine leiten werden."

Sie haben es jetzt verstanden, oder? Ich sah seine Hände und bot ihm das Werk meiner Hände an; ich bot ihm meine Hände als Werkzeug der Heilung und des Dienstes an, anstatt sie zur Gewalt und Sünde zu gebrauchen.

Ich sah seinen Rücken, der in der Bibel für die Stärke steht, und bot ihm an, ihn mit all meiner Kraft zu lieben und ihm zu dienen. Ich gab ihm auch meine Schwachheit, damit seine Gnade und Kraft mich vollkommen machen könnten und seine Herrlichkeit in meiner Unvollkommenheit zum Vorschein käme. Und ich dankte ihm für die Heilung, die er durch seine Striemen für mich errungen hatte und wandte dies an, wann immer ich es in meinem Leben und in dem Leben meiner geliebten Mitmenschen brauchte.

Ich sah eine Dornenkrone auf seiner Augenbraue und übergab meine Gedanken und meinen Verstand seiner Autorität. Ich sah den ausgerissenen Bart und kaputte Lippen und gab ihm meinen Mund als ein Gefäß des Lobpreises und der Erbauung durch sein Wort und seine Liebe. Ich übergab ihm meinen Mund, um sein Königreich zu bauen, seinem Volk zu helfen und das Reich der Finsternis einzureißen.

Ich übergab ihm meine Augen, damit sie sehen, was er sieht, und meine Ohren, damit sie hören, was er sagt. Er hing dort nackt und gedemütigt, also übergab ich ihm meinen Stolz und demütigte mich selbst. Bitte nehmen Sie es mir nicht übel, aber ich übergab ihm sogar meine „privaten" Körperzonen zum heiligen und nicht selbstbezogenen oder unheiligen Gebrauch. Unsere „privaten" Körperzonen und ihr falscher Gebrauch sind der Grund für viele Sünden in unseren Leben und in unserer Kultur. Sie müssen Gott übergeben werden. Unsere Sexualität muss sich Gott und seinem Wort unterordnen.

Am Kreuz erkaufte, bezahlte und erlöste Jesus ALLE Bereiche Ihres Lebens. Er erkaufte alle meine Bereiche, darum übergab ich ihm einfach das, was ihm ohnehin schon gehörte. Dies wurde für mich zu einer täglichen Disziplin, und mein Weg mit Gott war komplett „altarisiert" (Ha!).

Was würde mit dem „Leib" Christi passieren, wenn er Gott zur Freude und zum Dienst tatsächlich untergeordnet wäre? Als ein Leiter sehe ich so viele Leute, die unter dem Druck sündiger Gewohnheiten und Zwängen leiden. Sie können sich selbst nicht kontrollieren. Sie werden von Versuchungen und verletzten Gefühlen regiert. Die Wege ihres Lebens sind chaotisch, ihre Hände bewirken Zerstörung, ihre Münder Ruin und ihr Verstand Zweifel und Sünde. Ihre Augen sehen nur ihre Umstände, ihre Ohren hören nur Lügen und Verdammnis und ihre Kraft wird sinnlos vergeudet.

Was ist die Heilung? – Anbetung. Unterordnung unter Jesus führt uns zum Gehorsam gegenüber seiner Wahrheit. Gehorsam führt uns tiefer in die Gegenwart und das Herz Gottes. Und wir werden bald die Vorzüge sehen, die sich daraus ergeben.

Lobpreisleiter und Priester – lernt, Menschen in die Unterordnung zu führen, und sie werden die Freiheit erleben, die mit der Herrschaft Jesu kommt. Jedes Mal, wenn ich den Lobpreis leite, bitte ich Gott, mich zu lehren, wie ich sein Volk in das Opfer der Unterordnung leiten soll. „Wie bereite ich ihre Herzen für deine Gegenwart vor, Herr?" Jedes Mal zeigt er mir, was sie brauchen. Manchmal ein Lied, manchmal eine Bibelstelle, manchmal ein Zeugnis. Er kennt sein Volk und er weiß, was sie brauchen.

Unterlassen Sie niemals Unterordnung. So wie Paulus uns ermahnte:

„Ich ermahne euch nun, ihr Brüder, angesichts der Barmherzigkeit Gottes, dass ihr eure Leiber darbringt als ein lebendiges, heiliges, Gott wohlgefälliges Opfer: das sei euer vernünftiger Gottesdienst! Und passt euch nicht diesem Weltlauf an, sondern lasst euch in eurem Wesen verwandeln durch die Erneuerung eures Sinnes, damit ihr prüfen könnt, was der gute und wohlgefällige und vollkommene Wille Gottes ist." (Röm 12,1-2)

FREIHEIT DURCH UNTERORDNUNG

Freiheit ist im Großen und Ganzen eine Frage dessen, in welchem Sandkasten Sie spielen. Als ich ein Kind war, hatte ich einen Nachbarn, der einen tollen Sandkasten hatte. Er hatte schönen, reinen Sand. Es war ein überdachter und gut ausgestatteter Sandkasten mit Eimern und Förderwägen, Schaufeln, Soldaten, Lkws und Spielzeugmenschen. Dieser Sandkasten stand für endlose Möglichkeiten. Man konnte Welten erschaffen und sie zerstören, Armeen bauen und sie zu Fall bringen – alles durch die Vorstellungskraft eines 7-Jährigen. Das einzige Problem war: Wenn ich in diesem Sandkasten spielen wollte, musste ich mit meinem Nachbarn spielen. Er war ein Schummler, Schreihals und ein Rotzlöffel – aber wenn ich in diesem Sandkasten spielen wollte, musste ich nach seinen Regeln spielen. Seine Regeln waren einfach: Er gewann immer und ich verlor immer. Langweilig.

Also fragte ich meinen Vater, ob wir nicht auch einen Sandkasten in unserem Garten haben könnten. Ich baute mit meinem Vater eine Festung, grub in der Mitte ein Loch, das ich dann mit Wasser, Sand, Krötenechsen oder, was immer ich wollte, füllen konnte. Mein Sandkasten war der coolste auf der ganzen Welt; und das Beste war, dass wir nach richtigen Regeln spielten, d. h. Regeln, die dafür sorgten, dass ich immer gewann.

Oft sind Christen wie kleine Kinder, die im Sandkasten des Teufels spielen. Wir bauen unsere eigenen Welten und spielen mit dem Leben, aber verstehen nicht, warum wir uns immer geschlagen fühlen. Es gibt Bereiche in unserem Leben, in denen es scheinbar keine Freiheit gibt, und wir wissen nicht warum. Die Antwort ist einfach: Wir spielen im falschen Sandkasten.

Der beste Weg, um im richtigen Sandkasten zu spielen, führt über Anbetung. Sie sehen, Anbetung bedeutet nicht einfach, Lieder zu Gott zu singen. Tatsächlich ist das das Letzte, was Anbetung ist. Wie Sie schon gesehen haben, ist das hebräische Wort, das am häufigsten für *Anbetung* benutzt wurde, *shachah*. Es bedeutet *sich beugen*. Das griechische Wort für *Anbetung*, *proskuneo*, bedeutet *Gott Liebe zeigen, indem man sich vor ihm niederwirft*. Diese zwei Worte haben eine Sache gemeinsam – das Konzept vom Beugen. Anbeter sind Menschen, die sich selbst vor Gott demütigen. Anbeter ordnen sich der Herrschaft Jesu unter.

Bevor ich ein Anbeter wurde, verbrachte ich mein ganzes Leben damit, mich einem gefallenen System unterzuordnen – gebunden an seine gefallenen Regeln. Ich konnte keine Freiheit in diesem System erlangen, weil ihre Meister die Sünde, der Tod, das Grab und der Teufel selbst waren. Solange ich in ihrer Umgebung nach ihren Regeln spielte, gewannen immer sie und ich verlor immer.

Aber als ich Anbeter wurde, geschah eine Transformation. Mein Herz wandte sich zu Gott und ich ordnete mein Leben (ALLES) seiner Herrschaft unter. Als ich das tat, erlebte ich einen kompletten Paradigmenwechsel. Plötzlich lebte ich nicht mehr gemäß der Gesetze der Sünde; ich lebte nun gemäß der Gesetze des Lebens. In Gottes Sandkasten spielen wir nach Gottes Regeln, und der Sieg seines Sohnes bestimmt alles. Süchte machen Platz für Freiheit, Lust für Liebe, Wut für Geduld, Habgier für Großzügigkeit, Bitterkeit für Vergebung, Fluch für Segen, Tod für Leben, Krankheit für Heilung und Sünde für Gnade.

In Gottes Sandkasten sagen die Regeln: Ich lebe. In Gottes Sandkasten sagen die Regeln: Ich gewinne. Ich bin mehr als nur ein Teilnehmer am Leben. Laut Römer 8,37 bin ich ein Überwinder.

Der Opferaltar lehrt uns anzubeten. Eine Schlüssellektion ist, dass Anbetung Unterordnung bedeutet. Anbetung setzt uns in den Sandkasten des Vaters, weil Anbetung eine Angelegenheit der Herrschaft ist. In welchem Königreich leben Sie? An welche Regeln sind Sie gebunden? Anbeter sind Bürger des Königreichs ihres Vaters, seinen Wünschen und Regeln untergeordnet und haben Anspruch auf all den Schutz und die Vorzüge seines Throns.

Wenn Sie Freiheit in einem Bereich Ihres Lebens benötigen, schauen Sie sich um und stellen Sie sicher, in welchem Sandkasten Sie spielen. Dann stehen Sie auf und gehen nach Hause. Es ist einfach zu sagen: „Gott, ich habe mein Leben nicht nach deinen Wegen gelebt, und es ist mir nicht gut dabei ergangen. Ich möchte dich anbeten. Ich möchte dir, Herr, folgen und auf deinen Wegen gehen. So, von jetzt an werde ich alles tun, was du mir aufträgst. Lass deine Herrschaft, dein Königreich, deine Liebe und deine Kraft in meinem Leben sichtbar sein. Ich ordne mich dir völlig unter. In Jesu Namen. Amen."

JESUS – DER GRÖSSTE LOBPREISLEITER ALLER ZEITEN, TEIL 2

Wie zeigte uns also Jesus, der Hohepriester und Chef-Liturgist des Himmels den Opferaltar? Offensichtlich wurde er für die Sünde der Welt geschlachtet, aber ich möchte Ihnen noch eine andere Sache zeigen, mit der er Anbetung ganz im Stil von Römer 12,1 demonstrierte.

Im vorherigen Kapitel sprachen wir über den Einzug nach Jerusalem. Wussten Sie, dass Jesus sofort, nachdem er in Jerusalem eingezogen war, direkt in den Tempel ging? Tatsächlich endete der Einzug Jesu nicht auf den Straßen der Stadt, sondern auf dem Hof des Tempels. In diesem Hof baten die Pharisäer Jesus, er solle seine Anhänger zum Schweigen bringen, da sie *„Hosianna dem Sohn Davids!"* riefen. Jesus ging buchstäblich von den Toren des Lobpreises zum Opferaltar. Wir sollten nicht mit leeren Händen in die Gegenwart Gottes kommen. Wir sollten immer ein Opfer bringen, aber Jesus kam nicht mit einem Lamm, Ochsen oder einer Taube. Es gibt keinen Beweis, dass er jemals ein Sündopfer zum Altar brachte, weil er niemals sündigte. Aber, und das ist sicher, er brachte eine Opfergabe. *Er selbst* war das Opfer.

Und er gab uns ein Beispiel, das wir nachahmen sollen. Wenn Sie in die Gegenwart Gottes kommen, bringen Sie Ihren Zehnten und Opfergaben mit, aber vergessen Sie nicht das größte Opfer – sich selbst.

Jesus ging sogar noch weiter und tat etwas sehr Umstrittenes:

„Und Jesus ging in den Tempel Gottes hinein und trieb alle hinaus, die im Tempel verkauften und kauften, und stieß die Tische der Wechsler um und die Stühle der Taubenverkäufer. Und er sprach zu ihnen: Es steht geschrieben: ‚Mein Haus soll ein Bethaus genannt werden!' Ihr aber habt eine Räuberhöhle daraus gemacht!" (Mt 21,12-13)

Können Sie sich den Gesichtsausdruck der Jünger vorstellen? „Jesus, was tust du da?" Hatte Jesus einen Anfall bekommen? Hatte er seine Beherrschung verloren? – Ich glaube nicht. Jesus verdeutlichte, dass er nur das tut, was er den Vater tun sieht, und nur das sagt, was sein Vater sagt (s. Joh 5,19). Wenn das wahr ist, dann muss er die Anweisung von seinem Vater bekommen haben. Das bedeutet, dass dieser Vorfall abgesprochen und berechnet worden war.

Jesus wusste genau, was er tat. Er lehrte sie etwas. Er lehrte sie Anbetung.

Noch einmal: Die Bibel lehrt, dass unser Körper der Tempel des Heiligen Geistes ist. Eine Stiftshütte, die die Gegenwart Gottes enthält, wohnt in uns. Jesus wusste, dass es so war, und er lehrte sie, das Haus Gottes so zu bauen und die Umwelt so zu gestalten, dass er willkommen ist.

Ich gebe regelmäßig Unterricht in meiner Heimatgemeinde über das Thema „Anbetung ist von Bedeutung" (PLÜNDERER AUFGEPASST). Ich schließe immer eine Lektion über die Tempelreinigung mit ein: den Tempel Gottes als einen Akt der Anbetung und als Einladung, in Gottes Gegenwart zu kommen, reinzuhalten. Für diese Lektion baue ich einen großen Tisch auf und lege alle möglichen Sachen darauf: Fernseher, Kleidung, Essen, Videospiele, Magazine, Filme, ein Bügeleisen, einen Tennisschläger, einen Golfball, eine Barbiepuppe, einen Computer, ein Handy usw. Ich erkläre, dass keins dieser Dinge von Natur aus unbedingt schlecht ist. Wem gefällt es zu essen? Wem gefällt schöne Kleidung? Wem gefällt es fernzuschauen? Wer benutzt Computer, treibt Sport, trainiert, hat Gemeinschaft mit seinen Freunden und schätzt seinen Ehepartner? – Jeder. Ist das falsch? – Ich denke nicht. Es entsteht dann ein Problem, wenn diese Dinge in uns zu viel Aufmerksamkeit bekommen. Wenn unsere Herzen sich mehr an das Training als an das Beten hängen, dann ist etwas in unseren Herzen nicht in Ordnung. Wenn unsere Herzen sich mehr mit Essen, Menschen, Unterhaltung oder Sonstigem beschäftigen als mit Gott, dann gibt es ein Problem.

Ein „Haus des Gebets" ist ein Leben der offenen Kommunikation und Gemeinschaft (Beziehung) mit Gott. Wir sind der Tempel, die Wohnstätte des Heiligen Geistes. Wie es in 1. Korinther 6,19 heißt: *„Oder wisst ihr nicht, dass euer Leib ein Tempel des in euch wohnenden Heiligen Geistes ist, den ihr von Gott empfangen habt, und dass ihr nicht euch selbst gehört?"* Wir wurden zur Gemeinschaft und zur Kommunikation geschaffen. Gott möchte unsere Ohren und unsere Herzen auf die Frequenz seiner Stimme schalten. Wenn dies geschieht, werden wir zu einem Haus des Gebets.

Alles, was diese Gemeinschaft und Kommunikation mit Gott stört, beraubt mich und Gott um unsere Beziehung. Mein Tempel wird zu einer „Räuberhöhle", wenn er voller Dinge ist, die mich der Beziehung mit Gott berauben.

Alles in meinem Leben, das mit der Stimme Gottes konkurriert, ist diebisch. Wenn meine Lieblingssendung mein Herz mehr aufhorchen lässt als das Wort und das Gebet, ist es zu einem Hindernis für meine Beziehung mit Gott geworden. Alles, was mein Herz nicht mehr auf Gott ausgerichtet sein lässt, ist ein Dieb. Ich nehme das Essen und frage: „Spricht das lauter zu euch als das Wort Gottes?". Ich nehme die Haarbürste: „Spricht die Eitelkeit lauter als Gott?"; einen Fußball: „Nimmt Sport dein Herz und deine Gedanken mehr in Anspruch als Jesus?"; einen Computer, ein Handy, einen Fernseher, eine DVD, eine CD: „Wird dein Herz mehr zu diesen Dingen hingezogen als zum Gebet im Kämmerlein?"

„Wann wird ein Segen zu einem Götzen? – Wenn das Hören auf die Stimme Gottes und die Zuneigung zu Gott darunter leiden."

Dann sage ich: „Nehmt euren Stift und schreibt Folgendes auf. Ich werde euch eine neue Definition von Anbetung geben. Seid ihr bereit?" Wenn dann alle aufmerksam sind und ihren Stift genommen haben, um zu schreiben, gehe ich an den Tisch und werfe ihn in hohem Bogen, so fest wie ich kann, um. CDs, Kleidung und Golfbälle fliegen in alle Richtungen. Alles fliegt kreuz und quer herum. Fernseher, Computer und Kleinkram knallen mit einem lauten Geräusch auf den Boden, als ob ein Zug crashen würde. Alle erschrecken sich, und normalerweise schreit irgendjemand. Ich wäre nicht verwundert, wenn sich einige vor Schreck in die Hose machen würden. Alle sitzen mit großen Augen da und schauen schockiert auf die auf dem Boden liegenden Dinge. Sie sind mucksmäuschenstill, während ihre Augen diese Katastrophe erfassen. Unterhaltung, Völlerei, Eitelkeit, unreine Beziehungen, Ablenkungen, Lüste und Habgier liegen wie entehrte Leichen auf dem Boden.

Dann definiere ich für sie *Anbetung*: „Das ist Anbetung. Anbetung schmeißt den Tisch der Kompromisse in meinem Herzen um. Anbetung lädt Jesus ein, in seinen Tempel einzutreten, in mein Leben, und überprüft den Tisch meines Herzens. Wenn er etwas findet, das uns die Beziehung raubt, erinnert er mich, dass Anbetung sagt: ‚Ich liebe dich Gott, mehr als diesen Plunder.' Und sie wirft den Tisch um."

Dann frage ich: „Wollt ihr, dass ich euch *Heiligkeit* beschreibe?". Ich richte den Tisch wieder auf und fahre mit meiner Hand über die freie Oberfläche des Tisches und sage: „Das ist Heiligkeit. Heiligkeit findet statt, wenn ich den Tisch meines Herzens Gott präsentiere und sage: ‚Herr, dieses Herz gehört Dir. Du hast es zu einem hohen Preis erkauft. Es ist dein, gebrauche es nach deinem Wohlgefallen. Du kannst ihm alles auferlegen, was du möchtest. Und nimm alles weg, was du möchtest.' Das ist Heiligkeit."

„... und der Heiligung, ohne die niemand den Herrn sehen wird!"
(Hebr 12,14)

Anbetung bedeutet, den Tisch umzuwerfen. Anbetung bedeutet, den Tempel zu kehren. Und Anbetung heißt Gott in seinem Haus willkommen. So viel ich weiß, gibt es in der Bibel kaum bessere Beispiele von Anbetung als dieses.

Auf unserer Reise zum Thron Gottes hat Jesus uns angewiesen, in seine Tore mit Lob zu kommen. Diese Haltung der Dankbarkeit bereitet unsere Herzen für seine nächste Lektion vor – unser Leben als Anbetungsopfer hinzugeben. Wetten, dass Unterordnung uns für den nächsten Schritt näher zu seinem Thron vorbereitet? Jetzt fängt alles an, Sinn zu machen. Und ich kann es kaum erwarten, Ihnen zu sagen, was als Nächstes kommt.

KAPITEL 10

DAS WASCHBECKEN

„Wenn jemand den Tempel Gottes verderbt, den wird Gott verderben; denn der Tempel Gottes ist heilig, und der seid ihr. Niemand betrüge sich selbst! Wenn jemand unter euch sich für weise hält in dieser Weltzeit, so werde er töricht, damit er weise werde!" (1.Kor 3,17-18)

Zwischen dem Opferaltar und dem Zelt der Begegnung befindet sich das eherne Becken. *„Du sollst auch ein ehernes Becken machen mit einem ehernen Gestell, zum Waschen, und du sollst es aufstellen zwischen der Stiftshütte und dem Altar, und Wasser hineingießen"* (2.Mo 30,18). Das Becken sah möglicherweise wie eine (entschuldigt, aber eine bessere Beschreibung gibt es nicht) große Vogeltränke aus Erz aus. 2. Mose 38,8 informiert uns darüber, dass es auf einem Gestell gebaut wurde. Einige Gelehrte glauben, dass oben und unten Wasser war, damit die Priester ihre Hände und Füße waschen konnten, bevor sie in das Heiligtum gingen, um ihren Dienst vor dem Herrn auszuführen, oder bevor sie an den Altar gingen, um dort zu dienen.

Der gleiche Vers sagt auch: *„Und er machte das Becken aus Erz und sein Gestell auch aus Erz, aus den Spiegeln der dienenden Frauen, die vor dem Eingang der Stiftshütte Dienst taten".* Mit anderen Worten, das Becken wurde aus den Spiegeln der Frauen gemacht, die vor dem Eingang der Stiftshütte dienten. Wenn man sich einen modernen Handspiegel vorstellt, ist das äußerst verwirrend. Spiegel zur Zeit Moses waren nicht aus Glas. Sie wurden aus hochpolierter Bronze gemacht. Mose hatte die Anweisung, die Spiegel dieser Frauen zu nehmen, einzuschmelzen und daraus das Becken zu bauen. Das Becken war dann ein poliertes, gut reflektierendes Becken, damit die Priester, wenn sie kamen, um sich zu waschen, ihr Spiegelbild im Wasser sehen konnten. Dann wuschen sie sich im Wasser.

Die Priester taten **keinen einzigen Dienst in der Stiftshütte, ohne sich zuvor im Becken gewaschen zu haben**. Und was sind Sie? – Ebenfalls ein Priester. Trifft das also auch auf Sie zu? – Ja! Wenn Sie ein Priester sind, und das versinnbildlicht etwas, dann müssen wir jetzt gut aufpassen. Das Becken ist eine Voraussetzung für jeglichen Dienst:

„Und Aaron und seine Söhne sollen aus ihm ihre Hände und Füße waschen. Wenn sie in die Stiftshütte gehen wollen, so sollen sie sich mit Wasser waschen, damit sie nicht sterben; ebenso wenn sie zum Altar nahen, um zu dienen und ein Feueropfer dem Herrn in Rauch aufgehen zu lassen." (2.Mo 30,19-20)

SYMBOLIK

Das eherne Becken (eine andere Übersetzung sagt das bronzene Becken) verdeutlicht den Dienst am Wort. Es ist nicht nur eine Voraussetzung für den Dienst, es ist ein notwendiger Aspekt eines jeden gläubigen Anbeters. Beachten Sie, dass Epheser 5,25-27 sagt:

> *„Ihr Männer, liebt eure Frauen, gleichwie auch der Christus die Gemeinde geliebt hat und sich selbst für sie hingegeben hat, damit er sie heilige, nachdem er sie gereinigt hat durch das Wasserbad im Wort, damit er sie sich selbst darstelle als eine Gemeinde, die herrlich sei, sodass sie weder Flecken noch Runzeln noch etwas ähnliches habe, sondern dass sie heilig und tadellos sei."*

Wir werden den letzten Teil des Verses im nächsten Kapitel behandeln. Lassen Sie uns jetzt den ersten Teil anschauen. Einer der Gründe, warum Jesus sich selbst für uns (die Gemeinde) hingab, war, uns zu retten und für unsere Sünden zu bezahlen. Aber wir sind Menschen, die in einer gefallenen Welt leben. Wir laufen im Dreck, und der sammelt sich unter unseren Füßen. Wir berühren Dinge, die unsere Hände schmutzig machen. Es ist unumgänglich, dass der Schmutz und Staub der Welt an uns haften bleibt.

Wir sündigen auch noch, nachdem wir errettet wurden. Wir sind der Boshaftigkeit dieser Welt immer noch ausgeliefert.

Der Opferaltar kümmert sich um die Bezahlung unserer Sünden. Das Becken ist die kontinuierliche Reinigung – die tägliche Säuberung, die durch das Wort Gottes in unserem Leben vollzogen wird. Dies ist das Ergebnis eines ihm untergeordneten Lebens, das Produkt eines Lebens in Heiligkeit.

Erinnern Sie sich? „*[O]hne die [Heiligung wird] niemand den Herrn sehen*" (Hebr 12,14). Das bedeutet nicht, dass wir Gott nicht sehen können, wenn wir nicht vollkommen sind; es bedeutet, wir können nicht näher zu ihm kommen, ohne uns dem Heiligungsprozess unterworfen zu haben – uns selbst für seine Wege abzusondern. Das ist gute Anbetung.

Warum wies Gott Mose an, das Becken aus Spiegeln zu bauen? Spiegel werden grundsätzlich für eins dieser beiden Dinge gebraucht – Eitelkeit oder Offenbarung.

Meine Großmutter liebte es, mir Geschichten über meinen Vater als Teenager zu erzählen. Anscheinend hatte er die Gewohnheit, vor dem Spiegel zu stehen, sich die Haare zu kämmen, sich zuzuwinken und zu sagen: „Du gut aussehender Filou, du". Ich habe Bilder von ihm gesehen, als er ein Teenager war, und, so wie ich meinen Vater kenne, glaube ich meiner Großmutter.

Die Bibel ist wie ein Spiegel (Jak 1,23). Und wie ein Spiegel kann sie für Eitelkeit benutzt werden. Wir können das Wort lesen und sagen: „Mann, sehe ich gut aus. Ich bin wirklich gut in diesen religiösen Angelegenheiten. Besser als ich es je war. Und ich sehe besser aus als die meisten Menschen hier. Auf jeden Fall besser als dieser Typ." Aber die Bibel wurde uns nicht gegeben, damit wir uns mit anderen Menschen vergleichen (oder sogar mit uns selbst). 2. Korinther 10,12 sagt: „*Denn wir wagen es nicht, uns denen zuzurechnen oder gleichzustellen, die sich selbst empfehlen; sie aber sind unverständig, indem sie sich an sich selbst messen und sich mit sich selbst vergleichen.*"

Die Menschen waren nie und können nie die Richtschnur für unseren Erfolg sein. Warum? – Weil Menschen betrügerisch sind. Wenn man sich mit einem falschen Maß misst, wird man immer zu einem falschen Ergebnis kommen. Es wird die Ansicht von einem selbst verdrehen. Sie werden entweder denken, Sie wären besser oder schlechter, als Sie es sind, aber Sie werden nie die Wahrheit über sich herausfinden. Darum ist Jesus die Richtschnur. Er ist das einzig Wahre – das Original. Wenn Sie sich mit jemand anderem vergleichen, vergleichen Sie sich mit dem Einzigen, der es jemals richtig machte.

Ein Spiegel kann auch als Werkzeug zur Selbstoffenbarung genutzt werden. Er kann reflektieren, wie wir wirklich aussehen. Ich bin wie ein Magnet für peinliche Situationen. Wenn Sie also jemals versucht haben, mit Brokkoli zwischen Ihren Zähnen zu flirten, dann fühle ich mit Ihnen. Wenn Sie jemals versuchten, einen guten Eindruck mit einem dicken Popel in der Nase zu machen, dann fühle ich ebenfalls mit Ihnen. Hassen Sie nicht auch den Moment, wenn Sie an einem Spiegel vorbeilaufen, den Popel sehen, und realisieren, dass sie Sie nicht anlächelte, weil Sie der gut aussehende Gentleman sind, sondern weil Sie wie ein vollkommener Depp aussahen?

Hätten Sie sich nicht gewünscht, fünf Minuten früher in den Spiegel geschaut zu haben? Ein Spiegel ist ein Lebensretter. Er offenbart die Wahrheit über uns selbst.

Das Becken, sowie das Wort Gottes, hat zwei Funktionen. Wenn sich die Priester über den Rand beugten, um sich im Wasser zu waschen, sahen sie sich selbst. Es gab ihnen Zeit, sich zu besinnen. Das Wort Gottes offenbart uns zwei Bilder, wenn wir uns ihm untergeordnet haben. Es offenbart, wie wir wirklich aussehen und wie Gott wirklich aussieht.

Ich liebe es, die Bibel auf diese Art zu lesen: Ich schlage sie irgendwo auf und sage: „Sprich heute zu mir, Gott. Zeige mir, wie du wirklich aussiehst und wie ich wirklich aussehe." Jedes Mal, wenn ich in das Wort Gottes schaue, das Leben bringt, sehe ich etwas von mir selbst, das nicht wie Gott ist, und etwas über Gott, wie ich nicht bin. Das Schöne am Wort Gottes ist, dass es Sie niemals da lässt, wo Sie gerade stehen. Dasselbe Wort, das uns Offenbarung schenkt, reinigt uns auch, damit wir Jesus ähnlicher werden. Das ist genau das, was die Priester erlebten. Sie schauten ins Becken und sahen, dass sie nicht gut aussahen. Dann wuschen sie sich im selben Wasser und waren für ihren Dienst gereinigt.

Ich liebe das Wort, und ich liebe es, anderen Menschen das Wort Gottes nahezubringen. Je näher ich Gott komme, umso mehr sehe ich. Und umso mehr ich sehe, umso mehr werde ich wie er. Darum sagt 2. Korinther 3,18: *„Wir alle aber, indem wir mit unverhülltem Angesicht die Herrlichkeit des Herrn anschauen wie in einem Spiegel, werden verwandelt in dasselbe Bild von Herrlichkeit zu Herrlichkeit, nämlich vom Geist des Herrn."*

In den vorigen Kapiteln haben wir unsere Handlungen, Lebenswege, unseren Verstand und unser Herz dem Herrn untergeordnet. Indem wir am Becken anhalten, lassen wir diese untergeordneten Aspekte unseres Lebens für den Dienst reinigen. Gott reinigt unsere Hände, damit ihr Werk sauber sein kann. Er reinigt unsere Füße, damit unsere Wege gerecht sein können. Und er reinigt unsere Gedanken und Herzen, damit wir ihm ähnlich werden.

Römer 12,1 ist wohl die beste Bibelstelle über Anbetung, aber Römer 12,2 folgt: *„Und passt euch nicht diesem Weltlauf an, sondern lasst euch in eurem Wesen verwandeln durch die Erneuerung eures Sinnes, damit ihr prüfen könnt, was der gute und wohlgefällige und vollkommene Wille Gottes ist".* Die Reinigung durch das Wort Gottes erneuert unseren Sinn, verwandelt uns in das Bild Christi und befähigt uns, den Willen Gottes zu erkennen.

GUTES URTEIL

Wann immer wir uns mit dem Altar beschäftigt haben, sahen wir, dass Erz ein biblisches Symbol für Urteil ist. Urteil ist in unserer postmodernen Kultur zu einem schlechten Wort geworden, aber es gibt eine Art von Urteil, die uns von einem noch härteren Urteil rettet – das Selbsturteil oder die Selbstprüfung. 1. Korinther 11,31 sagt: *„Denn wenn wir uns selbst richteten, würden wir nicht gerichtet werden ...".*

Das ist Teil dessen, was das Wort Gottes vollbringt. Christi Prüfung führt zur Selbstprüfung. Selbstprüfung führt zur Selbstentdeckung, und das ermöglicht uns, mit Gott ins Reine zu kommen, was dann wiederum Gott ermöglicht, uns zu reinigen.

Mit anderen Worten: Bevor man saubere Zähne haben kann, muss man lernen, was Hygiene ist. Dann versteht man es, in den Spiegel zu schauen und zu sehen, ob die Zähne sauber genug sind oder nicht. Den Brokkoli zwischen den Zähnen zu sehen, befähigt Sie dazu, ihn wieder herauszubekommen.

Indem wir sehen, in welchen Bereichen wir nicht so sind wie Gott, befähigt uns dies, in Übereinstimmung mit ihm zu kommen. Sünde ist tatsächlich jede Handlung oder Einstellung, die Gott nicht entspricht. Wenn ich Sünde bei mir sehe, dann verurteile ich sie als ungöttlich. Sie ist nicht würdig vor Gott, also ist sie auch nicht würdig vor mir. Ich möchte nicht so sein. Darum bitte ich Gott, mich seinem Sohn ähnlich zu machen. Ich bitte ihn, mich von allem Lieblosen zu reinigen und mir zu helfen, ein Leben zu leben, das seine Natur und seinen Charakter besser widerspiegelt.

TEFLON-BESCHICHTET

Einer meiner ersten Jobs war, für eine große Cafeteria abzuwaschen. Ich verbrachte meine Tage bis zu meinen Ellenbogen in heißem Seifenwasser und schrubbte das Angebrannte in den eisernen Großküchen-Pfannen, Keksblechen und Kesseln ab. Nachts ging ich mit Schmerzen in Rücken und Fingern und mit eingerissener, blutender Haut nach Hause. Meine Abwascherfahrung war nur von kurzer Dauer, aber sie war der Grund für meine Entscheidung, aufs College zu gehen.

Sie können sich nicht vorstellen, was für eine unvergleichliche Freude es ist, eine Teflon-beschichtete Pfanne abzuwaschen. An Teflon bleibt nichts haften. Man kann sie mit einem Lappen auswischen und zur nächsten Pfanne übergehen. Es ist kein Schrubben, Hacken oder Meißeln mehr nötig. Teflon wurde uns von oben gegeben, um die Gesundheit der Tellerwäscher zu retten.

Stellen Sie sich vor, ihre Gedanken wären mit Teflon beschichtet. Die Lehre und die Predigt würden in das eine Ohr reingehen und zum anderen wieder rauskommen. Sie könnten die Bibel lesen und nichts behalten, die Stimme Gottes hören und unverändert weggehen. Warum? – Ihre Gedanken hätten eine nicht haftende Oberfläche.

Was, wenn Ihr Herz aus Teflon wäre? Überzeugungen würden sich darauf legen, um einen Moment später wieder davon abzugleiten. Sie würden Gottes Eingebung während der Anbetung spüren – sein Umwerben und seinen Enthusiasmus –, aber sobald die Musik aufhört, würden diese Gefühle verschwinden und Sie würden unverändert wieder gehen.

Haben Sie jemals eine gute Predigt gehört, aber konnten hinterher nicht wiedergeben, was der Pastor gesagt hatte? – Teflon-beschichtet. Sind Sie jemals während der Anbetung in die Gegenwart Gottes gekommen, aber wurden nicht verändert, nicht herausgefordert, Jesus nicht ähnlicher? – Teflonbeschichtet. Haben Sie jemals eine Seite der Bibel gelesen und realisiert, dass Sie sich nicht mehr daran erinnern können, was Sie gerade gelesen hatten? – Teflon-beschichtet.

Gott weiß, was er tut, wenn es um Prozesse geht.

Die Tore des Lobpreises erlauben uns, uns daran zu erinnern, was er für uns getan hat, und mit Dankbarkeit und Lobpreis zu Jesus zu kommen. Lobpreis bereitet unser Herz und unsere Haltung vor, um zum Opferaltar zu kommen. Dort erkennen wir das Opfer Jesu an und ordnen uns Christus in lebendiger Anbetung unter.

Unterordnung bereitet unsere Herzen und Gedanken für den nächsten Aspekt der Anbetung vor – das eherne Becken. Das Becken steht für die Reinigung im Wasserbad des Wortes. Es ist unmöglich, das Wort ohne die vorhergehende Unterordnung zu empfangen. Ein nicht untergeordneter Verstand und ein nicht untergeordnetes Herz sind beide Teflon-beschichtet und das Drängen und Überführen durch das Wort Gottes gleiten einfach von ihnen ab.

Warum ist es wichtig, zum Altar zu kommen, bevor man zum Becken geht? Unterordnung bereitet uns darauf vor, das Wort Gottes zu beachten und es zu empfangen.

EIN WORT AN DIE LOBPREISLEITER

Lassen Sie uns darüber im Klaren sein: Der Grund, warum Pastoren es lieben, wenn vor ihrer Predigt Lobpreis und Anbetung stattfindet, ist, weil es sehr schwierig ist, zu einer Gemeinde zu predigen, die sich nicht untergeordnet hat. Es ist fast zwecklos. Wenn Sie Menschen in die Gegenwart Gottes führen und von ihnen erwarten, ihn zu erleben und mehr in sein Bild verändert zu werden, ist es unrealistisch und unverantwortlich, es zu versuchen, ohne ihnen zuerst geholfen zu haben, sich dem Willen des Herrn und seinem Wort unterzuordnen. Wie stelle ich das an? – Manchmal möchte Gott, dass ich die Menschen an einen Ort der Unterordnung bringe, damit der Pastor dann weitermachen kann. Das ist in Ordnung, aber Sie sollten Ihre Aufgabe kennen und wissen, wohin Sie die Menschen führen.

Aber oft möchte Gott die Gemeinde während der musikalischen Anbetung näher zu sich führen. Wenn dies der Fall ist, muss ich verstehen, dass die Menschen es schwer haben werden, in das Heiligtum zu kommen, ohne zuvor mit dem Wort gereinigt worden zu sein.

Ich frage Gott immer, wie ich den Menschen sein Wort nahebringen soll. Manchmal gibt er mir Bibelstellen, die offenbaren, wie er ist. Manchmal gibt er mir eine Stelle, die eine Wahrheit über uns offenbart. Die Identitäts-Bibelstellen (sie offenbaren, was Gott über uns sagt) sind hier von großem Nutzen. Und manchmal geschieht das durch ein Lied oder ein Gebet, aber ich muss mich daran erinnern, dass die Menschen im Wasserbad des Wortes gereinigt werden müssen. Die meisten Menschen tun das nicht zu Hause, und viele Pastoren tun dies auch nicht mehr im Gottesdienst, daher fällt es möglicherweise auf Sie als Lobpreisleiter zurück.

Wenn Sie kein offizieller „Lobpreisleiter" in einer Gemeinde sind, sind Sie trotzdem ein Priester. Es ist nicht die Aufgabe des Pastors, das Wort Gottes für Sie zu verdauen und wiederzukäuen. Es ist Ihre Verantwortung und Ehre, täglich vor das Becken zu treten und sich im Wasserbad des Wortes zu reinigen.

Einer der Gründe, warum der Leib Christi so unreif, unweise und ignorant gegenüber der Wahrheit ist, ist, weil die meisten Christen vom Wort die ganze Woche lang fasten und dann von den Brosamen eines anderen leben. Durch solch ein Verhalten kann ein Körper nicht heranwachsen und reifen. Er wird unterernährt sein. Der Leib Christi wird auf diese Art und Weise auch nicht wachsen. Wir können nicht von den Resten der Beziehung unserer Pastoren mit Gott leben. Wir müssen lernen, selbst zu Gott zu kommen, unsere Teller von ihm füllen zu lassen, unsere Gabeln in die Hand zu nehmen und uns selbst zu füttern.

Wir können auch nicht erwarten, rein zu bleiben, wenn unsere Pastoren uns ein Mal in der Woche baden. Ein reifer, gesunder Körper wäscht sich selbst. Priester, Anbeter, kommt zum Wort und reinigt euch.

MIT HEILIGEN GEFÄSSEN UMGEHEN

Die Priester reinigten sich am Becken, wissend, dass sie in das Heiligtum gehen würden und die heiligen Gefäße berühren würden – Schüsseln und Kellen, Pfannen und andere heilige Bestandteile des priesterlichen Dienstes. Ein Priester konnte diese Gefäße nicht mit unreinen Händen anfassen. Die Konsequenz, wenn er es doch tat, war der Tod. Sie und ich als Priester haben jeden Tag mit „heiligen Gefäßen" zu tun. Die Bibel lehrt uns, dass wir alle Tongefäße sind. In 2. Korinther 4,7 wird uns gesagt: *„Wir haben aber diesen Schatz in irdenen Gefäßen, damit die überragende Kraft von Gott sei und nicht von uns."*

Gott stattet uns mit seiner Gegenwart aus, obwohl wir aus Dreck gemacht wurden – irdene Gefäße. Das Einzige, was uns heilig macht, ist der Geist, der in uns lebt.

Meine Frau und Kinder sind irdene Gefäße. Sie sind zerbrechlich und „irdisch". Aber während sie vor der Welt wie Tonkrüge aussehen, sehen sie in Gottes Augen wie goldene Kelche aus. Warum? – Weil er uns gemäß seiner Wertschätzung ansieht. Für Gott sind wir seines Sohnes wert. Wir sind makellos und heilig.

Was geschieht, wenn ich als Priester eines dieser teuren, zerbrechlichen Gefäße mit unreinen Händen anfasse? – Ich könnte es zerbrechen oder beschmutzen.

Haben Sie jemals etwas zu jemandem gesagt, den Sie lieben, was Sie sich wünschten, nicht gesagt zu haben? Haben Sie jemals jemanden in einer Art berührt, die etwas anderes als Liebe kommunizierte? – Das haben wir alle. Und ich habe gesehen, wie eine grobe Hand ein zerbrechliches Gefäß zerbrechen kann. Ich habe gesehen, wie scharfe und dreckige Worte das Innere eines Gefäßes verschmutzen können – wie sie einen Fleck auf der Seele eines Menschen hinterlassen können. Das führt zum Tod.

Ich möchte nicht, dass die Menschen, die ich liebe, durch meinen unreinen Umgang mit ihnen verletzt werden. Die Reinigung durch das Wort bereitet meine Hände und mein Herz darauf vor, achtsam mit den heiligen Gefäßen Gottes umzugehen.

Als Lobpreisleiter reinige ich mich nicht im Wasserbad des Wortes, um der Gemeinde eine Botschaft übermitteln zu können, sondern damit Gott mich heil und rein machen – in sein Bild verwandeln – kann, damit ich die heiligen Gefäße seiner Versammlung nicht verletzen werde.

Ich habe die Zerstörung gesehen, die von Lobpreisleitern mit unreinen Händen ausgehen kann, die die Kinder Gottes schlecht behandeln. Und es tötet den Geist in den Menschen. Es bricht das Herz der Jungen, Alten und Gebrechlichen und es zerstört die Gemeinde.

Lobpreisleiter, Eltern, Ehemänner, Ehefrauen und Priester – ein Teil Ihrer persönlichen Anbetung muss die eigene Unterordnung unter die Reinigung durch das Wort Gottes beinhalten. Was wäre, wenn wir täglich mit Lobpreis und Dank vor den Herrn treten, uns unterordnen und erlauben würden, dass er uns durch sein Wort reinigt? Würde das unser Leben verändern? Würde das die Art und Weise ändern, wie wir Menschen behandeln? Würde das die Gemeinde verändern?

ZERBROCHENE GEFÄSSE

Bitte beachten Sie die Worte aus 2. Timotheus 2,20:

„In einem großen Haus gibt es aber nicht nur goldene und silberne Gefäße, sondern auch hölzerne und irdene, und zwar die einen zur Ehre, die anderen aber zur Unehre."

Ich nehme mir einen Moment Zeit, um etwas ziemlich Geläufiges anzusprechen. Wenn wir uns ähnlich sind, dann sind wir ein Gefäß, das eine ziemlich lange Zeit schlecht behandelt worden ist. Vieleicht haben Sie sogar Dinge in Ihr Gefäß gesteckt oder Dinge getan, von denen Sie befürchten, dass diese Ihre Daseinsberechtigung ungültig macht.

Vielleicht denken Sie sich: „Was, wenn ich kein Ehrengefäß bin? Was, wenn ich ein Gefäß der Unehre bin?"

Einige dachten sich: „Da Gott weiß, was ich getan habe, wie kann er jemals etwas Gutes durch mich bewirken? Wie könnte er etwas so Wertvolles wie seinen Geist in mich legen, ohne dass dieser verdirbt?"

Ich möchte nicht in eine Diskussion über die jeweiligen Vorzüge von Calvinismus gegenüber Armenianismus abrutschen. Aber ich möchte genug sagen, um Ihr Herz damit zu füllen. Wenn Sie dies verstehen, werden Sie sich selbst und andere Menschen mehr lieben.

Kolosser 3,12 sagt: *„So zieht nun an als Gottes Auserwählte, Heilige und Geliebte herzliches Erbarmen, Freundlichkeit, Demut, Sanft-*

mut, Langmut". Sie sind auserwählt und sehr geliebt. Gott erwählte Sie und liebt Sie. Und wir haben schon in 2. Korinther 4,7 gesehen, dass Gott den Schatz seiner Gegenwart in diese gebrechlichen Gefäße legen möchte. Warum sollte er das tun? Warum sollte er es erlauben, dass Perfektion unter solcher Unvollkommenheit wohnen sollte? Vers sieben sagt uns, dass er es tut, damit die überragende Kraft von Gott sei und nicht von uns.

Was geschieht, wenn der perfekte Gott durch den verkorksten Zach mächtig verherrlicht wird? Jeder weiß, dass die überragende Kraft nicht vom Gefäß selbst kommt, sondern von Gott, der in dem Gefäß wohnt.

Wenn Sie mir ähnlich sind, dann sieht Ihr Herz wie eine Landkarte aus, durchquert von Brüchen und Rissen, Gräben und Wiesen – weit entfernt von schön oder perfekt. Aber, wir haben einen Gott, der Schönheit aus der Asche emporsteigen lässt. Römer 8,28 sagt: *„Wir wissen aber, dass denen, die Gott lieben, alle Dinge zum Besten dienen, denen, die nach dem Vorsatz berufen sind."* Was bedeutet „alle Dinge" an dieser Stelle? – Es bedeutet ALLE DINGE. Sogar die Brüche und Wiesen? – Alle Dinge. Sogar Gräben und Fehler? – Alle Dinge. Es gibt sogar einen Vorteil, wenn man Wasser in ein kaputtes und zerbrochenes Gefäß füllt – WENN das Ziel des Gefäßes ist, der Welt Wasser zu geben: Es leckt.

Gott nahm dieses irdene Gefäß, zerbrochen und widerwärtig, und füllte es mit dem überfließenden Wasser des Lebens. Dann nahm er diesen auf dem Flohmarkt ausgesonderten Krug und führt ihn durch die ganze Welt. Und überall, wo ich hingehe, sickert Wasser durch eben diese Fehler, die mich an meiner Tauglichkeit zweifeln ließen. Ich lecke durch eben diese Wunden, von denen der Teufel gedacht hat, dass sie mich zerstören würden. Dieselben Risse, die laut der Welt meinen Wert minderten. Gott quillt durch sie alle. Wussten Sie, dass Gott auch Ihr ödes Land nehmen und es in eine Wasserquelle verwandeln kann? Er nimmt unsere Wunden und Fehler und genau die Bereiche, in denen wir am tiefsten gefallen sind, erlöst sie und benutzt sie, um mit seiner Liebe und Kraft der Welt zu dienen.

Sie, Zerbrochener, besitzen einen großen Wert in den Händen Gottes. Er berief Sie zum Priester, obwohl er Ihre Unvollkommenheiten und fehlerhafte Vergangenheit kannte. Und er hat Sie berufen, seine Gegenwart zu tragen, wohl wissend, dass Sie sie nicht für sich selbst behalten würden, sondern dass überall, wo Sie hingingen, Sie Wasser zu den Leuten um sich herum durchsickern lassen würden.

Das ist einer Ihrer größten Beiträge für das Königreich Gottes. Ihre Fehler, die der Teufel zum Bösen nutzen wollte, kann Gott zum Guten gebrauchen. Nun, wenn Sie ein Pastor, Elternteil oder Ehepartner sind und Sie das nächste Mal jemand anderes anschauen, seien Sie sicher, dass Sie die Person nicht nach den Maßstäben der Welt beurteilen. Manchmal ist es das Gefäß mit den meisten Rissen, das Gott für die ehrbarsten Aufgaben gebrauchen möchte.

Schön gemacht für die Intimität (Auszug aus „Umgestaltet" – *G Magazine*)

Einige von uns wurden so zerbrochen und haben solchen Dreck mit sich getragen, dass es kaum vorstellbar ist, wie Gott uns jemals so reinigen kann, dass wir uns wieder wertvoll vorkommen. Ich hatte dieses Problem, bis Gott mir zeigte, wie er mich sieht. Möchten Sie wissen, wie Gott Sie sieht?

Wir waren gerade mal zwei Jahre lang verheiratet, als ich sah, wie meine Frau Jen sich umgestaltet hatte. Ich meine damit nicht, dass sie sich veränderte oder reifte, sondern ich meine, dass ich sah, wie meine Frau sich UMGESTALTETE.

Es passierte, weil ich Gott eine metaphorische Frage stellte und er mich wörtlich nahm. Jen und ich hatten uns gegenseitig bekriegt, und ich wusste nicht, wie ich das stoppen sollte. Eines Nachts, bevor ich einschlief, bat ich Gott, mir zu zeigen, wie sie in seinen Augen aussah. Ich muss ihm die richtige Frage gestellt haben, denn in dieser Nacht zeigte Gott mir etwas, das mein Leben veränderte.

Kennen Sie dieses Gefühl, wenn Sie Ihre Augen schließen und Ihr Gesicht in die Frühlingssonne strecken? Sie können sie durch die Augenlider sehen und die Wärme auf Ihrer Haut spüren. Genau das ließ mich in dieser Nacht aufwachen. Auf der linken Seite meines Gesichtes war ein warmer, heller Lichtstrahl. Als ich meine Augen öffnete, war der Raum von einem goldenen Schein erleuchtet, und als ich mich nach links drehte, wusste ich warum. Jen war aus Gold. Dort lag sie unbedeckt im Bett neben mir, das Schönste, was ich jemals in meinem Leben gesehen habe. Ihre Haut und ihr Haar sahen aus wie Gold. Aber es war kein Gold, es war Vollkommenheit; es war die Herrlichkeit, die aus ihren Poren strahlte und ihre Schlafhaltung mit einem glühenden Schein umgab. Jens Aussehen war lieblich und ohne Makel – keine Falte, Narbe oder Fehler. Ihre Form war die Perfektion einer Frau. Ihr Gesicht war ein Portrait von Ruhe, Friede und Eleganz. Und um sie herum war ein glühender Schein wie ein Ring um den Mond. Jen war komplett in Herrlichkeit gehüllt!

Nun weiß ich, warum Petrus solch dumme Sachen auf dem Berg der Verklärung sagte. Jen war so schön, dass es mein Gehirn durcheinanderbrachte. So schön, dass ich vergaß, dass sie meine Frau ist. Sie war unbeschreiblich schön.

„Schön bist du, meine Freundin, in allem, und kein Makel ist an dir!" (Hl 4,7)

Den einzigen Gedanke, den mein völlig verwirrter Verstand formen konnte, war, ob ich sie anfassen könnte? Langsam glitt meine Hand durch die Decke in Richtung meiner Frau wie ein kleiner Junge, der etwas Verbotenes berühren möchte. Als meine Fingerspitzen ihre Haut berührten, fühlte es sich wie elektrisiertes Wasser an, das durch meinen linken Arm über meine Brust in meinen anderen Arm bis zu den Fingerspitzen floss. Ich hätte das den ganzen Tag tun können, aber mein Herz war von dieser Frau neben mir so gefesselt, dass eine Berührung nicht ausreichte. Ich fragte mich, ob ich sie auch küssen könnte.

Es ging hier nicht um etwas Sexuelles. Ich musste einfach diese Perfektion küssen. Ich wusste nicht einmal, ob es mir erlaubt war, aber ich musste es versuchen. Ich rückte zu ihr, spürte, wie sich die Herrlichkeit ihrer Gegenwart intensivierte, je näher ich kam. Meine Lippen berührten sanft die Seite ihres engelsgleichen Mundes. Als ich das tat, wurde ich wie von einer Welle niedergeschlagen – als ob ich in die Quelle aller Liebe eingetaucht wäre. Die Intensität überforderte mein Herz und ich wurde ohnmächtig.

Das Nachglühen des Dates mit der Geliebten Gottes dauerte noch lange an, nachdem ich wieder erwacht war. Es wäre eine Untertreibung zu sagen, dass meine Augen geöffnet wurden. Mein Herz war geöffnet. Jen war in meinen Augen nie wieder dieselbe. Ich sah nie wieder etwas Ähnliches.

Was würden Sie sagen, wenn ich Ihnen sage, dass Gott Sie genauso sieht? Gott sieht Sie nicht durch die Augen des Fleisches, er sieht Sie durch das Blut Jesu, das mehr tut, als Sie nur zu reinigen. Es badet Sie in seinem Wort und in seiner Herrlichkeit und offenbart die wahre Schönheit, für die Gott Sie geschaffen hat. Und Gott schuf Sie nach seinem Maß an Schönheit, nicht nach dem Maß der Welt. Überrascht es Sie zu wissen, dass eins der größten Verlangen Gottes ist, Ihnen seine Liebe zu zeigen? Darum geht es am Kreuz (Röm 5,8) – eine Liebeserklärung. Seine Segnungen sind Küsse für seine geliebten Kinder. Sein Blut ist eine Verheißung von unsterblicher Treue, und ewiges Leben ist Ihr Hochzeitsgeschenk.

Und kann es sein, dass es Gottes größte Freude ist, von Ihnen Liebe zu empfangen?

Hin und wieder höre ich die Leute reden, dass meine Anbetung zu demonstrativ sei. Beschuldigen Sie mich ruhig dafür, demonstrativ zu sein, aber beschuldigen Sie mich niemals dafür, Gott meine Zuneigung zurückzuhalten, die ihm gebührt. Ich singe, um das Herz meines Herrn zu erfreuen, nicht damit sich Mitmenschen wohlfühlen. Ich lebe, um des Herrn Aufmerksamkeit zu erregen, mit dem Wissen, dass er sich darüber freut, mich anzuschauen. Ich erwidere seine Leidenschaft, weil mein Gott Liebe ist, und Leidenschaft ist die Sprache seines Herzens. Das ist Anbetung! Ich werde den Herrn lieben mit meinem ganzen Herzen, meiner ganzen Seele, meiner ganzen Kraft und meinem ganzen Denken. Denn Liebe, die sich nicht zu erkennen gibt, ist keine Liebe.

Meine Auffassung davon, wie Gott mich sieht, bestimmt, wie ich ihn anbete. Darum treten wir an das Becken, um uns zu reinigen, bevor wir in das Heiligtum zur Intimität gehen.

Ich möchte Sie einladen, Geliebter bzw. Geliebte Gottes, durch die Augen des Glaubens zu sehen. Sehen Sie sich selbst als den Augapfel Ihres Herrn und haben Sie Ihre Freude in dem Wissen, dass er sich in Ihrer Liebe verherrlicht. Wenn Sie sich einmal verklärt gesehen haben, werden Sie alles verklärt sehen. Ich liebe die anderen aufgrund dessen, wie Gott sie sieht. Ich liebe mich selbst aufgrund dessen, wie Gott mich sieht. Ich liebe Gott, weil er mich wunderbar gemacht hat.

Ich bin ein reines und herrliches Gefäß. Und das sind Sie auch.

Von heute an sollen Sie wissen, dass Ihre Schönheit die Aufmerksamkeit Gottes erregt, dass Ihre Liebe sein Herz entzückt hat und dass Ihre Anbetung wie ein Kuss auf seine Lippen ist.

„Du hast mir das Herz geraubt, meine Schwester, meine Braut; mit einem einzigen deiner Blicke hast du mir das Herz geraubt, mit einem einzigen Kettchen von deinem Halsschmuck! Wie schön ist deine Liebe, meine Schwester, meine Braut; wie viel besser ist deine Liebe als Wein, und der Duft deiner Salben als alle Wohlgerüche! Honigseim träufeln deine Lippen, meine Braut, Honig und Milch sind unter deiner Zunge, und der Duft deiner Kleider ist wie der Duft des Libanon!" (Hl 4,9-11)

JESUS – DER GRÖSSTE LOBPREISLEITER ALLER ZEITEN, TEIL 3

Wir haben gesehen, wie Jesus uns zeigte, aufgrund seines Lebens und seiner Taten durch das Tor zu gehen. Wir haben gesehen, wie er den Opferaltar darstellte. Und wie veranschaulicht er das eherne Becken?

Man könnte darüber streiten, ob Jesus das Becken veranschaulichte, als er von Johannes getauft wurde; aber ich glaube nicht, dass es so war. Ich glaube, er tat es während des Herrenmahls. Wenn also die Stiftshütte ein wahrer Prozess ist, dann würde man ja erwarten, dass Jesus diese Schritte in einer gewissen Reihenfolge gehen würde und dass sie innerhalb einer gewissen Zeit nacheinander geschehen würden. Das ist auch das, was ich in den letzten Tagen im Leben Jesu sehe: seine Kreuzigung und seine Auferstehung – der Prozess der himmlischen Stiftshüttenanbetung angeleitet von dem Lobpreisleiter des Himmels und der Erde, Jesus.

Wie veranschaulichte Jesus das Becken während des Herrenmahls? – An diesem Abend, nachdem sie das Passamahl gegessen hatten, und bevor er zur Gemeinschaft überleitete, stand Jesus vom Mahl auf, band sich einen Schurz um seine Hüften und fing an, die Füße der Jünger zu waschen.

„Und während des Mahls, als schon der Teufel dem Judas, Simons Sohn, dem Ischariot, ins Herz gegeben hatte, ihn zu verraten, da Jesus wusste, dass ihm der Vater alles in die Hände gegeben hatte und dass er von Gott ausgegangen war und zu Gott hinging, stand er vom Mahl auf, legte sein Obergewand ab, nahm einen Schurz und umgürtete sich; darauf goss er Wasser in das Becken und fing an, den Jüngern die Füße zu waschen und sie mit dem Schurz zu trocknen, mit dem er umgürtet war." (Joh 13,2-5)

Vielleicht sagen Sie jetzt: „Aber Zach, Jesus hinterließ ihnen ein Beispiel und ein Gebot, sich gegenseitig zu dienen." Ja, das ist wahr. Er lehrte sie, dass der Größte unter ihnen der Diener aller sein soll. Aber es gibt noch eine tiefere Bedeutung in dieser Begebenheit. Erinnern Sie sich, was Jesus sagte, als Petrus es zuerst ablehnte, von ihm gewaschen zu werden, und dann versuchte, in den Eimer zu springen, um von Jesus ganz gewaschen zu werden? *„Jesus spricht zu ihm: Wer gebadet ist, hat es nicht nötig, gewaschen zu werden, ausgenommen die Füße, sondern er ist ganz rein. Und ihr seid rein ..."* (s. Joh 13).

Was? Wie konnten sie denn schon rein sein? – Auf die gleiche Art, wie auch Sie schon rein sind. Sie waren durch den Glauben und die Nachfolge Jesu errettet. Er wusch sie nicht, um sie zu retten. Er wusch den Dreck der Welt von ihren Füßen. Warum? – Weil er ihnen die Arbeitsabläufe der Priesterschaft beibrachte. Er wollte mit Ihnen Gemeinschaft haben, aber bevor ein Priester in das Heiligtum eintreten und Gemeinschaft mit Gott haben darf, muss er sich zuerst im Becken waschen.

Mit der Fußwaschung der Jünger tat Jesus etwas Außergewöhnliches. Er berief viele Fischer, Bauerntölpel, Steuereintreiber und Versager in die Priesterschaft.

Wie Sie wissen, konnte sich nur ein Priester im Becken waschen und ebenso konnte nur ein Priester in das Heiligtum gehen, um Gott zu begegnen. Die Jünger waren kurz davor, beides zu erleben, darum weihte Jesus sie zu Priestern.

Durch das Wort selbst, in der Person Jesus Christus, wurden sie buchstäblich mit Wasser gewaschen. Dann sagte er ihnen, sie sollten einander das Gleiche tun; nicht nur des anderen Füße waschen, sondern sich gegenseitig in Wahrheit und Liebe des Wortes waschen:

„Nachdem er nun ihre Füße gewaschen und sein Obergewand angezogen hatte, setzte er sich wieder zu Tisch und sprach zu ihnen: Versteht ihr, was ich euch getan habe? Ihr nennt mich

Meister und Herr und sagt es mit Recht; denn ich bin es auch. Wenn nun ich, der Herr und Meister, euch die Füße gewaschen habe, so sollt auch ihr einander die Füße waschen; denn ein Vorbild habe ich euch gegeben, damit auch ihr so handelt, wie ich an euch gehandelt habe." (Joh 13,12-15)

In den nächsten Kapiteln fährt er damit fort, ihnen zu erklären, in welchen Dienst er sie beruft, und betet dann ein Gebet der Weihe über ihnen (s. Joh 18). Warum macht er das alles? – Er gibt ihnen ein absolutes Beispiel der Verwandlung von einem irdischen Gefäß in ein Gefäß der Ehre. Er macht Tagelöhner zu Priestern. Und genau das hat er auch mit Ihnen und mit mir gemacht. Er hat uns errettet, berufen, geweiht und reinigt uns täglich mit seinem Wort, füllt uns mit seiner Gegenwart, damit wir uns dann zu anderen wenden und sie mit demselben Wort reinigen können.

So wie Jesus uns reinigt und schön macht, wenden wir uns an andere, um sie zu reinigen und schön zu machen. Das ist das Beispiel und die Berufung, die er uns hinterlassen hat.

Öffnen Sie heute Ihre Bibel und bitten Sie Gott darum, Ihnen zu zeigen, wie Sie wirklich aussehen. Wie sieht er wirklich aus? Und lassen Sie uns ihn bitten, uns zu reinigen und uns mehr in sein Bild zu verwandeln. Dann tragen wir dieses heilende Wort mit uns durch den Tag, indem wir nach anderen Ausschau halten, deren Füße von dem demütigen König gewaschen werden müssen.

KAPITEL 11

DER SCHAUBROTTISCH

„Siehe, ich stehe vor der Tür und klopfe an. Wenn jemand meine Stimme hört und die Tür öffnet, so werde ich zu ihm hineingehen und das Mahl mit ihm essen und er mit mir." (Offb 3,20)

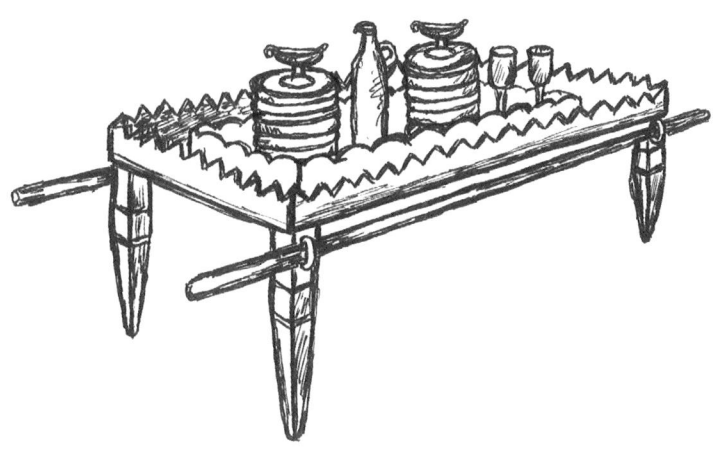

DER INNENHOF – DAS HEILIGTUM

Bis jetzt haben wir über den Dienst gesprochen, der im Vorhof stattfindet. Ich weiß nicht, ob Sie es bemerkt haben, aber beim Großteil dieser Dienste dient Gott eher dem Menschen, als dass der Mensch Gott Anbetung bringt. Im Vorhof errettet uns Gott, ändert unsere Einstellung zu Dankbarkeit und Lobpreis, lehrt uns Unterordnung und reinigt uns. Alle diese

Dienste verändern UNS. Sie dienen UNS. Aber der Dienst im Vorhof ist nicht das Ziel an sich. Es ist die Vorbereitung für das, was Gott als nächstes tun möchte.

Im Vorhof lernt das Volk Gottes, zu dienen und opferbereit zu sein. Wir lernen, eine Haltung von Dankbarkeit und Lobpreis zu haben. Wir lernen, uns selbst völlig der Herrschaft Jesu Christi unterzuordnen. Und wir lernen, heilig zu sein, und Gott zu erlauben, uns von Ungerechtigkeit zu reinigen.

Wenn Dankbarkeit und Lobpreis uns zur Unterordnung und zum Opfer vorbereiten, und wenn Unterordnung und Opfer uns vorbereiten, um die Reinigung durch das Wort zu empfangen, zu was bereitet uns dann die Reinigung durch das Wort vor? – Das werden wir jetzt herausfinden. Leider enden genau hier die meisten Gottesdienste. Wir haben ein tief verwurzeltes, falsches Kulturverständnis, wie Anbetung auszusehen hat. Das ist teilweise so, weil unsere Modelle von Gottesdienst auf den Modellen der Reformatoren aufgebaut sind, anstatt auf dem biblischen Modell. Aber es liegt teilweise auch an unserem falschen Verständnis von Gottesdiensten.

Sie sehen, wir denken, dass Gottesdienste in erster Linie für die Menschen da sind. Wenn die Gemeinde als Erstes und vor allem für Menschen ist, dann ist die Predigt des Wortes das Wichtigste, das in einem Gottesdienst geschieht. Alles führt zur Predigt des Wortes und, wenn das Wort dann mitgeteilt und empfangen wurde, ist der Gottesdienst zu Ende.

Aber was, wenn wir falsch liegen? Was, wenn Gottesdienste nicht in erster Linie für Menschen da sind? Was, wenn der Dienst wirklich für Gott ist? Was, wenn Anbetung wirklich für Gott ist? Das sind höchst strittige Fragen.

Bereits beim Thema „ehernes Becken" ging es um das Wort Gottes, aber wir sind noch nicht einmal bist zur Mitte der Stiftshütte vorgedrungen. Wir sind noch nicht einmal ins Heiligtum gekommen und sind nicht einmal in der Nähe des Allerheiligsten. Haben Sie eine Ahnung, wie viel wir verpassen, wenn wir nach Hause gehen, bevor wir wirklich in das Zelt der Begegnung gegangen sind? Und die Teile der Stiftshütte, die wir vergessen, sind die Teile, die für Gott am wertvollsten sind. Dies sind die Aspekte von Anbetung, die ihm dienen.

Der Dienst am Wort dient den Priestern nur dazu, sie darauf vorzubereiten, in das Zelt der Begegnung zu gehen. Aber da wir (Leiter) nicht unbedingt unsere Leute als Priester sehen, haben wir auch keine Erwartung, dass sie näher zu Gott kommen. Darum reinigen wir sie einfach durch das Wort Gottes und schicken sie dann nach Hause.

Wir (Leiter) behalten den besten Teil der Stiftshütte für uns selbst und erwarten von unserer Gemeinde, von den Resten unserer persönlichen Beziehung mit Gott zu leben. So sollte es nicht sein. Es ist ein Verbrechen an der Braut und eine Beleidigung gegenüber dem Bräutigam.

Wir werden uns das restliche Buch mit dem Dienst beschäftigen, zu dem Priester geschaffen wurden. Nur Priester sind im Heiligtum erlaubt. Und Sie, mein Freund, wurden geschaffen, um ein Priester zu sein. Sie wurden dafür geboren. Es ist das Erbe des Volkes Gottes. Es ist das Privileg der Kinder des Königs. In den nächsten Kapiteln zeige ich Ihnen, wie Sie den Dienst des Thronsaals zurückfordern können.

Sie wurden zu mehr errettet, als nur Vergebung zu erfahren. Sie wurden für mehr, als nur Lieder zu singen und in Predigten zu sitzen, errettet. Sie wurden für mehr als Sonntagsschule, Osterfeiern und individuell angepasste Kirchenstühle errettet. Sie wurden für Gott errettet. Und je näher Sie ihm kommen, umso näher kommen Sie Ihrer wahren Bestimmung.

Die Türen des Heiligtums stehen vor uns. Und hinter diesen Türen wartet Ihre Bestimmung.

EINE ANDERE UMGEBUNG

Haben Sie jemals Gott angebetet, und plötzlich änderte sich die Atmosphäre im Raum? Einen Moment lang loben Sie Gott und alles sieht wie gewohnt aus, dann geschieht plötzlich etwas. Es fühlt sich wie unsichtbarer Nebel an, der sich über dem Raum niederlässt. Die Luft wird dicker und der Sauerstoff scheint weniger zu werden. Vielleicht verbreitet sich eine Stille oder ein Gefühl, dass jemand sehr Mächtiges gerade unangekündigt hereingekommen ist. Manchmal richten sich die Nackenhaare auf. Sie bekommen Gänsehaut. Ihr Herz fühlt sich größer an und scheint sich auszuweiten. Etwas ist anders. Etwas hat sich verändert. Was ist es? – Sie sind gerade in das Heiligtum hineingegangen.

Während der Vorhof draußen und dem Wetter ausgesetzt ist, ist das Heiligtum dunkel und geschlossen. Der Vorhof ist laut. Er ist öffentlich. Er riecht nach Tiermüll, Blut, verbranntem Fleisch und Menschlichkeit. Das Heiligtum ist still. Es fühlt sich still an. Die Luft riecht nach frisch gebackenem Brot, Wein, Öl und Rauch. Das einzige Licht kommt von den sieben Flammen des goldenen Leuchters. Und diese Lichter werden von den goldüberzogenen Zedernbrettern reflektiert, die als Wand des Heiligtums dienen.

Wein, Brot, Kerzenlicht, Gold und Privatsphäre. Wenn der Vorhof wie ein Familienpicknick erscheint, ist das Heiligtum ein romantisches Dinner für zwei. Das ist der Punkt. Der Vorhof wurde zum Dienst für die Öffentlichkeit gestaltet, das Heiligtum dagegen zum Dienst für Gott – zur Intimität. Dort ging Mose hin, um mit dem Herrn von Angesicht zu Angesicht zu sprechen, wie ein Freund mit seinem Freund spricht. Ist es nicht verwunderlich, dass Josua sich im Heiligtum aufhielt, sogar noch nachdem Mose seine Antworten erhalten hatte (2.Mo 33,11)?! Er sprach mit Gott von Angesicht zu Angesicht.

Das sind die Türen, von denen der Psalmist in Psalm 84,11 spricht: *„Denn ein Tag in deinen Vorhöfen ist besser als sonst tausend. Ich will lieber die Tür hüten in meines Gottes Hause als wohnen in der Gottlosen Hütten"* (LU).

Es ist besser, ein Diener zu sein, der außerhalb des Heiligtums steht und die Tür für andere, die Gott näherkommen wollen, aufhält, als fern der Gegenwart Gottes zu leben. Es ist besser, einen Moment in der Gegenwart Gottes zu verbringen – einen flüchtigen Blick durch den Türspalt zu erhaschen –, als sein ganzes Leben im Luxus, aber getrennt von ihm zu leben. Dieser Ort ist besonders.

Wenn der Dienst im Vorhof dazu gedacht ist, ein Volk zum Dienst für Gott vorzubereiten, geht es im Heiligtum darum, ein Volk zu werden, das dem Herzen Gottes dient – eine Priesterschaft, durch die Gott sein Herz und seine Kraft zeigen kann.

DER SCHAUBROTTISCH

Während wir durch die Tür des Heiligtums gehen, sehen wir sofort auf der rechten Seite den Schaubrottisch. Er ist aus Akazienholz geschnitzt und mit Gold überzogen. Erinnern Sie sich daran, dass Akazienholz die sündlose oder unbestechliche Menschheit repräsentiert? Wir haben bisher kein Gold in der Stiftshütte gesehen. Wir haben Erz gesehen, aber im Heiligtum gibt es überhaupt kein Erz. Weil Erz Gericht repräsentiert, und es kein Gericht im Heiligtum gibt. Das einzige Metall, das es gibt, ist Gold, was für Göttlichkeit steht.

Der Opferaltar steht also für den sündlosen Menschen, der das Gericht der Sünde der Welt auf sich nahm. Der Schaubrottisch repräsentiert den sündlosen Menschen, Jesus, der mit

Göttlichkeit überzogen ist. Das ist Jesus in seinem Doppelwesen als Mensch und Gott.

Um den Tisch herum ist ein Muster einer goldenen „Krone", das für Herrschaft oder Königsherrschaft steht. Am Schaubrottisch dient Jesus als Sohn Gottes, Herr der Herren und König der Könige. Der Tisch ist schmal. Er ist ca. ein Meter lang, einen halben Meter breit und ca. 60 Zentimeter über dem Boden.

Warum so ein kleiner Tisch? – Erinnern Sie sich: Wenn wir modernen Alleswisser an einen Tisch denken, denken wir daran, einen Stuhl zu nehmen und uns hinzusetzen. Als die Israeliten an einen Tisch dachten, dachten sie daran, ein Kissen zu nehmen und sich hinzusetzen. Sie hatten keine Stühle, daher sind unsere modernen Tische für sie viel zu hoch zum Essen. Beide Arten von Tischen dienen aber dem gleichen Zweck. Tische waren das Zentrum der Gemeinschaft.

Auf dem Tisch liegen goldene Teller, und auf den Tellern sind zwölf Laibe ungesäuerten Brotes. Diese Laibe sind durchlöchert und repräsentieren Jesus Christus als das Brot des Lebens (Joh 6,25-63), zerbrochen und durchbohrt für die Welt. Es gibt einen Laib für jeden der zwölf Stämme Israels; bzw. einen für jeden Jünger, wie wir später sehen werden.

Es sind auch goldene Becher auf dem Tisch für den Wein, der als Trankopfer dargebracht wurde. Und es gibt goldene Löffel, die für Rauchopfer am Rauchopferaltar gebraucht wurden.

WAS DRÜCKT EIN NAME AUS?

Warum heißt der Tisch „*Schaubrot*tisch"? Manche Leute haben mich schon gefragt, ob ich das Wort *show* falsch aussprechen würde (Anm. d. Übers.: Im Englischen heißt der Tisch *Table of Shewbread*.).

Das hebräische Wort dahinter ist *lechem* und bedeutet *Brot*. Aber es bezieht sich meistens auf *Brot des Angesichts*. Seit jeher wurde es von Gelehrten als das Brot, durch das Gott sich selbst zeigt, interpretiert und als Schaubrot übersetzt.

Ich werde es mit einfacheren Worten sagen. *Brot des Angesichts* bedeutet dies: Der Tisch ist der Ort, an dem Gott den Dienst von Angesicht zu Angesicht einführt. Zeit in seinem Angesicht bedeutet, in die Augen Gottes zu schauen, bis alle Ablenkungen verschwinden und er der Einzige ist, der für Ihr Herz wichtig ist.

Zeit in seinem Angesicht ist gute Anbetung. Sie zeigt, wie sehr wir ihn lieben und dass ER wichtig genug für uns ist, dass wir Zeit mit ihm verbringen. Und Jesus spricht die Liebessprache der Zweisamkeit.

Eng verbunden mit Ihrem Freund zu gehen; so nahe zu kommen, dass man sein leisestes Flüstern hört; nahe genug, dass man den Rhythmus seines Herzschlages hört und lernt, zu lieben, was er liebt, zu hassen, was er hasst, und über das zu weinen, was ihn traurig macht ... das ist es, was unsere Anbetung intim, real und echt macht.

Beim Schaubrottisch geht es um intime Anbetung. Gott zu begegnen wie Mose, von Angesicht zu Angesicht, und Ihre Liebe für ihn auszudrücken, indem man eine tiefe, persönliche Beziehung zu ihm unterhält.

Das hebräische Wort für *Angesicht Gottes* – *paniym* – steht im Plural. Es bedeutet wörtlich *Angesichte*. Wenn wir das *Angesicht* Gottes suchen, suchen wir eigentlich seine *Angesichte*. Wir finden seine unendlichen und verschiedenartigen Aspekte seines Charakters heraus. Wir lernen die glanzvollen Wesen unseres Vaters im Himmel kennen. Wir haben den einzigen Gott der ganzen Weltreligionen, der KENNENGELERNT werden MÖCHTE. Der einzige Gott, der nach den Herzen seiner Kinder sucht.

Der einzige Gott, der Menschen mehr liebt als ihre Anbetung. Und er möchte, dass Sie ihn verstehen, so wie er Sie versteht.

Der Schaubrottisch handelt vom Dienst an Gott, der sich danach sehnt, kennengelernt zu werden. Dieses Brot wird auch *Brot der Gegenwart* genannt. Noch einmal: Gott möchte uns nahe sein! Und in allem, was er tut, lehrt er uns, Zugang zu ihm zu haben. Durch den Dienst am Schaubrottisch kommen wir in die Gegenwart Jesu.

DIE BRAUT

In einem früheren Kapitel haben wir angefangen, über Epheser 5,25-27 zu sprechen. Lassen Sie uns diese wertvollen Verse noch einmal anschauen:

> *„Ihr Männer, liebt eure Frauen, gleichwie auch der Christus die Gemeinde geliebt hat und sich selbst für sie hingegeben hat, damit er sie heilige, nachdem er sie gereinigt hat durch das Wasserbad im Wort, damit er sie sich selbst darstelle als eine Gemeinde, die herrlich sei, sodass sie weder Flecken noch Runzeln noch etwas ähnliches habe, sondern dass sie heilig und tadellos sei."*

Dieser Abschnitt erklärt, warum das Becken vor dem Schaubrottisch kommt. Die Reinigung durch das Wort hat einen Grund. Es ist die Vorbereitung auf die Intimität. Meine Herren, stellen Sie sich vor, Sie heben den Schleier der Braut an Ihrer Hochzeit und stellen fest, dass sie unsauber ist. Welche Braut würde so etwas tun? Es ist undenkbar. Meine Damen, stellen Sie sich vor, ihr Bräutigam würde verschmutzt zur Hochzeit kommen. Wie würden Sie reagieren?

Unser König sieht ein Straßenkind. Das Mädchen ist schmutzig, arm gekleidet und hat keine Manieren, aber er sieht durch das hindurch auf ihre potenzielle Schönheit. Er hat Mitleid mit ihr und liebt sie. Der König fragt also das Mädchen, ob sie ihn heiraten würde. Sie sagt Ja. Der König nimmt sie in sein privates Bad, kauft ihr ein millionenschweres Kleid und weist seine Diener an, sie für die Hochzeit vorzubereiten.

Als dann der große Tag kommt, wartet er fröhlich am Altar und erwartet ihr zukünftiges Glück. Aber als sie an der Tür erscheint, trägt sie nicht das Kleid, das er ihr gekauft hat. Sie trägt dieselben schmutzigen, mit Ruß verkrusteten Lumpen, in denen er sie fand. Vielleicht ist das ein Scherz, denkt er sich. Mit Sicherheit wird er unter dem Schleier eine Schönheit zu sehen bekommen, die mit nichts zu vergleichen ist. Aber als er den Schleier hebt, wird er bitterlich enttäuscht. Ihr Haar sieht aus wie Fragmente eines alten Teppichs und riecht nach Pommes. Ihre Lippen sind aufgerissen und klebrig. Wenn sie lacht, sieht man ihre faulen und verrotteten Zähne. Sie legt ihren Arm um ihn, und der Geruch von Limburger Käse sticht von ihren Achselhöhlen in seine Nase.

Vielleicht denken Sie, dass das eklig ist. Sie haben auch Recht. Gott denkt auch so. Und darum kommt das Becken vor dem Tisch. Reinigung kommt vor der Gemeinschaft. Spirituelle Hygiene kommt vor spiritueller Intimität.

Nun muss ich Sie fragen. Würden Sie solch eine Frau heiraten? Nein? Ich auch nicht. Aber wir scheinen es, von Jesus zu erwarten (wir haben durchaus zwei Standards). Ich glaube nicht, dass er es tun wird. Ich denke nicht, dass sein Vater ihn lassen würde. Ich glaube, dass Jesus uns einen Heiratsantrag machen würde, wenn wir in diesem Zustand zu ihm kommen, aber wir verbringen den Rest unseres Lebens damit, uns für eine immer tiefere Intimität mit unserem Herrn vorzubereiten. Und Intimität wird am Besten in Reinheit ausgetauscht.

Dankbarkeit ist wichtig, denn sie bereitet unsere Herzen auf Unterordnung vor. Unterordnung ist wichtig, denn wir müssen uns der Reinigung unterordnen, bevor Gott uns reinigen kann. Und die Reinigung durch das Wort Gottes ist wichtig, weil der König der Könige keine hässliche Frau heiraten kann. Fängt es bei Ihnen an, Klick zu machen?

Intimität mit Gott ist nicht für die Unreinen. So, wie Jesus es in Matthäus 5,8 klar sagte: *„Glückselig sind, die reinen Herzens sind, denn sie werden Gott schauen!"*

GEMEINSCHAFT

Schauen Sie sich noch einmal Matthäus 26,26-28 an:

„Als sie nun aßen, nahm Jesus das Brot und sprach den Segen, brach es, gab es den Jüngern und sprach: Nehmt, esst! Das ist mein Leib. Und er nahm den Kelch und dankte, gab ihnen denselben und sprach: Trinkt alle daraus! Denn das ist mein Blut, das des neuen Bundes, das für viele vergossen wird zur Vergebung der Sünden."

Es ist unmöglich, den Schaubrottisch in Erwägung zu ziehen, ohne an Gemeinschaft zu denken – Brot, das von den Priestern gebrochen und ausgeteilt wird, und Wein, der als Opfergabe für Gott ausgegossen wird: der Tisch des Herrn. Dies ist offensichtlich eine Andeutung im Alten Testament auf die neutestamentliche Beziehung mit Gott. Aber da es ein Schatten der ewigen himmlischen Anbetung ist, können wir mit Autorität sagen, dass „Gemeinschaft" von Anfang an die Absicht Gottes gewesen ist.

Lassen Sie uns das traditionelle, religiöse Verständnis von Gemeinschaft hinter uns lassen und für einen Moment erkennen, was es wirklich bedeutet. Das Wort *Gemeinschaft* bedeutet *ein Erlebnis miteinander teilen*. Ist es nicht genau das, worum es beim Blut und Leib Christi geht? Wir teilen das Erlebnis des Kreuzes mit Jesus, weil er unser Leben mit uns teilen möchte. Gemeinschaft ist die Einladung Jesu, das Erlebnis seines Lebens mit ihm zu teilen.

Gemeinschaft bedeutet *zusammenkommen*, wortwörtlich *eins werden* oder *Einheit mit jemandem erlangen*. Durch seinen Leib und sein Blut hat Jesus Sie dazu eingeladen, eins mit ihm zu werden – die Vorzüge seines Todes zu erkennen, damit Sie sich mit den Vorzügen seiner Auferstehung verbinden. Gemeinschaft bedeutet, nie wieder allein zu sein, weil wir einen Gott haben, der unser Freund ist. Und er möchte mit uns Gemeinschaft haben. Er möchte, dass wir mit ihm Gemeinschaft haben. Er möchte uns auf ein Level der Intimität mit ihm bringen, das die Trennung verdrängt. Und Sein Blut ist der Klebstoff, der uns zusammenhält.

Gott wollte nie, dass die Gemeinschaft auf eine Veranstaltung minimiert würde. Ja, wir „feiern" Gemeinschaft miteinander in einer Veranstaltung, aber die Gemeinschaft an sich ist keine Veranstaltung. Gemeinschaft ist ein fortlaufendes Ereignis. Es ist eine Lebensart. Auf die gleiche Art und Weise ist auch meine Ehe keine Veranstaltung. Aber wir feiern sie mit einem jährlichen Hochzeitstag. Wenn meine Ehe sich auf ein wöchentliches Event reduzieren würde, auf dem man etwas Saft und eine Waffel essen würde, hätte meine Beziehung zu meiner Frau wohl nicht lange angehalten.

Gleichermaßen wird unsere Intimität mit Jesus nicht lange anhalten, wenn sich unsere Intimität mit ihm auf einen monatlichen oder wöchentlichen Snack reduziert. Die Feier der

Gemeinschaft ist eine Erinnerung, eine besondere Feier unserer Beziehung mit Jesus. Sie sollte nicht unsere Beziehung ersetzen und nicht das Endresultat dieser Beziehung sein.

Eine meiner Lieblingsstellen in der Bibel ist Philipper 3,10-11:

„... um ihn zu erkennen und die Kraft seiner Auferstehung und die Gemeinschaft seiner Leiden, indem ich seinem Tod gleichförmig werde, damit ich zur Auferstehung aus den Toten gelange."

Ist das der Wunsch Ihres Herzens? Christus kennenzulernen? Mein Herz brennt dafür. Und ich denke, der Schlüssel dieser Bibelstelle ist in Vers 10 (von hinten aufgerollt) zu finden. Wenn wir in der Gemeinschaft seiner Leiden sind, werden wir auch in der Gemeinschaft seiner Auferstehung sein und ihn kennenlernen.

Gemeinschaft bedeutet wörtlich *Nachfolge Jesu durch das Teilhaben an seinen Leiden*. Nun, ich habe nicht die Zeit, die Vor- oder Nachteile dieser Theologie des Leidens zu diskutieren, darum lassen Sie es mich dabei belassen: Wir haben Anteil an Jesus durch seinen zerbrochenen Körper und sein vergossenes Blut. Wir haben Gemeinschaft mit ihm *durch* seine Leiden. Wir haben Anteil an seinem Leib und Blut.

Mit anderen Worten: Intimität mit Gott wurde mit einem Preis erkauft. Gemeinschaft – unsere Anwesenheit am Tisch – verlangt, dass wir diese Transaktion akzeptieren.

Wozu dient der Tisch? – Ein Tisch dient nicht nur zum Essen, sondern auch zur Gemeinschaft. Die Israeliten hatten keine Videospiele, Fußbälle und Fernseher. Wenn sie mit jemandem Gemeinschaft haben wollten, dann taten sie dies am Tisch. Der Tisch war der Dreh- und Angelpunkt der Gemeinschaft.

Darum weist Jesus in Offenbarung 3,20 die lauwarme, leidenschaftslose Gemeinde zu Laodizea zurecht, als er sie konfrontiert: *"Siehe, ich stehe vor der Tür und klopfe an. Wenn jemand meine Stimme hört und die Tür öffnet, so werde ich zu ihm hineingehen und das Mahl mit ihm essen und er mit mir"*.

Mit anderen Worten: „Hier bin ich, Gemeinde! Ich stehe vor der Tür meiner eigenen Gemeinschaft, meines eigenen Hauses, weil ihr an der Gemeinschaft mit mir nicht interessiert seid. Aber ich klopfe an, weil ich Gemeinschaft mit euch haben möchte. Wenn ihr mich nur hören und die Tür öffnen würdet, würde ich reinkommen. Dann könnten wir uns wieder an den Tisch setzen, Gemeinschaft miteinander haben und uns kennenlernen. Wir könnten wieder eng verbunden sein und wieder Intimität pflegen."

Es ist Lauheit – das Gegenteil von Intimität mit ihm –, die Jesus auf Distanz hält. Lauheit, genauso wie Sünde, ist die schwächende Krankheit der Braut Christi.

Jesus gab sein Leben nicht nur für Sie, damit Sie nicht in die Hölle kommen. Er gab sein Leben für Sie, damit Sie zu ihm kommen können. In Lukas 22,44 sagt Jesus seinen Jüngern, dass er es sich sehnlichst wünscht, mit ihnen Gemeinschaft zu haben. Wann wird der Wunsch des Herzens Gottes zu unserem Herzenswunsch werden? Jesus möchte Gemeinschaft mit Ihnen haben. Gott wünscht sich Intimität mit seinen Kindern. Das ist die Geschichte des Tisches. Anbetung antwortet auf Gottes Wunsch nach Intimität, indem wir ihm nahekommen.

Warum, vorausgesetzt, dass Intimität der Wunsch des Herzens Gottes ist, ist Intimität die Sache, die wir Gott meistens vorenthalten? – Vielleicht, weil Intimität schwer vorzutäuschen ist. Viele Gemeinden haben einen starken Lobpreis (einige gehen sogar bis zur Unterordnung unter Jesus als Herrn und beten aus Gehorsam an). Viele Pastoren predigen jede Woche ein starkes Bibelwort. Aber nur sehr wenige Gemeinden geben Christus Zeit, Intimität mit seiner Braut zu haben. Es ist wichtig, sich daran zu erinnern, dass die Gemeinde die Braut Christi ist, nicht der Einzelne. Darum ist Intimität nicht ein Aspekt der Anbetung, der als private Handlung der Anbetung abgestempelt werden kann, die wir nur zu Hause praktizieren.

Ein Kind Gottes kann Intimität mit dem Vater zu Hause erleben. Wir können auch zu Hause mit unserem Freund Jesus Intimität haben. Aber seine Braut ist die versammelte Gemeinde. Jesus kann nur mit seiner Braut Intimität haben, wenn wir alle zusammen sind.

Ich muss Ihnen etwas Wichtiges sagen: Sie wurden zur Intimität mit Gott geboren. Es ist eine große Ehre, zur Gemeinschaft berufen zu sein. Nur ein Priester hat das Recht, in das Heiligtum einzutreten. Nur ein Priester kann sich an den Tisch Gottes setzen. Und nur ein Priester kann die Vorzüge ernten, die von der Intimität der Gemeinschaft kommen. – Sie, mein Freund, sind ein Priester.

DIE VORZÜGE DER GEMEINSCHAFT

Lassen Sie mich nun Ihre Aufmerksamkeit auf Jesaja 53,4-5 richten:

„Fürwahr, er hat unsere Krankheit getragen und unsere Schmerzen auf sich geladen; wir aber hielten ihn für bestraft, von Gott geschlagen und niedergebeugt. Doch er wurde um unserer Übertretungen willen durchbohrt, wegen unserer Missetaten zerschlagen; die Strafe lag auf ihm, damit wir Frieden hätten, und durch seine Wunden sind wir geheilt worden."

Dies sind die Vorzüge, die wir teilen, wenn wir Teil am Leiden Jesu haben. Wenn wir Gemeinschaft haben und unser Leben zusammen mit Jesus leben, findet eine Veränderung in uns statt. Er nimmt etwas von uns in seinen Tod und bringt etwas von seinem Leben mit. Was nimmt er von uns? – Jesus trägt unsere Lasten und Sorgen, Übertretungen, Unruhen, Ängste und Krankheiten hinweg. Das erwarte ich, wenn ich Gott intim anbete. Ich komme vielleicht mit Lasten und Sorgen, aber sobald ich Gemeinschaft mit Jesus pflege, tauscht er diese gegen Freude und Hoffnung aus. Sein Herz wurde zerbrochen und am Kreuz beladen, um die Last der Welt hinwegzutragen.

Eine Übertretung bedeutet einfach, über eine Grenze hinwegzutreten. Unsere Übertretungen sind unsere Sünden. Durch Sünde sind wir vom Weg der Gerechtigkeit abgekommen. Aber der Leib Jesu wurde verwundet, um für all diese Übertretungen zu bezahlen. Darum kann ich mit der Last der Sünde zu ihm kommen und wissen, dass meine Schuld gegenüber der Gerechtigkeit vollständig bezahlt worden ist. Gemeinschaft erinnert mich daran, dass meine Sünde nicht gegen mich verwendet wird. Sie wurde für mich bezahlt und hinweggenommen. Darum geht mir Gott mit offenen Armen hinterher, und es gibt keine Verdammnis.

Gräueltat ist nicht das Gleiche wie Sünde. Gräueltat bedeutet, dass sich mein Herz an eine bestimmte Art von Sünde gewöhnt hat. Oft sagen Menschen, dass Alkoholismus, Untreue, Wut oder Völlerei in ihren Familien herrschen. Wir denken, dass solche Neigungen zur Sünde durch die Gene unserer Eltern weitergegeben wurden. Tatsächlich wurden sie durch ihre Herzen weitergegeben. Das ist eine Gräueltat. Im Grunde sagt die Bibel, dass die Gräueltaten der Väter die Kinder heimsuchen (s. 2.Mo 34,7). Mit anderen Worten erben wir die spirituellen Bindungen von bestimmten Sünden unserer Eltern.

Wir müssen nicht nur von Sünde umkehren, sondern auch von Gräueltaten, der Tendenz unserer Herzen, von der Sünde angezogen zu werden. 3. Mose 26,40 sagt, wir sollen sogar für die Gräueltaten unserer Väter Buße tun – die Gräueltat der Familie, die möglicherweise an uns weitergegeben wurde.

Es gibt eine frohe Botschaft: Jesus wurde für unsere Gräueltaten verletzt und geschlagen. Die Schläge, die unser Herz hätten treffen sollen, wurden auf ihn gelegt. Wenn wir Gemeinschaft mit Jesus haben, dann schenkt er uns Heilung von unseren Gräueltaten.

Was ist mit Angst – der Emotion, die uns am stärksten lähmt? Der Grund Nummer 1, warum Menschen nicht in Intimität mit Gott leben, ist, weil sie Angst davor haben, was er von ihnen denkt. Dieser Gedanke wurde nicht von Gott in unsere Herzen gepflanzt. Wussten Sie, dass Angst ein Ergebnis des Sündenfalls ist? Gott schuf uns nicht, um verängstigt oder besorgt zu sein. Angst und Schuld waren die ersten Emotionen nach dem Fall. Angst bringt uns dazu, vor Gott wegzurennen und uns vor ihm zu verstecken. Angst ist das Gegenteil von Gottes Wesen. Angst ist in Wirklichkeit Ungehorsam gegenüber Gott. Wenn Sie mir nicht glauben, dann machen Sie ein Wortstudium und finden es selbst heraus. Wir werden immer und immer wieder dazu aufgefordert, nicht besorgt zu sein. Am Kreuz erlitt Jesus die Strafe für unsere Angst. Und wenn wir das Leben mit ihm teilen, tauscht er diese Angst gegen Frieden ein. Intimität mit Gott führt immer zum Frieden. So wie es 1. Johannes 4,18 heißt: *"... die vollkommene Liebe treibt die Furcht aus ..."*

Schließlich lädt uns Jesus dazu ein, an seiner Heilung teilzuhaben. Die Bibel sagt, dass wir durch seine Wunden geheilt sind. Das bedeutet, dass er die Krankheit auf sich nahm, als er geschlagen und ausgepeitscht wurde. Schon bevor er überhaupt ans Kreuz ging, wurde für die Krankheit bezahlt. Darum kann ich es erwarten, in die Gemeinschaft mit Jesus Christus zu kommen und Heilung zu empfangen; Heilung meines Körpers, meines Verstandes, meiner Seele, meines Herzens. Der Leib Jesu wurde zerbrochen, um den ganzen Menschen zu heilen. Und *Gemeinschaft* ist *das Mahl, das heilt*. Gemeinschaft ist ein kraftvoller Aspekt der Anbetung. Wenn wir Gott durch Intimität anbeten, können wir erwarten, dass die Seelen und Körper der Menschen geheilt werden. Ich persönlich habe gesehen, wie Menschen von allen Arten von Krankheiten durch die Gemeinschaft geheilt worden sind. Vielleicht noch wichtiger als das: Ich habe gesehen, wie am Tisch des Herrn Herzen und Leben errettet, geheilt und freigesetzt worden sind.

Jesus heilte die Menschen zu jeder Zeit. In Johannes 14,12 sagt Jesus zu seinen Jüngern: *„Wahrlich, wahrlich, ich sage euch: Wer an mich glaubt, der wird die Werke auch tun, die ich tue, und wird größere als diese tun, weil ich zu meinem Vater gehe"*. Wenn das wahr ist, warum sehen wir dann so wenige Wunder? So wenige Heilungen? Warum sind unsere Gemeinden so schwach und kraftlos?

Könnte es daran liegen, dass wir es gewohnt sind, Gemeinschaft zu *haben*, aber nicht wirklich *in* die Gemeinschaft *eintreten*? Ich denke, der Mangel an Kraft in den modernen Gemeinden ist nur ein Symptom eines größeren Problems: Wir haben Anbetung zerstört. Sobald unsere Anbetung geheilt wird, wird unsere Gemeinschaft geheilt sein. Und wenn unsere Gemeinschaft geheilt ist, werden wir die wunderbaren Vorzüge des Kreuzes in der Gemeinde und in unseren Leben sehen.

DER ZWECK DER ORDNUNG

Was passiert, wenn wir versuchen, direkt in die Intimität zu gehen ohne durch den Vorhof zu laufen? Nun, das kommt darauf an. Manche Menschen leben ein Leben in Dankbarkeit und Lobpreis. Sie leben ein Leben der Unterordnung unter die Herrschaft Christi. Und sie leben ein Leben von konstanter und täglicher Reinigung durch das Wasserbad des Wortes. Diesen Menschen fällt es sehr leicht, schnell in die Intimität mit Gott zu kommen. Sie leben vielleicht sogar beständig in dieser Intimität, so wie es das Ziel sein sollte. Aber zum großen Teil sind unsere Gemeinden voll von Menschen, die nicht so leben. Sie haben keinen Lobpreis gelebt (obwohl sie es lernen), sie haben sich mit ihren Ehepartnern gestritten. Sie lebten nicht im Gehorsam gegenüber Christus; sie sind vielen Lüsten verfallen, daran schuldig geworden oder haben es aus Rebellion dreist abgelehnt, bestimmte Bereiche ihres Lebens Gott unterzuordnen. Sie waren viel zu beschäftigt, um zu Jesus zu kommen und sich von seinem Wort reinigen zu lassen. Und wo hat sie das hingeführt?

Diese Menschen haben es viel schwerer, Intimität mit Gott zu erlangen. Sie haben vielleicht noch nie in ihrem ganzen Leben Intimität mit Gott erlebt. Als Leiter muss ich mir der Tatsache bewusst sein, dass die Gemeinde voller unterschiedlicher Menschen mit unterschiedlichen Hintergründen ist und dass nicht alle den gleichen Standpunkt in ihrer Beziehung mit Gott haben.

Ich gehe nie davon aus, dass jeder schon „seine Aufgaben zu Hause" gemacht hat. Ich nehme immer an, dass jeder vom Tor aus starten muss. Es gibt ein biblisches Beispiel dafür: Jesus nannte uns aus einem bestimmten Grund Schafhirten. Wenn man eine Herde führen muss, dann geht man nicht in der Geschwindigkeit des Bocks voran. Man passt sich der Geschwindigkeit der Lämmer und der Mutterschafe an. Warum? – Lämmer und Mutterschafe gehen sehr langsam. Sie müssen es, weil die Lämmer jung und schwach sind und oft anhalten müssen, um zu essen und sich auszuruhen. Wenn man eine Herde zu schnell führt, versiegt die Muttermilch und die Lämmer sterben. Die schwangeren Mutterschafe verlieren ihre Lämmer. Und man schadet der Herde, die man eigentlich segnen sollte.

Es ist das Gleiche in der Gemeinde. Wenn ich den Lobpreis leite, dann leite ich ihn zum Schritt der Lämmer und Mutterschafe. Ich wende mich an die jungen oder unreifen Christen und jene, die sich um sie kümmern und sie ernähren.

In Bezug auf Anbetung heißt das, da ich weiß, dass Jesus Intimität mit seinem Volk sucht und dass sein Volk Intimität mit ihm braucht, muss ich sie Schritt für Schritt in seine Gegenwart führen. Lobpreis … Unterordnung … Wort … dann Intimität. Das ist die offenbarte Reihenfolge der Stiftshütte.

Das bedeutet, ich beginne die Anbetung in der Gemeinde nicht mit einem Lied der Intimität. Ich werde sie durch Lobpreis und Anbetung in die Intimität führen. Wenn ich aber in einer Kleingruppe mit vier sehr hingegebenen, reifen Christen bin, kann ich möglicherweise direkt in die Intimität eintauchen. Warum? – Weil sie vielleicht schon die „Reise" der Stiftshütte aktiv leben. Sie wurde Teil ihrer Identität in Christus. Man braucht Weisheit und Urteilsvermögen, den Unterschied zu kennen.

Ein Lobpreisleiter, der darauf besteht, dass die Gemeinde sofort bis tief ins Innerste vordringt, muss einen Schritt zurückgehen und das Herz Gottes anschauen, dem er dient. Anbetung ist nicht für den Lobpreisleiter, und es ist einfach, durch eigensinniges Leiten, ohne Erkenntnis oder mit geistlichem Stolz mehr Schaden als Hilfe zu verursachen.

Da in den meisten Gemeinden das Gemeinschaftsmahl nicht wöchentlich gepflegt wird, ist es die Aufgabe des Lobpreisleiters, das Herz Gottes zu suchen. Wenn Gott möchte, dass sein Volk in eine Zeit der Gemeinschaft eintaucht, muss der Lobpreisleiter der Gemeinde die Möglichkeit zur Intimität schaffen.

Brot und Wein sind für Gemeinschaft nicht zwingend notwendig. Ich weiß, manche würden gerne mit mir darüber streiten. Trotzdem dienen sie nur als Symbolik. Das war schon immer so. Jesus ist das Brot und sein Blut ist der Wein. Es geht nicht um das Mahl an sich. Es geht um eine Intimität mit Gott durch Jesus. Das bedeutet, ich kann diese Gemeinschaft „anrichten", indem ich die Menschen daran erinnere, was Jesus für sie getan hat, um sie dann in eine Intimität durch dieses Opfer zu führen. Ich kann Gemeinschaft mit Gott durch sein Wort und durch Anbetungslieder „anrichten".

Ich glaube, das ist Teil der Aufgabe eines Priesters, vor allem wenn dieser Priester ein Lobpreisleiter einer Gemeinde ist. Unsere Aufgabe ist es, Menschen in die Intimität mit Gott zu führen. Letztendlich möchte ich die Menschen lehren, in der Intimität mit Gott zu leben.

GEFAHR, GEFAHR, GEFAHR!

Ich möchte Sie vor etwas warnen. Manchmal nehmen wir Gottes Wort und seine Ordnungen nicht ernst und wir denken, dass wir uns einen Vorteil daraus machen können, Abkürzungen zu nehmen oder klare Worte der Bibel zu verniedlichen, um es der Gemeinde recht zu machen. Das ist ein gefährlicher Kurs. „Achtung Falle!"

Erinnern Sie sich an die Szene in dem Film *Indiana Jones und die Suche nach dem Heiligen Gral*, als Indie schlussendlich das Grab von Sir Richard findet und den Kelch wählen muss? Er muss ihn mit Wasser füllen und ihn seinem Vater zurückbringen, der von dem Bösen angeschossen wurde und geheilt werden muss, ansonsten stirbt er. Der Böse bricht in das Grab ein und besteht darauf, dass er der Erste ist, der aus dem Kelch trinkt, der das Blut Jesu beinhaltet. Er ist davon überzeugt, dass es ihm ewiges Leben bringen würde. Nachdem er einen Kelch ausgewählt hat, schöpft er etwas Wasser und trinkt. Aber anstatt dass er jünger wird, wächst sein Haar, ergraut und fällt aus. Er altert sehr schnell, stirbt und wird vor aller Augen zum Skelett. Was war das Problem? – Professor Jones erklärt später, dass der böse Mann niemals wirklich geglaubt hatte. Für ihn war der Gral ein religiöses Relikt mit Kraft. Er ehrte den Gral höher als Gott, dessen Blut ihn heilig gemacht hatte.

Behandeln wir die Gemeinde mit der gleichen Art und Weise?

Die Gemeinde zu Korinth hatte denselben Gedanken. Sie fingen an, die Gemeinschaft nicht mehr zu ehren. Sie aßen das Gemeinschaftsmahl, ohne die Ordnung einzuhalten. Sie bevorzugten reiche und geistlich reife Menschen gegenüber den Armen und geistlich jungen. Sie führten eine religiöse Gemeinschaft, aber mit einer falschen Herzenshaltung gegenüber Gott und seinen Kindern. Als ein Ergebnis erlebten sie, dass Krankheit und Tod in ihrer Gemeinde zunahmen. In 1. Korinther 11,27-31 schreibt Paulus ihnen, um dieses Problem zu beheben:

> *„Wer also unwürdig dieses Brot isst oder den Kelch des Herrn trinkt, der ist schuldig am Leib und Blut des Herrn. Der Mensch **prüfe** aber **sich selbst**, und so soll er von dem Brot essen und aus dem Kelch trinken; denn wer unwürdig isst und trinkt, der isst und trinkt sich selbst ein Gericht, weil er **den Leib des Herrn** nicht **unterscheidet**. Deshalb sind unter euch viele Schwache und Kranke, und eine beträchtliche Zahl sind entschlafen. Denn wenn wir uns selbst richteten, würden wir nicht gerichtet werden ..."*

Warum sind vorgeschriebene Vorgehensweisen und Ordnungen so wichtig? – Sie sind zu unserm Schutz gedacht. Paulus erinnert die Korinther an Gottes korrekte Ordnung. Man muss sich selbst prüfen, bevor man das Mahl nimmt. Priester, wo prüfen wir uns selbst? Wo richten wir uns selbst? – Im Wasserbad des Wortes – dem ehernen Becken. Aber zuvor müssen wir den Leib des Herrn anerkennen. Einige Gelehrte glauben, dass dies bedeutet, dass wir den Nächsten in unserer Gemeinde höher achten sollen als uns selbst. Aber ich glaube nicht, dass Paulus hier eine Metapher benutzt. Ich glaube, dass er sich an den tatsächlichen Leib Jesu wendet. Mit anderen Worten: „Erinnern Sie sich, was er für Sie am Kreuz tat! Gedenken Sie seines Opfers! Seiner Hände und Füße. Seiner Seite und seines Rückens. Seines gebrochenen Herzens. Beachten Sie den Leib Christi und die Wunden, die er für uns getragen hat."

Wir praktizieren das, bevor wir uns ihm unterordnen. Am Opferaltar erinnern wir uns, dass Jesus sich selbst für uns als Opfer hingegeben hat, dann reagieren wir darauf, indem wir uns seiner Herrschaft unterordnen. Wir denken an den Leib Christi und prüfen uns selbst. Wenn wir diese zwei Dinge nicht tun, gehen wir leichtsinnig und respektlos ins Mahl (bzw. in die Intimität).

Dann „trinken wir uns selbst zum Gericht". Ich fürchte, dass wir die Menschen oft in eine falsche Gemeinschaft führen, zu der sie geistlich oder emotional nicht bereit sind. Das Resultat sind Krankheit und Tod anstatt Heilung und Leben. Gemeinschaft sollte nicht ein leeres Ritual oder eine religiöse Haltung sein. Gemeinschaft ist – und war es schon immer – Anbetung, die unser Leben mit Jesus verbindet.

Lassen Sie uns nicht den Kelch mehr verehren als den Retter, dessen Blut ihn heilig gemacht hat. Paulus stellt die korrekte biblische Ordnung wieder her, weil er die Gemeinde liebt und möchte, dass die Menschen die Vorzüge der Gemeinschaft bekommen, nicht die Konsequenzen von Religion.

Die Ordnung der Stiftshütte ist eine himmlische Ordnung, und sie ist Weisheit, Liebe und Gnade Gottes für sein Volk.

ORDNUNG IM VORHOF

Eine wichtige Nebenbemerkung: Das Schaubrot wird manchmal als *Brot der Ordnung* bezeichnet. Ordnung? Das überrascht! Gott ist kein Gott des Chaos, sondern ein Gott, der Ordnung in das Chaos bringt. Sogar für das Streben nach der Gegenwart Gottes und für das Eintreten in den Thronsaal des Königs gibt es eine göttliche *Ordnung*. Unordnung kommt nicht von Gott. Und wo wir Chaos sehen, ist nicht der Geist Gottes am Wirken. Chaos, Verwirrung und Unordnung sind Bereiche der gefallenen Welt. Sie sind der Weg zum Zerfall. Sie sind gnadenlos, leblos, billig und entehren den König.

Streiten Sie ruhig mit mir, aber jede Kreatur oder Haltung, die im Chaos gedeiht, ist eine Kreatur, die zum Zerfall beiträgt, und Gemeinden und Dienste, die das Chaos schätzen, sind unaussprechlich ungesund und für Menschen äußerst gefährlich. Kinder gedeihen nicht im Chaos. Sie blühen in Atmosphären der Intimität, Ordnung, Freude und liebevollen Disziplin (Jüngerschaft) auf. Ich habe noch nie einen Christen aus einer chaotischen Gemeinde kennengelernt, der nicht seelisch krank und geistlich unreif war.

Gottes Ordnung ist nicht einschränkend, sondern freisetzend. Wenn Gott uns einen Prozess lehrt, dann gibt er uns auch die „Schatzkarte" dafür. Ärgern Sie sich nicht darüber, dass für uns ein Weg angelegt wurde. Jubeln Sie, dass Gott, in seiner Gnade, nicht geheimnisvoll und mystisch war. Er hat seinen Weg geschaffen, seinen Weg der Gerechtigkeit, für jeden klar zu erkennen. Und es gibt nicht nur einen Schatz am Ende der Reise, sondern auf jedem Schritt des Weges.

JESUS – DER GRÖSSTE LOBPREISLEITER ALLER ZEITEN, TEIL 4

Die levitischen Priester praktizierten bereits 1.400 Jahre vor der Geburt Jesu das Mahl. Ohne wirklich zu wissen, warum, was die Symbole bedeuteten oder wer ihr Messias sein würde, dienten die Priester Tag für Tag jahrhundertelang am Schaubrottisch. Wie war es wohl für die Jünger, dort am Tisch zu sitzen, als Jesus die Symbolik der Stiftshütte das erste Mal in der Geschichte der Menschheit offenbarte? Laut Matthäus 26,17 offenbarte Jesus, dass er das ungesäuerte Brot am ersten Tag des Festes der ungesäuerten Brote sei.

Wie war es für die zwölf Jünger, einer von ihnen zu sein und Jesus zuzusehen, wie er das Brot brach und zu hören: *„Das ist mein Leib, der für euch gegeben wird; das tut zu meinem Gedächtnis!"*? Was für eine schockierende Offenbarung. Der Leib Jesu ist das Brot des Angesichts? Das ungesäuerte, sündlose Brot der Gegenwart? Sein Körper? All die Jahre brachen die Priester das Brot, aßen es und dachten, es würde *Brot der Gegenwart* heißen, weil es *in* der Gegenwart Gottes lag. Aber es wurde eigentlich *Brot der Gegenwart* genannt, weil es den Weg *in* Gottes Gegenwart aufzeigte – durch den gebrochenen Leib Jesu.

Können Sie sich vorstellen, wie es wohl gewesen sein muss, den Kelch von Christus zu bekommen und zu hören: *„Dieser Kelch ist der neue Bund in meinem Blut, das für euch vergossen wird."*? Das Trankopfer wurde von den Priestern immer in der

Gegenwart Gottes ausgegossen, so wie das Blut des Sühneopfers. Sagte Jesus damit, dass sein Blut beides war?

1.400 Jahre lang war dies ein verborgenes Geheimnis. Eines Abends saß Jesus dann mit seinen Jüngern zusammen und erklärte ihnen die Bedeutung. Und plötzlich kam die einst tote Religion zum Leben.

An diesem Abend wusch Jesus die Füße der Jünger, weil sich ein Priester waschen muss, bevor er in das Heiligtum Gottes treten kann, um dem Herrn zu dienen. Dann führte er seine neuen Priester in den Dienst am Schaubrottisch ein – in den Dienst der Gemeinschaft.

Als Jesus ihnen den Kelch und das Brot gab, lehrte er sie nicht nur die Bedeutung hinter den alten Ritualen, er führte sie in die Anbetung. Jesus, der Hohepriester des Himmels, lehrte seine Jünger, eine Beziehung mit seinem Vater zu haben. Und während er das tat, lehrte er sie, Menschen in die Intimität mit ihm zu führen. Intimität dient dem Herzen Gottes.

Wenn man sich die Zeit nimmt, den Menschen den Leib Jesu zu zeigen, der für sie gebrochen wurde, dann führt man sie an einen Punkt der Entscheidung. So wie Judas, der sich entscheiden musste: „Werde ich meinen Messias verraten oder werde ich ihm treu folgen?". Wenn man vor dem Angesicht Gottes steht – der die Beziehung mit seinem Volk so hoch schätzt, dass er bereit ist, seinen einzigen Sohn am Kreuz zu opfern, um sein Volk zu gewinnen –, dann muss man eine Entscheidung im Hinblick auf Jesus treffen.

Das Schlimmste ist, keine Wahl zu haben. Sie, als Priester, bringen Menschen durch seinen zerbrochenen Körper und sein vergossenes Blut in die Begegnung mit Gott. Sie geben ihnen Möglichkeiten, sich für Gott zu entscheiden, so wie er sich für uns alle entschieden hat.

Wenn man jemanden über das Mahl lehrt, öffnet man die Tür zur Intimität mit Jesus. Und dort, wo wahre Intimität mit Jesus stattfindet, findet wahre Anbetung statt.

KAPITEL 12

DER GOLDENE LEUCHTER

„Denn du, Herr, bist meine Leuchte; der Herr macht meine Finsternis licht ..." (2.Sam 22,29)

Der Tag meiner Hochzeit ist mir immer noch klar vor Augen. Frauen, es ist für Männer genauso schwierig, eure Vorstellung von Hochzeit zu verstehen, wie umgekehrt. Ich stand nicht mit einem Kribbeln am Altar, dass Jen den Gang herunterkäme, damit ich den Gottesdienst, die Schönheit des Kleids der Trauzeugin und die romantischen Klänge des Harfenspielers genießen konnte – ich war wirklich nicht „ganz bei der Sache". Meine Gedanken waren schon auf dem Weg in die Flitterwochen. Ich konnte es nicht abwarten, meine Frau für mich zu haben; die Leute hinter uns zu lassen und mit ihr allein zu sein. Ich wollte mit ihr zusammen leben, sie wirklich kennenlernen. Ich wollte sie in den Arm nehmen, lieben, ihr in die Augen schauen und wissen, dass wir allein sind. Ich heiratete nicht für das Erlebnis der Trauzeremonie. Ich habe geheiratet, weil ich meine Frau ganz für mich haben wollte.

Manchmal frage ich mich, ob Gott auch so fühlt. So wie junge Bräute von ihrer Hochzeit träumen, verbringen wir viel Zeit damit, unsere Gottesdienste zu planen. Und diese Gottesdienste sind schön, festlich, verehrend und notwendig (es sei denn, sie sind leblos, langweilig und kitschig). Aber was, wenn Jesus nur darauf wartet, uns ganz für sich zu haben?

Jesus litt und starb nicht am Kreuz für Sie – er machte Ihnen keinen Antrag –, nur damit Sie öffentliche Zeremonien und Traditionen zusammen feiern könnten. Er machte Ihnen einen Antrag, weil er Sie ganz für sich haben wollte. Weil er Sie liebt. Genau darum geht es beim Mahl.

Wir haben uns mehr um die Festlichkeiten und Traditionen gekümmert als um die Leidenschaft. Wie traurig. Und wir streiten uns über den Blumenschmuck, während der Bräutigam allein in der Ecke steht.

Beim Mahl geht es ebenso wenig um Brot und Wein, wie es bei einem Kuss um Lippen und Speichel geht. Lippen sind nur das Mittel zum Kuss. Bei einem Kuss geht es um Intimität. Brot und Wein, der Leib und das Blut Jesu, sind nur die Mittel für Gemeinschaft. Aber beim Mahl selbst geht es um Intimität. Es geht um eine Beziehung mit Gott.

Unser Feind hat uns irregeführt, indem wir uns über die Mittel streiten, um uns davon abzuhalten, in eine Beziehung mit Jesus zu kommen.

DER ORT

Wenn wir durch die Tür des Heiligtums eintreten, ist der Schaubrottisch direkt zu unserer rechten (oder der nördlichen Seite der Stiftshütte). Zu unserer linken (der südlichen Seite) befindet sich der goldene Leuchter.

Es gibt einen Grund, warum diese beiden nicht hintereinander platziert wurden. Alles andere in der Stiftshütte hat seine Reihenfolge, aber der Schaubrottisch und der goldene Leuchter gehen Hand in Hand. Dort, wo der Dienst des Tisches ist, ist auch der Dienst des Leuchters; und dort, wo der Dienst des Leuchters ist, ist auch der Dienst des Tisches. Diese zwei sind untrennbar verbunden. Wir werden gleich sehen, warum.

DIE KONSTRUKTION

„Du sollst auch einen Leuchter aus reinem Gold anfertigen; in getriebener Arbeit soll dieser Leuchter gemacht werden; sein Fuß und sein Schaft, seine Kelche, Knäufe und Blüten sollen aus einem Stück mit ihm sein. Aus den Seiten des Leuchters sollen sechs Arme herauskommen: drei Arme aus einer Seite des Leuchters und drei Arme aus der anderen Seite des Leuchters. An dem einen Arm sollen drei Kelche wie Mandelblüten sein, mit je einem Knauf und einer Blüte, und drei Kelche wie Mandelblüten an dem anderen Arm, mit je einem Knauf und einer Blüte. So soll

es bei den sechs Armen sein, die aus dem Leuchter herauskommen. Aber der Schaft des Leuchters soll vier Kelche wie Mandelblüten haben, mit seinen Knäufen und Blüten; nämlich einen Knauf unter zwei Armen, und wieder einen Knauf unter zwei Armen, und noch einen Knauf unter zwei Armen; so bei den sechs Armen, die aus dem Leuchter herauskommen. Denn ihre Knäufe und Arme sollen aus einem Stück mit ihm sein; das Ganze soll eine getriebene Arbeit sein, aus reinem Gold. Und du sollst seine sieben Lampen machen, und man soll seine Lampen aufsteigend anordnen, damit sie das, was vor ihm liegt, erleuchten. Und ihre Lichtscheren und Löschnäpfe sollen aus reinem Gold sein. Aus einem Talent reinen Goldes soll man ihn machen mit allen diesen Geräten. Und achte sorgfältig darauf, dass du alles genau nach dem Vorbild machst, das dir auf dem Berg gezeigt worden ist!" (2.Mo 25,31-40)

Der goldene Leuchter wurde aus reinem Gold gehämmert. Er hat sechs Arme, die aus einem Hauptarm kommen, jeder einzelne mit einer Schale oder Leuchte am oberen Ende ausgestattet – sieben Leuchten insgesamt. Die Arme des Leuchters bestehen jeweils aus neun Teilen: drei Knospen, drei Blumen und drei Früchten. Der Docht und die Flamme werden vom Priester überwacht, der auch dafür zu sorgen hat, dass die Leuchten immer genug Öl haben.

Der Leuchter ist das einzige Licht im Heiligtum, und er ist so angeordnet, dass sein Licht direkt vor ihn fällt, möglicherweise auch auf den Schaubrottisch. Er ist im Grunde eine 45 kg schwere Menora mit sieben Lampen.

Ich kann mir nicht vorstellen, wie man so etwas Großes und Komplexes aus Gold hämmert, anstatt es zu gießen. Aber vielleicht hat es etwas mit dem Wert und der Art der Beleuchtung zu tun, welche aus dem Prozess des „Hämmerns" kommen.

SYMBOLIK DES LEUCHTERS

Jesus

Eine Sonntagsschullehrerin stellte ihren eifrigen kleinen Schülern eine Frage: „Kinder, was ist grau, hat einen langen flaumigen Schwanz und isst Nüsse?"

Die Schüler saßen mit großen Augen still da und schauten sie an. Niemand wusste, was grau war, einen langen flaumigen Schwanz hatte und Nüsse aß. Niemand kam dahinter. Schlussendlich rief die Lehrerin einen der Schüler auf. „Johnny, ich bin mir sicher, Du weißt es. Sag uns, was grau ist, einen langen flaumigen Schwanz hat und Nüsse isst."

Johnny antwortete unsicher: „Frau Lehrerin, ich weiß, die Antwort muss Jesus sein, aber es sieht für mich eher nach einem Eichhörnchen aus."

Lassen Sie uns hinter das Offensichtliche kommen. Alles in der Stiftshütte repräsentiert in irgendeiner Form Jesus. Die Tore stellen Jesus dar, weil er der Weg ist. Der Opferaltar symbolisiert Jesus, weil er das Lamm Gottes ist, geschlachtet für die Sünden der Welt. Das Becken ist Jesus, weil er das Wort und das Wasser des Lebens ist. Der Schaubrottisch ist Jesus, weil er das Brot des Lebens ist. Und der goldene Leuchter ist Jesus, weil er das Licht der Welt ist.

„Nun redete Jesus wieder zu ihnen und sprach: Ich bin das Licht der Welt. Wer mir nachfolgt, wird nicht in der Finsternis wandeln, sondern er wird das Licht des Lebens haben." (Joh 8,12)

„Denn ihr wart einst Finsternis; jetzt aber seid ihr Licht in dem Herrn. Wandelt als Kinder des Lichts!" (Eph 5,8)

Das ist vollkommen wahr, aber wenn das alles ist, was wir aus der Stiftshütte lernen können, dann kratzen wir nur an der Oberfläche, denn die Stiftshütte lehrt uns nicht nur, wer Jesus ist. Sie lehrt uns, wie er dient und wie wir ihm und mit ihm dienen können. Also müssen wir ein bisschen tiefer hineinschauen.

Mandeln

Warum musste Gott ausgerechnet von allen Arten von Pflanzen die Mandelblüte auswählen? Das Wort für *Mandel* im Hebräischen ist *shaqed*. Es bedeutet *der Erweckende*. Der Mandelbaum war der erste Baum, der vom Winterschlaf erwachte und anfing zu blühen. Er repräsentiert Begeisterung, Erstlingsfrucht und neues Leben. Etwas geschieht am Leuchter, das eine Art Begeisterung mit sich bringt. Es beinhaltet das Heranwachsen der Frucht, das Erwachen aus dem geistlichen Schlummer und eine Wiederbelebung des Lebens.

Öl

Öl steht in der Bibel immer für den Heiligen Geist. Hier ist es nicht anders. Das Öl muss rein und aus Oliven gepresst sein:

> *„Und du sollst den Kindern Israels gebieten, dass sie dir reines Öl aus zerstoßenen Oliven für den Leuchter bringen, damit beständig Licht unterhalten werden kann. In der Stiftshütte, außerhalb des Vorhangs, der vor dem Zeugnis hängt, sollen Aaron und seine Söhne es zurichten, vom Abend bis zum Morgen, vor dem Herrn. Das ist eine ewige Ordnung, die von den Kindern*

Israels eingehalten werden soll bei ihren künftigen Geschlechtern." (2.Mo 27,20-21)

Der Heilige Geist wurde uns als Ergebnis des Dienstes Jesu gesandt, der für uns am Kreuz *„zerschlagen"* wurde (s. Jes 53,5). Jesus starb, stand von den Toten auf, fuhr hinauf zur Rechten des Vaters und goss das „Öl" des Heiligen Geistes über seinen Jüngern aus (s. Apg 2). Darum ist der Leuchter aus gehämmertem statt aus gegossenem Gold. Damit der Heilige Geist kommen konnte, musste Jesus zuerst „geschlagen" werden. Warum ist der Leuchter aus reinem Gold? Alle anderen Möbel in der Stiftshütte waren aus Akazienholz und einem Metall. Im Vorhof repräsentierten der Altar und das Becken Jesus als den Menschensohn, der das Gericht der Welt auf sich nahm – Akazienholz überzogen mit Erz. Alles weitere in der Stiftshütte repräsentiert Jesus als den Sohn Gottes – Akazienholz überzogen mit Gold. Aber der Leuchter repräsentiert jemanden, der wie Jesus ist, aber niemals seine menschliche (symbolisch dargestellt durch das Holz) Form annahm. Der Heilige Geist ist vollkommen Gott (Gold), aber kein Mensch (Holz).

„Aber Zach", denken Sie sich vielleicht an diesem Punkt, „mein Pastor sagt, der goldene Leuchter steht für Jesus. Wie kannst du sagen, dass er für den Heiligen Geist steht?". Nun, weil es das ist, was die Bibel uns sagt. Im Buch der Offenbarung hat Johannes eine der unglaublichsten Visionen von Jesus in der ganzen Bibel. Sein Haar ist wie Wolle, seine Füße sind wie schimmerndes Erz und seine Augen wie eine Feuerflamme. Ein Schwert kommt aus seinem Mund und er hält sieben Sterne in seinen Händen. Zur gleichen Zeit, in der Johannes diese Offenbarungen sieht, empfängt er noch weitere Visionen, die uns Einblicke in den Leuchter geben. Zum Beispiel:

*„Und ich wandte mich um und wollte nach der Stimme sehen, die mit mir redete; und als ich mich umwandte, da sah ich sieben goldene Leuchter, und mitten unter den sieben Leuchtern Einen, der **einem Sohn des Menschen glich** ..."* (Offb 1,12-13)

Was bedeutet *„der einem Sohn des Menschen glich"*? Nun, es bedeutet offensichtlich, dass er wie ein Mensch ausgesehen haben muss, und es bedeutet möglicherweise, das er wie DER Menschensohn ausgesehen haben muss, Jesus.

Johannes fährt fort zu erklären: *„... das Geheimnis ... der sieben goldenen Leuchter. ... die sieben Leuchter, die du gesehen hast, sind die sieben Gemeinden"* (Offb 1,20). Wir haben hier also die sieben Gemeinden Kleinasiens und jemand, der durch diese Gemeinden läuft und wie der Menschensohn „aussieht". Das ist der Geist Gottes, der sich innerhalb der Gemeinden bewegt. Der goldene Leuchter ist der Dienst des Heiligen Geistes in der Gemeinde.

Neun

Jeder Ast des Leuchters hat neun Segmente. Die Zahl *Neun* gibt uns einen weiteren Hinweis darauf, dass der Leuchter der Dienst des Heiligen Geistes ist. Zahlen werden in der Bibel sehr gleichbedeutend benutzt, und Neun bedeutet immer das Werk des Heiligen Geistes. Denken Sie einen Augenblick nach. Wie viele Früchte des Geistes gibt es? Galater 5,22 sagt: *„Die Frucht des Geistes aber ist Liebe, Freude, Friede, Langmut, Freundlichkeit, Güte, Treue, Sanftmut, Selbstbeherrschung."* Haben Sie mitgezählt? – Neun! Es ist kein Zufall, dass die Knospe, Blume und Frucht der Mandel auf jedem Ast des Leuchters dreimal zu finden sind. Der Wachstumsprozess in die geistliche Reife wird hier repräsentiert. Und das Endergebnis ist Fruchtbarkeit.

Sie glauben mir noch nicht? Wie sieht es mit den Gaben des Geistes aus? Wie viele gibt es? – 1. Korinther 12,7-10 sagt: *„Jedem wird aber das offensichtliche Wirken des Geistes zum allgemeinen Nutzen verliehen. Dem einen nämlich wird durch den Geist ein Wort der Weisheit gegeben, einem anderen aber ein Wort der Erkenntnis gemäß demselben Geist; einem anderen Glauben in demselben Geist; einem anderen Gnadengaben der Heilungen in demselben Geist; einem anderen Wirkungen von Wunderkräften, einem anderen Weissagung, einem anderen Geister zu unterscheiden, einem anderen verschiedene Arten von Sprachen, einem anderen die Auslegung der Sprachen."* Wie viele sind es? – Neun! Der Leuchter ist ein klares Symbol für den Dienst des Heiligen Geistes in der Gemeinde.

Flamme

Es ist einfach, eine Bedeutung vom Feuer abzuleiten. Jesus ist die Wahrheit. Er gibt uns Erleuchtung. Er gibt uns Offenbarung. Sein *„Wort ist meines Fußes Leuchte und ein Licht auf meinem Weg"* (Ps 119,105). Das ist vollkommen wahr. Aber es gibt noch etwas anderes Wichtiges in Bezug auf das Feuer. Feuer steht für Kraft. Es steht für Leidenschaft. Es brennt.

Feuer ist ein weiteres biblisches Symbol für den Heiligen Geist. Immer, wenn Gott den Tempel mit seiner Herrlichkeit füllt, kommt er mit Feuer. Sogar in Apostelgeschichte 2, als der Heilige Geist im Obergemach auf die Jünger fällt, kommt er mit Feuerzungen.

Am goldenen Leuchter geschieht etwas Übernatürliches. Wir empfangen übernatürliche Offenbarung, Kraft und Leidenschaft durch den Geist Gottes.

Es ist interessant, dass die Priester angewiesen werden, den Docht zu trimmen und das Öl zweimal am Tag aufzufüllen

(2.Mo 30,7) – am Morgen und am Abend. Warum? – Weil ein ungetrimmter Docht zwei Dinge produziert: Rauch und Flimmern. Dieses Feuer soll keinen beißenden Dunst verbreiten, sondern es soll hell und konstant brennen, nicht unbeständig. Wie sieht es mit der Flamme in Ihrem Herzen aus? Flackert Ihre Leidenschaft für Christus nur unbeständig auf? Produziert sie manchmal „Rauch", der eher schädlich als gut ist? Wenn das so ist, dann trimmen Sie ihren Docht wahrscheinlich nicht und befüllen die Schale nicht regelmäßig. Es ist nicht Gottes Verantwortung, diese Dinge zu tun. Es ist Ihre und meine, als Priester. Es gibt einen Grund, warum uns Epheser 5,18-20 befiehlt: *„Und berauscht euch nicht mit Wein, was Ausschweifung ist, sondern werdet voll Geistes; redet zueinander mit Psalmen und Lobgesängen und geistlichen Liedern; singt und spielt dem Herrn in eurem Herzen; sagt allezeit Gott, dem Vater, Dank für alles, in dem Namen unseres Herrn Jesus Christus".* Sehen Sie den Prozess der Stiftshütte in diesen Versen? Wir sind angewiesen, die Schalen unserer Herzen andauernd mit dem Heiligen Geist gefüllt zu haben. Wie? – Durch regelmäßiges, fortwährendes Reinigen im Wort. Hören Sie nicht auf, Gott zu loben und zu danken. Und halten Sie die Beziehung zum Vater durch Jesus aufrecht. Das bedeutet, zuerst kommt der Altar, dann das Becken, dann der Tisch. Jeden Morgen und jeden Abend. Es ist der einzige Weg, unsere Schale gefüllt und unseren Docht getrimmt zu behalten. Und es ist der einzige Weg, das Heiligtum vor Gestank von aufsteigendem Rauch zu bewahren, der von uns kommt und nicht von ihm.

Gasbrenner

Ich bin ein ziemlich leidenschaftlicher Mensch, aber als ich frisch bekehrt war, brannte ich förmlich. Ich war fast wie ein

Störfeuer. Ich war so leidenschaftlich für Jesus und was er für mich getan hat, dass ich alles oder jeden vernichtete, der es nicht war. Ich hatte in meinem Hauskreis einen guten Leiter, der mich eines Tages beiseite nahm und sagte: „Zach, du bist wie ein Lauffeuer".

Ich grinste über das erhaltene Kompliment. *Natürlich war ich das! Lauffeuer sind großartig!*

Aber er fuhr fort: „Das ist schlecht. Lauffeuer sind gefährlich. Sie brennen willkürlich. Sie sind außer Kontrolle und verletzen Menschen. Gott möchte dein Lauffeuer nehmen und es zu einem Gasbrenner verfeinern."

Wie Sie sehen, ist ein Gasbrenner eine andere Art von Feuer. Es ist ein sehr heißes, aber konzentriertes Feuer. Es ist ein Feuer unter der Kontrolle eines Meisters. Ein Gasbrenner kann gezielt zerstören, was der Meister zerstören möchte, und aufbauen, was der Meister aufbauen möchte. Gasbrenner sind auch gefährlich, wenn sie in falsche Hände geraten, aber sie sind sicher und mächtig, wenn sie in den Händen eines Meisters sind.

Gott möchte auch aus Ihnen einen Gasbrenner machen. Er möchte sein Feuer durch Sie leiten. Und in seinen Händen werden Sie mächtig sein. Sie werden seine Arbeit verrichten, sein Königreich bauen und das Reich des Feindes einreißen. Ein Priester ist ein Gasbrenner. Anbeter sind Gasbrenner.

Sieben

Es gibt einen Grund, warum es sieben Lampen mit sieben Flammen auf dem Leuchter gibt. Die Zahl Sieben steht in der Bibel für Vollkommenheit, Vollständigkeit, Fülle und Ruhe. Ohne den Dienst des Heiligen Geistes in Ihrem Leben und in Ihrer

Gemeinde sind Sie unvollständig. Ohne die Gaben und Früchte des Geistes erfahren wir keine Fülle, sondern Hunger. Und ohne die Kraft und Arbeit des Heiligen Geistes können wir nicht aus einer Ruheposition heraus leben und dienen.

Was ist das Problem in einer „Gemeinde", die den Heiligen Geist nicht hat? Waren Sie jemals in einer lieblosen Gemeinde? Waren Sie jemals in der Nähe von unfreundlichen Christen? Wer will Christentum ohne Erkenntnis, Weisheit und Glaube? Wird die Welt von einer ungläubigen, kraftlosen Christenheit angezogen? – Nein! Warum? — Weil sie wissen, dass etwas fehlt! Was fehlt? – Der Geist Gottes, der sich in der Gemeinde und in unserem Leben bewegt! Das Öl und das Feuer.

Die Zahl Sieben bedeutet, dass der einzige Weg für uns als Christen, in der Fülle zu leben, nur durch die Ermutigung und Ansteckung des Heiligen Geistes in unserem Leben geht. Ich weiß nicht, wie es bei Ihnen ist, aber mir fehlt ernsthaft etwas ohne die Frucht des Geistes in meinem Leben. Ich kann kein guter Vater sein ohne Liebe. Wenn ich ohne die Hilfe des Heiligen Geistes Vater sein wollte, würde ich meine Kinder entweder vernachlässigen, verhätscheln oder in der Luft zerreißen. Ein guter Vater zu sein, kommt nicht von allein.

Ich kann kein guter Ehemann sein ohne Freude, Friede, Geduld und Freundlichkeit. Wenn ich den Heiligen Geist nicht in meinem Leben hätte, wäre meine Frau mit einem mürrischen, gestressten, brutalen Diktator verheiratet.

Ich werde einfach niemals so wie Jesus, wenn ich seinen Geist nicht habe, der mich Güte, Treue, Freundlichkeit und Selbstkontrolle lehrt. Ich bin ein geborener Trottel. Und wenn ich mich nicht irre, sind auch Sie einer. Nur der Heilige Geist lässt den Charakter Christi durch mich scheinen.

Wissen Sie, warum die Welt die Christen so sehr hasst? – Ich glaube, weil wir sehr religiös gewesen sind, aber nicht sehr

„fruchtbar". Die Welt hasst nicht Jesus. Sie verachtet Christen, die sich nicht so verhalten wie er. Haben Sie sich jemals überlegt, was passieren würde, wenn Christen tatsächlich so handeln würden wie Jesus? – Viele Menschen würden sich an den Altar drängen. Die Verlorenen würden wie eine Flut über uns hereinbrechen. Das ist Teil dessen, was der Heilige Geist in unserem Leben tut. Er ermächtigt uns, so zu leben wie Jesus, sodass wir der Welt Christus zeigen können.

Wie sieht es mit den Geistesgaben aus? Wir können nicht nur bei der Frucht des Geistes stehen bleiben, wir müssen auch die Gaben haben. Die Gaben des Geistes sind der Aspekt seiner Kraft, der mit seiner Gegenwart kommt. Wer möchte morgens früh aufstehen, unbequeme Kleidung anziehen und an einen Ort gehen, an dem die Gegenwart und Kraft Gottes nicht vorhanden ist?

Wir sagen, dass Jesus ein gegenwärtiger und mächtiger Retter ist. Nun, wo ist der Beweis? Die Welt kauft es uns einfach nicht mehr ab. Paulus sagt in 1. Thessalonicher 1,5: *„…. denn unser Evangelium ist nicht nur im Wort zu euch gekommen, sondern auch in Kraft und im Heiligen Geist und in großer Gewissheit, so wie ihr ja auch wisst, wie wir unter euch gewesen sind um euretwillen"*.

„Zach, du musst aufhören, über die Gaben des Geistes zu reden. Wir glauben nicht an Zungensprache in unserer Gemeinde." Schön! Darüber möchte ich mich nicht streiten. Welcher Mensch wurde jemals errettet, indem er einer Diskussion über Sprachengebet zuhörte? Das sind *fruchtlose* Streitigkeiten. Wenn die Kraft Gottes wirklich in unseren Gemeinden wäre, hätten wir nicht die Zeit für solche dummen Streitigkeiten. Wir wären zu sehr damit beschäftigt, die Fische an Land zu ziehen. Wir hätten alle Hände voll damit zu tun, Menschen zu retten, zu heilen, freizusetzen, zu Jüngern zu machen, auszurüsten und in den Dienst zu stellen.

Die Gaben und die Kraft Gottes treiben den Dienst an. Das Evangelium ist wie ein Haken. Die Frucht des Geistes ist wie der Köderhaken. Die Gaben des Geistes holen die Fische ein. Welcher Fischer würde sie in seiner Anglerkiste lassen? – Einer, der eher einen Streit gewinnen will, als einer, der Fische fangen möchte. Bitte verstehen Sie mich richtig, ich sage nicht, man soll die Gaben zuerst suchen, bevor man den Geber der Gaben sucht. Ich rede hier darüber, einen Gott zu suchen, der sich in Macht zeigt und der durch sein Volk in Macht wirkt. Ich spreche davon, dass es keine Ausrede für kraftlose Religion gibt.

Viele unserer Gemeinden waren so lange geistlich fruchtlos gewesen, dass sie entmutigt wurden. Anstatt der Wahrheit der Situation ins Auge zu schauen, haben sie eine Theologie erfunden, in der Gott nicht mehr mächtig und gegenwärtig war.

Das Einzige, was falsche Theologie bewirkt, ist, dass die Hoffnung der Gemeinde schwindet. Wenn eine Gemeinde keine Hoffnung mehr hat, Gott zu begegnen, dann haben sie keine Hoffnung, seine Kraft zu sehen. Dort, wo keine Kraft ist, gibt es keinen Sieg über Sünde, Krankheit und Tod. Und dort, wo sich der Sieg am Kreuz nicht durchsetzt, sind ausschweifende Sünde, Unglaube und tote Religion. 2. Timotheus 3,1-5 spricht exakt von solchen Menschen:

„Das aber sollst du wissen, dass in den letzten Tagen schlimme Zeiten eintreten werden. Denn die Menschen werden sich selbst lieben, geldgierig sein, prahlerisch, überheblich, Lästerer, den Eltern ungehorsam, undankbar, unheilig, lieblos, unversöhnlich, verleumderisch, unbeherrscht, gewalttätig, dem Guten feind, Verräter, leichtsinnig, aufgeblasen; sie lieben das Vergnügen mehr als Gott; **dabei haben sie den äußeren Schein**

von Gottesfurcht, deren Kraft aber verleugnen sie. Von solchen wende dich ab!"

Diese „Form von Göttlichkeit" ist tote Religion. Wer seine Kraft verleugnet, gehört einer Denomination an, die lehrt, dass Gott seit fast 2.000 Jahren nicht mehr mächtig wirken würde. Die Bibel sagt, wir sollen vor solchen Menschen fliehen. Warum? – Weil dort, wo Gott als kraftlos bezeichnet wird, Sünde regiert. Eine kraftlose, religiöse Gemeinde ist ein gefährlicher Ort. Eine kraftlose, religiöse Person ist eine gefährliche Person.

Die Gemeinde muss sehen, dass der Heilige Geist uns dazu befähigt, wie Christus zu leben und zu lieben. Während der Anbetung beginnt der Heilige Geist unter den Menschen zu wirken. Er befähigt uns, in seinem Charakter und in seiner Kraft zu leben.

Sieben bedeutet auch dies: Jeder Dienst, der behauptet, in der Kraft und dem Geist Gottes zu handeln, kann diese Behauptung auch belegen. Oder so wie Jesus es in Lukas 6,44 sagt: *„Denn jeder Baum wird an seiner Frucht erkannt; denn von Dornen sammelt man keine Feigen, und vom Dornbusch liest man keine Trauben".* Die Beweise dafür, dass die Gegenwart Gottes in unserer Mitte ist, sind die Gaben und die Frucht des Geistes.

Bitte verstehen Sie richtig: Diese beiden gehen IMMER Hand in Hand. Wenn eine Gemeinde in den Gaben des Geistes dient, dann wird man dort auch die Frucht des Geistes sehen.

Einer der größten Missbräuche, den ich in Gemeinden beobachte, ist die Praktizierung der Geistesgaben ohne die Praktizierung der Frucht des Geistes. Wenn eine Gemeinde oder eine einzelne Person einen mächtigen Dienst tut, ihn aber nicht in Liebe verrichtet, ist es eine falsche Gabe. Wenn wir mit Heilung, aber nicht mit Selbstbeherrschung dienen können, ist es eine falsche und unvollständige Gabe. Wenn wir prophetisch dienen, aber nicht mit Freundlichkeit, ist das keine Gabe von Gott. Und wenn wir Glauben haben, aber keine Geduld, dann besteht unser Glaube nur aus leeren Worten.

Um die Gaben zu prüfen, kann man sich die Frucht anschauen. Wenn ich eine Person oder eine Gemeinde sehe, die ihre Gaben öffentlich zur Schau stellt, aber die Frucht des Geistes nicht hat, dann renne ich raus. Diese Person ist gefährlich. Diese Gemeinde ist gefährlich. Sie ist betrügerisch. Sie ist eine Fälschung der Christenheit.

Beachten Sie die bekannten Worte aus 1. Korinther 13,1-3:

„Wenn ich in Sprachen der Menschen und der Engel redete, aber keine Liebe hätte, so wäre ich ein tönendes Erz oder eine klingende Schelle. Und wenn ich Weissagung hätte und alle Geheimnisse wüsste und alle Erkenntnis, und wenn ich allen Glauben besäße, sodass ich Berge versetzte, aber keine Liebe hätte, so wäre ich nichts. Und wenn ich alle meine Habe austeilte und meinen Leib hingäbe, damit ich verbrannt würde, aber keine Liebe hätte, so nützte es mir nichts!"

Die Frucht des Geistes belegt die Gültigkeit der Gaben des Geistes.

DIE SIEBEN GEISTER GOTTES

Letztlich steht die Zahl Sieben für die sieben Aspekte des Geistes Gottes. Hier sind drei Belege für diese Symbolik:

„Und es wird ein Zweig hervorgehen aus dem Stumpf Isais und ein Schössling hervorbrechen aus seinen Wurzeln. Und auf ihm

wird ruhen der Geist des Herrn, der Geist der Weisheit und des Verstandes, der Geist des Rats und der Kraft, der Geist der Erkenntnis und der Furcht des Herrn." (Jes 11,1-2)

„Und dem Engel der Gemeinde in Sardes schreibe: Das sagt der, welcher die sieben Geister Gottes und die sieben Sterne hat: Ich kenne deine Werke: Du hast den Namen, dass du lebst, und bist doch tot." (Offb 3,1)

„Und von dem Thron gingen Blitze und Donner und Stimmen aus, und sieben Feuerfackeln brennen vor dem Thron, welche die sieben Geister Gottes sind." (Offb 4,5).

Wir haben gesehen, dass Jesus die sieben Leuchter mit den sieben Gemeinden vergleicht. Jetzt sehen wir, dass er die sieben Leuchter mit den sieben Geistern Gottes vergleicht. Dies ist wieder ein weiterer Beweis dafür, dass der goldene Leuchter den Geist Gottes repräsentiert, der sich in der Gemeinde bewegt.

Aber was sind die sieben Geister Gottes? – Es gibt nicht viel Übereinstimmung bei diesem Thema. Ich bin nicht davon überzeugt, dass wir die Geister Gottes benennen können. Aber ich bin mir sicher, dass ich, wenn es sieben Dinge gibt, die Gott in meinem Leben durch den Heiligen Geist wirken möchte, sie alle erleben möchte, egal wie man sie nennt.

Ich habe keine Zeit, mich weiter über dieses Thema auszulassen, deshalb lasst uns einfach Jesaja 11,1-2 , die erste der drei Stellen, die ich oben zitierte, in angemessene Stücke herunterbrechen:

1. Der Geist des Herrn – Brauchen wir die Herrschaft und Autorität Gottes in unseren Leben und Gemeinden? – Ja!

2. Der Geist der Weisheit – Brauchen wir die Weisheit Gottes in unseren Leben und Gemeinden? – Ja!

3. Der Geist des Verstands – Brauchen wir die Erleuchtung und den Verstand Gottes in unseren Leben und Gemeinden? – Ja!

4. Der Geist des Rats – Brauchen wir ihn? – Ja!

5. Der Geist der Kraft – Brauchen wir ihn? – Ja!

6. Der Geist der Erkenntnis – Brauchen wir ihn? – Ja!

7. Der Geist der Furcht des Herrn, der uns lehrt, zu lieben, was er liebt, und zu hassen, was er hasst – Brauchen wir ihn? – Ja!

Die einzigen Menschen, die vor dem Dienst des Geistes Gottes Angst haben, sind diejenigen, die sich davor fürchten, ihm die Kontrolle zu geben, oder diejenigen, die durch geistliche Eigenarten gebrannt markt wurden. Ich muss hier zwei Dinge sagen: Erstens hatten Sie von Anfang an nicht die Kontrolle. Und als Jesus Ihr Herr wurde, übergaben Sie ihm die Kontrolle. Zweitens ist der Heilige Geist nicht eigenartig, trügerische Menschen sind eigenartig. Und sie kommen aus jeder Denomination. Sie brauchen eigentlich den Geist Gottes, der sie erleuchtet und sie das Leben lehrt.

Laden Sie den Heiligen Geist ein, und er wird Leben mit sich bringen.

KAPITEL 13

LEUCHTER ODER KERZENHALTER?

Ihre Erfolge, selbst noble, sind nicht wichtig. Ihre Referenzen, wie bedeutungsvoll sie auch sein mögen, spielen keine Rolle. Gott ist die Kraft, die dahinter steckt. Seine Kraft ist der Schlüsselfaktor. Fokussieren Sie sich nicht auf Ihre Kraft, sondern auf seine. Beschäftigen Sie sich mit dem Wesen Gottes, nicht mit der Größe Ihres Bizeps.
Max Lucado

Lassen Sie uns die goldene Beleuchtungsquelle der Stiftshütte etwas genauer betrachten. Wir haben alle unsere Lieblingsärgernisse. Mich treibt es auf die Palme, wenn ich Pastoren höre, wie sie ihn als goldenen „Kerzenhalter" bezeichnen. Warum? – Erstens ist das eine Fehlübersetzung. Die Bibelübersetzer haben es hier einfach verbockt. Er hält keine Kerzen! Wie kann es dann ein Kerzenhalter sein? Zweitens kann man den Dienst, der hier am Werke ist, dadurch falsch verstehen. Erinnern Sie sich: Gott war bei seinen Bauanweisungen aller Dinge der Stiftshütte sehr genau. Er sagte nicht: „Baut mir einen Kerzenhalter". Er bat um einen Leuchter. Eine Kerze verbrennt durch Selbstverbrauch. Sie schmilzt runter und muss dann ersetzt werden. Gott möchte nicht, dass wir aus eigener Kraft dienen und völlig ausbrennen, um dann in unserem Dienst ersetzt zu werden. Dafür gibt es ein Wort: Burnout (Ausgebranntsein).

Burnout passiert, wenn ich mehr tue, als Gott mir aufgetragen hat, weniger Kraft Gottes nutze, als die, die bereitgestellt wurde, und weniger als die befohlenen Sabbattage ruhe. Es ist das Ergebnis eines verdrehten, von Menschenhand geschaffenen Dienstmodells, welches die Kraft ihrer Priester verschlingt, indem es sie in das unmögliche Streben, den Nöten der Menschen zu dienen, treibt. Wenn wir Dinge auf menschliche Weise tun, dann müssen wir auch menschliche Kraft einsetzen. Die Ordnung Gottes beinhaltet die Kraft Gottes. Wir dienen Gott. Er kommt. Er tut die Arbeit. Und er dient den Nöten seines Volkes.

Was passiert, nachdem ich ausgebrannt bin? Ich bin unfähig zu arbeiten, also werde ich ersetzt. Was für eine Abscheulichkeit! Ich habe Neuigkeiten für Sie: Kinder Gottes sind weder entbehrlich, noch kann man auf sie verzichten! Und er bewertet sie nicht nach der Arbeitsleistung, die sie verrichten können.

Nein! Ein *Kerzenhalter* reicht hier nicht aus. Gott weist Mose an, einen Leuchter zu bauen, weil er möchte, dass wir im Schein seiner Erleuchtung dienen, mit seiner Befähigung, mit einer konstanten Ausfüllung seines Heiligen Geistes. Wir müssen diesen Dienst mit einem Leuchter wiedergeben, ansonsten verstehen wir diesen Dienst völlig falsch.

DIE ORDNUNG

Die meisten Menschen verschleißen sich selbst im Dienst, weil sie den Tisch und den Leuchter wie etwas aufeinander Folgendes behandeln. Mit anderen Worten: Wir kommen in die Intimität mit Gott und er füllt uns mit seinem Geist. Dann gehen wir heraus und dienen in der Kraft Gottes.

Wir haben eine Menge Erfahrungen, die berauschend und mitreißend sind. Es gibt nichts Vergleichbares wie das Gefühl, dass die Kraft Gottes durch Sie wirkt. Was geschieht als nächstes? – Es ist fast wie ein Adrenalinzusammenbruch. Wir können uns ausgetrocknet, müde oder sogar bedrückt fühlen.

Darum werden Menschen zu Adrenalin-Junkies und zu Workaholics im Königreich Gottes. Sie versuchen unterbewusst, dieses Hoch zu halten – sie jagen nur dem Gefühl nach.

Stellen Sie sich noch einmal mit mir zusammen den Dienst vor: Wir neigen dazu, den Dienst mit einem Formel-1-Rennen zu vergleichen. Entweder fahren wir schnell und fegen über den Asphalt, oder wir werden in den Boxen gebremst. Wir erreichen das Ziel, wenn wir sterben oder Jesus wiederkommt.

Stellen Sie sich stattdessen einmal vor, wie Sie auf dem Schoß Gottes, Ihres Vaters, in einem Schaukelstuhl auf der Veranda sitzen. Sie unterhalten sich die ganze Zeit. Sie können sein Flüstern hören und seinen Herzschlag fühlen. Sie teilen Ihr Leben mit, geben Einblicke in die Nachbarschaft, lachen über lustige Situationen und haben einfach eine gute Zeit zusammen. Dann schaut Gott herum und sieht einen Dämon, der im Garten herumschleicht. „Hey", sagt er mit einem wissenden Lächeln, „siehst du diesen Dämon dort drüben? Geh und schmeiß ihn aus dem Garten." Sie springen vom Schoß runter, rennen rüber, fegen durch den Garten und jagen das widerwärtige kläffende Ding mit seinem Schwanz zwischen den Beinen weg. Dann rennen Sie zurück und springen wieder auf seinen Schoß.

„Das war klasse!", sagt er. „Erzähl mir, was geschehen ist! Erzähl es mir." Und Sie erzählen eins nach dem anderen. Sie lachen zusammen und feiern; und Ihr Vater ist außer sich vor Stolz. Dann schaut er sich wieder um und sieht ein Kind, das gerade von seinem Dreirad gefallen ist. „Armer, kleiner Junge", sagt Gott, „geh schnell und hilf ihm." Wieder springen Sie runter, rennen zu dem kleinen Jungen, schauen sich sein Weh-Wehchen an, verbinden ihn, umarmen ihn und helfen ihm zurück auf sein Dreirad. Als Sie zu Ihrem Vater schauen, grinst er einfach nur von einem Ohr zum anderen. Er nickt Ihnen anerkennend zu und zeigt Ihnen den erhobenen Daumen.

Sie winken dem kleinen Jungen und rennen zurück zu Papa. Er nimmt Sie hoch und sagt: „Das war so mitfühlend von dir. Sag mir, was du gefühlt hast, als du ihn runterfallen sahst? Wie hat es sich angefühlt, diesem kleinen Jungen zu helfen? Du warst so sanft, als du dich um sein Knie gekümmert hast. Ich bin wirklich stolz darauf, dein Vater zu sein."

Darum geht es beim Tisch und beim Leuchter. Sie fließen konstant ineinander über. Der Tisch ist die intime Beziehung mit Gott, die das Werk des Dienstes antreibt. Und das Werk des Dienstes führt zu einem tieferen Verständnis und zu stärkeren Bindungen in Ihrer Beziehung mit Gott.

In diesem Szenario ist der Schaukelstuhl Anbetung durch Gemeinschaft. Sie sind dort, weil Sie Ihren Vater lieben. Und der Leuchter ist Anbetung durch Dienst. Sie dienen in seiner Kraft und seinem Charakter, weil Sie Ihren Vater lieben. Aber sie sind beide eine Form von Anbetung.

Warum hat Gott nun diese Dinge in eine bestimmte Ordnung gesetzt? – Wir hatten diese Frage bereits in jedem vorausgehenden Kapitel. Bis hierhin konnten wir erklären, warum eine Station nach der anderen kommen muss. Sie können nicht von Dallas nach Austin kommen, ohne durch Waco zu fahren. Sie können nicht an den Tisch kommen, ohne vorher am Becken gewesen zu sein. Aber in diesem Fall ist es ein wenig anders. Der Tisch und der Leuchter stehen Seite an Seite. Warum? – Weil eines dem anderen dient. Der Dienst eines jeden produziert die Frucht des anderen. Erinnern Sie sich an Philipper 3,10-11?

„... um ihn zu erkennen und die Kraft seiner Auferstehung und die Gemeinschaft seiner Leiden, indem ich seinem Tod gleichförmig werde, damit ich zur Auferstehung aus den Toten gelange."

Frage: Was ist das Resultat der Gemeinschaft seiner Leiden? – Die Auferstehungskraft. Oder, um es noch einfacher auszudrücken: Was ist das Resultat der Intimität mit Gott? – Es ist die Kraft seines Geistes. Intimität bringt Frucht und Kraft. Das ist ein Naturgesetz.

Ich bin in diesem Bereich ein Experte. Meine Frau und ich haben zusammen sechs Kinder, und ich kann Ihnen mit absoluter Sicherheit sagen, dass jedes von ihnen ein Resultat der intimen Beziehung ist, die ich mit meiner Frau pflege. Selbst in der natürlichen Welt – Bäume, Bienen, Vögel, Hasen, Barsche und Weißwale –, nichts davon bringt „Frucht" ohne Intimität hervor.

Anders ausgedrückt: Man kann keinen Nachwuchs, oder Frucht, haben ohne Gemeinschaft. Auf die gleiche Art und Weise können auch wir die Frucht des Geistes nicht in uns tragen, ohne in eine intime Beziehung mit Jesus einzutreten.

Fiel es Ihnen schwer, jemanden zu lieben? Freundlichkeiten auszutauschen? Selbstkontrolle auszuüben? Geduld zu haben? – Ihr Problem ist wahrscheinlich ein Mangel an Intimität. Kommen Sie näher zu Jesus und Sie werden sehen, dass Sie wieder Frucht bringen können. Sie müssen es nicht einmal versuchen. Frucht ist eine natürliche Folge von Intimität.

Darum sagte Jesus: *„Bleibt in mir, und ich bleibe in euch! Gleichwie die Rebe nicht von sich selbst aus Frucht bringen kann, wenn sie nicht am Weinstock bleibt, so auch ihr nicht, wenn ihr nicht in mir bleibt. Ich bin der Weinstock, ihr seid die Reben. Wer in mir bleibt und ich in ihm, der bringt viel Frucht; denn getrennt von mir könnt ihr nichts tun"* (Joh 15,4-5).

Das In-ihm-Bleiben ist Intimität. Intimität ist Anbetung. Wenn Sie Jesus anbeten, ist die natürliche Folge ein geistlich fruchtbares Leben. Gute Anbetung befähigt uns, den Charakter Jesu zum Vorschein zu bringen. Wie sieht es mit Kraft aus? – Nun, ohne Sie angreifen zu wollen, die Unfähigkeit zur Fortpflanzung nennt man Impotenz. Impotenz bedeutet: keine Kraft zu haben. Gott ist omnipotent, das bedeutet, er ist allmächtig oder er kann sich selbst überall reproduzieren. Durch unsere Intimität mit ihm pflanzt sich Gott selbst in uns fort. Er reproduziert nicht nur seinen Charakter, der die Frucht des Geistes ist, sondern auch seine Kraft, die die Gaben des Geistes beinhaltet. Durch diese Kraft, die in uns wirkt, heilt, rettet, befreit, weissagt und tut er alle wundersamen Dinge. Gute Anbetung befähigt uns, das Werk Christi zu tun. Haben Sie es verstanden? Der Tisch und der Leuchter stehen Seite an Seite, weil der Tisch die Gemeinschaft ist, durch die die Frucht und die Gaben des Geistes in unser Leben kamen. Und der Leuchter ist die geistliche Erleuchtung, durch die wir fähig sind, die Gemeinschaft mit Christus zu verstehen und zu suchen. Diese beiden brauchen sich gegenseitig und beeinflussen sich gegenseitig. Intimität führt zu Offenbarung. Offenbarung führt zu Intimität. Gemeinschaft führt zu Kraft. Kraft führt zu Gemeinschaft. Anbetung führt uns in die Christus-Ähnlichkeit. Christus-Ähnlichkeit führt uns in die Anbetung.

> *„Wir alle aber, indem wir mit unverhülltem Angesicht die Herrlichkeit des Herrn anschauen wie in einem Spiegel, werden verwandelt in dasselbe Bild von Herrlichkeit zu Herrlichkeit, nämlich vom Geist des Herrn." (2.Kor 3,18)*

Was bedeutet das? – Es bedeutet, dass wir alle in uneingeschränkter Intimität (Gemeinschaft) Jesus sehen, mehr so werden wie er (Becken) und mehr und mehr seine Kraft und seinen Charakter durch den Geist Gottes in uns tragen (Leuchter). Wieder sehen wir die Ordnung der Stiftshütte in dem göttlichen Prozess unserer Anbetung und geistlichen Reife.

DIE TOTE GEMEINDE

Gibt es so etwas wie eine tote Gemeinde? Wenn ja, wie kann das sein? Bitte beachten Sie ...:

„Aber ich habe gegen dich, dass du deine erste Liebe verlassen hast. Bedenke nun, wovon du gefallen bist, und tue Buße und tue die ersten Werke! Sonst komme ich rasch über dich und werde deinen Leuchter von seiner Stelle wegstoßen, wenn du nicht Buße tust!" (Offb 2,4-5)

Ich möchte diesen ernüchternden Vers als Sprungbrett benutzen, um etwas anzusprechen, das in der Gemeinde aus dem Gleichgewicht gekommen ist. Ich hoffe, ich irritiere Sie nicht damit, und Sie schlagen dieses Buch nicht einfach zu. Würden Sie diesen Abschnitt betend lesen und ihn vor dem Herrn bewegen? Aus meinem kleinen Blickwinkel schaue ich mich um und sehe Gemeinden an jeder Straßenecke. Kirchtürme ragen in den Himmel. Ich bemerke, dass wir in Amerika sehr *religiöse* Menschen sind (wie Paulus es bei den Menschen in Athen bemerkte). Aber ein Gebäude zu haben, macht eine Gruppe von Menschen noch nicht zu einer Gemeinde. Die Gegenwart Gottes in ihrer Mitte macht sie zu einer Gemeinde.

Vor einigen Jahren besuchte ich eine lokale Gemeinde. Sie war von mittlerer Größe, vielleicht 700 Personen. Der Pastor hatte mich eingeladen, um zu sehen, ob ich nicht vielleicht als

Lobpreispastor eingestellt werden wollte. Also beobachtete ich aufmerksam den Gottesdienst. Ich betete: „Herr, gib mir einen Einblick in diesen Ort. Ich möchte wissen, welcher Geist hier am Werk ist und ob du mich in dieser Gemeinde gebrauchen willst oder nicht." Einige Dinge wurden mir sofort klar. Erstens war das Lobpreisteam sehr talentiert. Und sie wussten das. Es gab viel zu viele Zwischenspiele, und die Musiker und Sänger lenkten meine Aufmerksamkeit mehr auf sich als auf den Herrn. Die E-Gitarre trieb mich in den Wahnsinn. Nun, ich bin Musiker, und ich liebe Soloparts, aber dieser Typ spielte UNUNTERBROCHEN Soli – über alles. Er betete nicht an. Anbetung dient und ehrt Jesus. Dieser Mann diente seinem Talent und verehrte es. Viele dieser Musiker taten das. Das ist ein Zeichen eines stolzen, selbstverherrlichenden Geistes.

Und die Gemeinde? – Dort passierte nicht viel. Die Menschen priesen und beteten Gott nicht an. Sie schauten im Grunde zu. Ich fuhr meine Antennen aus, um eine Leidenschaft für die Gegenwart Gottes zu spüren. Traurigerweise fühlte ich sie nicht. Ich dachte bei mir: „Oh Mann, ich spüre die Gegenwart Gottes hier überhaupt nicht", als der Jugendpastor auf die Bühne sprang, herumtänzelte und schrie: „Oh, Gemeinde, fühlt ihr den Heiligen Geist an diesem Ort? Der Heilige Geist wirkt heute mächtig unter uns! Liebt ihr den Heiligen Geist? Wir lieben den Heiligen Geist, nicht wahr, Gemeinde?"

Für den Rest des Gottesdienstes war alles, was wir hören konnten, das Ausleben von Geistesgaben. Also hörte ich aufmerksam zu, und Jesus wurde in diesem Gottesdienst nicht ein Mal erwähnt oder angesprochen. Nicht ein Mal.

Nun sprachen sie den ganzen Morgen über Kraft, aber nicht eine Faser der Kraft war zu sehen. Diese Gemeinde hatte den Ruf, eine lebendige Gemeinde zu sein, aber sie war tot. Ist es möglich, dass eine Gemeinde denkt, dass sie geistlich lebendig ist, aber in Wahrheit ohne den Geist Gottes ist? Noch einmal: Ich richte Ihre Aufmerksamkeit auf die Worte Jesu an die lokale Gemeinde:

„Und dem Engel der Gemeinde in Sardes schreibe: Das sagt der, welcher die sieben Geister Gottes und die sieben Sterne hat: Ich kenne deine Werke: Du hast den Namen, dass du lebst, und bist doch tot. Werde wach und stärke das Übrige, das im Begriff steht zu sterben; denn ich habe deine Werke nicht vollendet erfunden vor Gott. So denke nun daran, wie du empfangen und gehört hast, und bewahre es und tue Buße! Wenn du nun nicht wachst, so werde ich über dich kommen wie ein Dieb, und du wirst nicht erkennen, zu welcher Stunde ich über dich kommen werde." (Offb 3,1-3)

Natürlich ist das möglich! Wie kann es soweit kommen? – Offenbarung 2,4 sagt, dass wir geistlich sterben, „wenn wir „*die erste Liebe verlassen*". Und wer ist unsere erste Liebe? – Jesus Christus.

Hier wird es paradox. Der Heilige Geist wohnt nicht in einer Gemeinde, die die Gaben des Geistes liebt. Der Heilige Geist wohnt in einer Gemeinde, die Jesus Christus liebt. Erinnern Sie sich: Wir tragen durch die Intimität mit Gott die Frucht und Kraft des Heiligen Geistes in uns.

Es ist eine Beleidigung für den Heiligen Geist, wenn wir seine Kraft mehr lieben als die Kraft Jesu. Der Heilige Geist zeigt immer auf Jesus, nie auf sich selbst. Es ist das Ziel und die Freude des Heiligen Geistes, uns in eine tiefere Beziehung mit Gott zu führen, nie in eine stärkere Verehrung seiner Fähigkeiten.

Einer der einfachsten Wege, den Heiligen Geist zu betrüben, ist, unseren Fokus und unsere Leidenschaft von Jesus wegzunehmen und sie auf etwas anderes zu legen – selbst wenn sich diese wieder an den Geist wenden. Vielleicht denken Sie, dass ich damit nicht Recht habe, aber Offenbarung 2,5 fährt wie folgt fort: *„Bedenke nun, wovon du gefallen bist, und tue Buße und tue die ersten Werke! Sonst komme ich rasch über dich und werde deinen Leuchter von seiner Stelle wegstoßen, wenn du nicht Buße tust!"*. Was waren Ihre ersten Taten? Wie haben Sie sich verhalten, als Sie das erste Mal in den Retter Ihrer Seele verliebt waren? Finden Sie zu dieser Leidenschaft zurück. Finden Sie zu diesem Verlangen nach Intimität zurück. Warum? – Weil Jesus sagt: *„Sonst komme ich rasch über dich und werde deinen Leuchter von seiner Stelle wegstoßen ..."*

Was bedeutet das? – Erinnern Sie sich: Der Leuchter ist das Wirken des Geistes Gottes in der Gemeinde. Wenn Jesus Ihren Leuchter wegstößt, dann wirkt der Heilige Geist nicht mehr in Ihrer Gemeinde. Ihre Gemeinde wird eine tote Gemeinde.

Bitte hören Sie zu! Leere Gemeinden übersäen unser Land wie Grabsteine auf einem Friedhof. Wie viele unserer Gemeinden haben die Gegenwart und das Feuer Gottes innewohnen, und wie viele sind nur weiß getünchte Gräber?

Wir müssen unsere Zuneigung wieder Christus zuwenden. Wir müssen uns wieder der Anbetung zuwenden. Wenn wir religiösen und konfessionellen Streitfragen und Machtwünschen nacheifern, was gewinnen wir dann? – Nichts! Unsere Herzen bleiben hart gegenüber unseren Brüdern und Schwestern in Christus, weil wir einer Lüge des Teufels aufgesessen sind. Wir spielen ein Teufelsspiel. Und wenn wir das tun, dann verlieren wir alles, was zählt. Wir verlieren sogar den Leuchter – den Geist, der uns zu einer Gemeinde machen will. Wir gewinnen die Welt, wenn wir Jesus lieben und ihm gehorsam sind und uns nicht in Verstrickungen und sinnlosem Streben verlieren! Beten Sie Jesus an, und Sie werden die Kraft und

Frucht des Geistes Gottes sehen. Beten Sie die Kraft und Gaben Gottes an, und Sie werden genau den Geist verlieren, den Sie suchen. – Wer Ohren hat, der höre, was der Geist den Gemeinden sagt.

EIN WORT AN DIE LOBPREISLEITER

Als Leiter ist es einfacher, Menschen an den Tisch als an den Leuchter zu führen. Ich habe dennoch einige praktische Ideen. Zuerst: Messen Sie den Erfolg Ihres Dienstes nicht an der Reaktion der Leute. Gehorsam ist Ihre Aufgabe; die Art, wie die Menschen Gott antworten, ist Gottes Sache. Ich messe meinen Erfolg beim Lobpreisleiten nicht an dem, was ich während der musikalischen Anbetung sehe. Denn das kann gelernt, imitiert und gespielt sein. Ich messe meinen Erfolg an den Früchten, die ich im Leben der Menschen wachsen sehe. Wenn ich ein erfolgreicher Lobpreisleiter bin, sollte ich sehen, wie die Gemeinde Jesus immer ähnlicher wird. Ich sollte die Kraft und den Charakter Gottes in ihren Leben sich manifestieren sehen.

Zweitens: Fördern Sie nie jemanden aufgrund seines Talents. Fördern Sie göttlichen Charakter. Es ist wichtig, dass eine Person Talent und Salbung hat, aber der Charakter sondert sie aus, als jemanden, der Zeit mit dem Herrn verbracht hat. Wenn ich Talent fördere, eifert die Gemeinde den Gaben nach. Aber wenn ich Charakter fördere, lehre ich die Gemeinde den Wert des göttlichen Charakters (die Frucht des Geistes).

Drittens: Wenn Sie die Gaben Gottes in Ihrer Gemeinde sehen wollen, müssen Sie Raum geben, damit sie praktiziert werden können. Ich weiß nicht, wie das in Ihrer Gemeindekultur ist, aber in unserer Gemeinde haben wir viele Gottesdienste. Es ist nicht viel Zeit in den Gottesdiensten am Wochenende, darum müssen wir kreative Wege finden, um für die geistlichen Gaben Raum zu schaffen.

Ich habe gerade ein achtwöchiges Seminar mit unseren Lobpreisteams über Prophetie hinter mir (die Gabe der Prophetie, kein Endzeitgerede), weil wir möchten, dass sie die Gabe der Prophetie verstehen und darin auf der Bühne wirken. Wie sieht das aus? – Prophetie teilt das Herz Gottes mit. Wir tun das durch die jeweilige „Sprache", die Gott uns gegeben hat. Die Prophetie von Lehrern und Predigern wird durch das gesprochene Wort ausgedrückt, weil das gesprochene Wort ihre Gabe ist. Aber diese Menschen sind Musiker, und ihnen wurde die Sprache der Musik gegeben. Ich möchte, dass sie verstehen, dass sie durch den Geist Gottes mittels der Sprache der Musik das Herz Gottes mitteilen können. Und ich möchte ihnen Gelegenheit dazu geben.

Anbetung ist wie ein Blitzableiter für die Gaben des Geistes. Ich übertreibe nicht, wenn ich sage, dass ich gesehen habe, wie sich während der musikalischen Anbetung alle Gaben des Geistes in der Gemeinde manifestiert haben.

Darum, Lobpreisleiter, sollten Sie damit rechnen, dass Sie während des Lobpreises und der Anbetung die Kraft Gottes in der Gemeinde wirken sehen werden, wenn Ihre Gemeinde und Ihre Teams in eine tiefere Intimität mit Jesus kommen. Können Menschen Worte der Weisheit, der Erkenntnis und Prophetie während der Anbetung empfangen? – Natürlich können sie das. Der Heilige Geist spricht durch Lobpreis und Anbetung. Sollte ich erwarten, Heilungen, Wunder und übernatürlichen Glauben während der Anbetung zu sehen? – Ja, das sollten Sie. Und sollte ich Zungenbotschaften und die Auslegung während des Lobpreises und der Anbetung erwarten? Ich habe Ihnen schon von den Gastarbeitern erzählt, die das Evangelium hörten, von ihrer Sünde überführt und während der

Anbetung errettet wurden. Es geschieht, weil unsere Sprachbarrieren Gott nicht hindern. Der Heilige Geist übersetzte die Wahrheit direkt in ihr Herz. Es ist gute Anbetung, den Menschen zu erlauben, Gelegenheiten zu haben, dem Heiligen Geist zu dienen und sich von ihm dienen zu lassen. Wie das in Ihrer Gemeinde aussieht, weiß ich nicht. Aber Sie sollten es auf keinen Fall verpassen. Es verherrlicht Jesus und seine Braut.

JESUS – DER GRÖSSTE LOBPREISLEITER ALLER ZEITEN, TEIL 5

Jesus lehrte uns durch seinen triumphalen Einzug anzubeten. Als er die Tische im Tempel umwarf, lehrte Jesus Anbetung. Als er die Füße der Jünger wusch, lehrte er auch Anbetung. Und als er mit ihnen zusammen das Mahl feierte – sein Leib und sein Blut –, lehrte er ebenfalls Anbetung.

Ich nehme an, es sollte uns nicht überraschen herauszufinden, dass Jesus auch im Garten Gethsemane Anbetung lehrte. Die Bibel sagt, dass Jesus, nach dem Essen und nachdem sie ein Lied gesungen hatten, seine Jünger zum Ölberg in einen Garten namens Gethsemane führte. Wie Sie sich erinnern, wurde der Leuchter mit Öl befüllt, das aus Oliven gepresst wurde. Hier sind wir auf dem Ölberg. Und *Gethsemane* bedeutet auf Hebräisch *Olivenpresse*.

Jesus, die Olive Gottes, begann den Prozess des Auspressens in Gethsemane. Und das Öl floss in die Welt, als der Prozess durch den Heiligen Geist Gottes vollständig ausgeführt war.

Jesus wies seine Jünger an, zu wachen und zu beten, während er ein wenig weiter ging, um mit seinem Vater zu sprechen. Die Bibel sagt, dass Jesus unter solch großem Druck betete, dass sein Schweiß wie Blutstropfen wurde.

„Und er war in ringendem Kampf und betete inbrünstiger; sein Schweiß wurde aber wie Blutstropfen, die auf die Erde fielen." (Lk 22,44)

Ist das überhaut physisch möglich? – Ja. Diesen Zustand nennt man „Hämhidrose", und er kommt vor, wenn ein Mensch unter solchem Stress steht, dass die Blutgefäße um die Schweißdrüsen herum platzen.

Jesus war kurz davor, die Sünde der ganzen Menschheit aller Zeiten zu tragen. Das ist genug, um selbst den Sohn Gottes „auszupressen". Während Jesus unter all diesem Druck stand, war er sich auch bewusst, dass er der Strafe zu jeder Zeit entgehen konnte. Genau in diesem Moment spricht Jesus einen der tiefgründigsten Sätze in der Bibel über Anbetung aus:

„Vater, wenn du diesen Kelch von mir nehmen willst – doch nicht mein, sondern dein Wille geschehe!" (Lk 22,42)

Oh, Mann! Und da gibt es noch Menschen, die glauben, Jesus war ein Schwächling, ein Opfer. Jesus ist kein Opfer. Er nahm seine eigene Kreuzigung willig hin. Jesus gab sich selbst ans Kreuz, weil es der Wille seines Vaters war. Und er liebte seinen Vater so sehr, dass er nichts anderes als seinem Willen dienen wollte.

Das ist Anbetung! Gethsemane ist Anbetung! Und Jesus ist mein Held! Nur um zu beweisen, dass Jesus kein Opfer war, zeigt Johannes 18, was dann geschah: Judas kam mit einer Soldatentruppe in den Garten. Jesus geht hinaus, trifft sie und fragt, wen sie suchen. Sie sagen: *„Jesus, den Nazarener!"*. Verse fünf und sechs berichten: *„Jesus spricht zu ihnen: Ich bin's! Es stand aber auch Judas bei ihnen, der ihn verriet. Als er nun zu ihnen sprach: Ich bin's!, wichen sie alle zurück und fielen zu Boden"*.

Was geschieht hier? – Jesus wurde mit der Kraft seines Vaters gefüllt, weil er gerade in der Intimität mit ihm war. Als Jesus sagte: „Ich bin's", sprach er den gleichen Namen Gottes aus, der Mose offenbart wurde – der Name, der Gott über alles stellt –, der Name, mit dem Gott nach jüdischem Verständnis die Schöpfung ins Leben rief.

ICH BIN.

Als der Name Gottes über die Lippen des Sohnes Gottes ging, war es, als ob ein Schwert aus seinem Mund kommen würde. Die Kraft warf die komplette Soldatentruppe flach auf ihren Rücken! Ha! Jesus war kein Opfer! Niemand konnte ihn gegen seinen Willen verhaften! Er hatte die komplette Kontrolle über diese Situation. Niemand in diesem Garten fragte sich, wer hier die Oberhand hatte. Darum nahm Petrus sein Schwert und schnitt dem Soldaten ein Ohr ab. Als die Soldaten dort auf dem Boden lagen, fragte Jesus sie noch einmal: *„Wen sucht ihr?"* Ich bin mir sicher, dass die Soldaten beim zweiten Mal weniger tapfer antworteten.

Der Punkt ist dieser: Jesus ging in den Garten mit einer Last, die so schwer war, dass sie das Blut aus seinen Schweißdrüsen presste. Aber wenn wir zu unserem Gott kommen und mit ihm Gemeinschaft haben, lässt er uns nicht kraftlos zurück. Er nimmt nicht immer die Last von unseren Schultern, aber er stellt sich immer an unsere Seite und gibt uns Kraft, um jede Last zu tragen, die wir um seines Namens willen tragen. Der Vater gab Jesus die Kraft, die er brauchte, um willig seiner Bestimmung entgegenzugehen.

Der Leuchter ist der Heilige Geist, der sich an unsere Seite stellt und uns die Kraft, die Macht und den Charakter gibt, um all diese Dinge zu tun, die er uns bittet zu tun. Und unsere Anbetung soll nach außen wirken – gefüllt mit dieser Kraft – und in seinem Geist zu seiner Ehre dienen.

Ich kann Ihnen nicht erzählen, wie oft der Heilige Geist mich gefüllt hat, um Krankheit, Schmerz, Angst, Erschöpfung oder Zweifel zu überwinden. Aber in genau diesen Momenten, wenn ich von der Intimität in den Gehorsam übergehe, kommt er und wirkt am stärksten durch mich.

Vielleicht ist darum seine Gnade in unserer Schwachheit vollkommen. Wenn das so ist, hat er viel Rohmaterial, mit dem er in mir arbeiten kann.

Wenn ich krank bin oder etwas Schlimmes passiert ist, sage ich fast nie einen Lobpreisdienst ab. Wenn ich den Lobpreis leiten muss, aber krank bin oder keine Stimme habe, dann sind die Menschen sehr begeistert darüber. Warum? – Meine Philosophie ist diese: Wenn der Teufel Sie ärgert, lassen Sie es ihn bereuen. Wenn er Sie schubst, schlagen Sie zurück – hart. Die Leute wissen also, dass ich kommen und trotzdem dienen werde. Und wenn ich das tue, dann gibt Gott mir Kraft, und das Ergebnis wird übernatürlich sein.

Ich fürchte mich nicht davor zu dienen, wenn ich schwach bin. Ich freue mich darauf. Denn aus meiner Gemeinschaft mit Jesus kommen ein Feuer und eine Salbung, die unbezwingbar, unbesiegbar und nicht aufzuhalten sind. Ich bringe meine Kraft, Fähigkeit, meinen Willen und Gehorsam (die ärmlich sind) zum Tisch, und Gott bringt den Rest. Ich werde ein Kanal des Heiligen Geistes.

Nur ein Priester kann das tun. Nur ein Anbeter kann das tun. – Und was Sind Sie?

KAPITEL 14

DER RÄUCHERALTAR

Möge Gott unsere Augen öffnen, um den heiligen Dienst der Fürbitte zu erkennen, zu dem wir als seine königliche Priesterschaft ausgesondert wurden. Möge er uns ein großes, starkes Herz geben, daran zu glauben, was für einen mächtigen Einfluss unsere Gebete haben können.
Andrew Murray

Wenn ich den Lobpreis leite, strecke ich mich nach der Hand Gottes aus, sie zu erreichen, und dann strecke ich mich aus, um die Hand der Braut zu erreichen. Schließlich führe ich ihre Hände zusammen und gehe aus dem Weg.

Das ist, was Anbeter jeden Tag tun. Es ist das, was Priester permanent tun. Wir haben ein übernatürliches Bewusstsein, dass einer der Gründe, warum Gott Menschen in unseren Weg stellt, der ist, dass er eine Begegnung mit ihnen haben möchte und wir diese Begegnung möglich machen.

Das ist gute Anbetung. Und es ist auch der Kern der Fürbitte. Ich liebe es, in der Gemeinde herumzulaufen und zu beten, bevor ich den Lobpreis leite. An einem Wochenende lief ich mit meiner Gitarre herum, betete an und hatte eine Vision. Eine Vision ist wie ein Tagtraum. Es war, als ob jemand den Kanal meiner Augen gewechselt hätte und anstatt, dass ich mich selbst den Gang entlanglaufen sah, sah ich mich selbst, wie ich die Anbetung auf der Bühne leitete.

Ich spielte auf meiner Gitarre, verehrte Jesus mit geschlossenen Augen, legte meinen Kopf in den Nacken und erhob mein Gesicht zur Decke. Als ich das tat, brach ein Licht durch die Decke der Gemeinde und schien auf mich hinunter. Gottes Angesicht kam durch das Loch im Dach, und er ließ sich immer weiter zu mir herunter und hüllte mich in Licht und Herrlichkeit ein. Als sein Angesicht so nahe an meinem war, dass seine Nase fast meine Nase berührte, atmete er aus. Ich atmete ein und war bis zum Rand mit Gottes Atem gefüllt. Dann wendete ich mich der Versammlung zu und atmete aus. Ich setzte Gottes Atem über ihnen allen frei. Die Versammlung atmete ein, indem sie den Geist Gottes aufsaugte. Dann schauten alle zum Himmel auf und atmeten zu Gott hin aus. Danach war die Vision vorbei. Das, meine Freunde, ist Lobpreisleiten. Und darum geht es beim Räucheraltar.

BAU

Der Räucheraltar ist eine viereckige Box aus Akazienholz und komplett mit Gold überzogen. Auf den ersten Blick sehen wir, dass er Christus repräsentieren soll. Seine unbestechliche Menschlichkeit (Holz), überzogen von seiner Göttlichkeit (Gold).

Wie beim Opferaltar schmücken Hörner aus Gold die vier Seiten des Altars. Ein Mal im Jahr wurde das Blut des Sühneopfers an die Hörner getan. Und der Fuß des Räucheraltars war möglicherweise der Ort, an dem das Trankopfer, das das Blut Jesu repräsentiert, ausgegossen wurde. Die Seite des Altars war mit Ringen ausgestattet, damit man ihn leicht mit Stangen transportieren konnte.

Die Priester waren angewiesen, ein spezielles Räucherwerk auf diesem Altar darzubringen. Er wurde zu keinem anderen Zweck genutzt; er war heilig. Die Priester brachten zwei Mal am Tag auf dem Altar Räucherwerk dar, morgens und abends (2.Mo 30,7-8). Und es wurde als eine große Ehre, aber auch als gefährlich angesehen, sodass die Priester Lose zogen, um zu sehen, wer an der Reihe war, das Räucherwerk darzubringen.

Am Räucheraltar versprach Gott, zu seinem Volk zu sprechen. Dort begegnete der Engel Gabriel Zacharias, dem Vater von Johannes dem Täufer, und sagte ihm, dass sein Sohn ein Prophet sein würde, der den Weg des kommenden Messias vorbereiten würde.

SYMBOLIK

Der Räucheraltar repräsentiert das brennende, leidenschaftliche Gebet und die Fürbitte des Volkes Gottes.

„Lass mein Gebet wie Räucherwerk gelten vor dir, das Aufheben meiner Hände wie das Abendopfer." (Ps 141,2)

Wir Menschen neigen zu Spaltungen. Gott gibt uns das Evangelium, und wir fangen sofort an, verschiedene Lager aufgrund der unterschiedlichen Interpretationen und Gedanken verschiedener Leiter zu bilden. Wir lieben es, uns selbst mit etwas zu identifizieren, das uns besonders macht und uns von anderen Menschen abgrenzt. Das ist einfach unser sündiges Wesen.

Wir tun das Gleiche mit den Gaben und Berufungen Gottes. Einer behauptet, „Ich bin Evangelist", ein anderer sagt, „Ich bin Prediger, aber sie sind Lehrer". Ein Dritter sagt, „Ich bin Fürbitter – ein Krieger des Gebets". Ein Vierter sagt, „Ich stehe über allen, weil ich Apostel bin und den Titel „Bischof" vor meinem Namen trage ".

Vielleicht gefällt Ihnen das nicht. Aber all diese „Kategorien" fallen unter die Definition einer höheren Berufung – Anbeter. Sie können sich Prediger, Apostel, Evangelist, Prophet oder Hohes Tier nennen – das alles interessiert nicht, außer Sie sind an erster Stelle Anbeter. Dies alles ist nur leere Religion – die Werke des Menschen – wenn es nicht aus der Motivation des Anbetens heraus kommt.

Gebet und Fürbitte sind wichtig. Aber Gebet ist nur ein Ausdruck der Anbetung. Und die Hälfte unserer Lobpreislieder sind lediglich musikalische Gebete. Gott wollte nie, dass die Dienste getrennt werden. Fürbitte – motiviert durch Liebe und Ehre für Gott – ist gute Anbetung.

Nun, wenn das Räucherwerk die Gebete und Fürbitten von Gottes Volk repräsentiert, muss etwas angesprochen werden, das ganz klar auf der Hand liegt. Haben Sie jemals Räucherwerk gesehen? Es kann unterschiedlich dargebracht werden, aber in seiner ursprünglichen Form ist Räucherwerk nur ein

Haufen stinkender Dreck. Es steigt nur auf, wenn man Feuer darunter anzündet.

Bitte hören Sie zu. Unsere kalten, leidenschaftslosen Gebete gehen nie über das Dach hinaus. Wenn wir Gebet als Einkaufsliste oder als qualvolle Disziplin ansehen, dann erreichen wir nichts! Es ist, als ob man eine Handvoll stinkenden Dreck nimmt und ihn in die Luft schmeißt. Gebet steigt nur dann auf, wenn es brennt. Anbetung steigt nur dann auf, wenn sie brennt.

Wann hat das letzte Mal ihr Herz geschmerzt, während Sie für etwas gebetet haben? Wann haben Sie das letzte Mal über die Sünde unserer Nation geweint? Wann wurden Sie das letzte Mal über die Grausamkeit des Teufels wütend? Wann haben Sie sich das letzte Mal dazu begeistern lassen, den Sieg des Kreuzes in die Welt, in der Sie leben, hinauszutragen?

Mit anderen Worten: Wann brannte Ihr Herz das letzte Mal für etwas? Es gibt einen Grund, warum manche Menschen Lobpreis leiten, und, obwohl es gute Musik ist, es sich nicht so anfühlt, als würde er durchbrechen: Kein Feuer. Es gibt einen Grund, warum manche Menschen beten und ihre Gebete fade und uneffektiv sind: Kein Feuer. Dann kommt jemand in den Raum, der dazu bereit ist, dass der Heilige Geist ihn für etwas begeistert und – KABOOM! – es ist, als ob jemand einen Feuerwerkskörper in ein Pulverfass jagen würde. Kraft, Leidenschaft, Effektivität – Sie können den Unterschied spüren. Dieses Gebet steigt auf, weil es brennt.

Wenn Sie anbeten, bitten Sie den Herrn, Ihr Herz für das anzuzünden, wofür sein Herz brennt. Fragen Sie ihn, was ihn bedrückt, und gehen Sie in die Fürbitte. Fragen Sie, was ihn wütend macht, und lassen Sie geistlichen Zorn dagegen frei. Wenn wir das tun, schaffen wir eine Verbindung zwischen Himmel und Erde. Wir verbinden Menschen und Nationen mit dem Gott, der allein uns retten und unseren Nöten begegnen kann.

GOTT SPRICHT IMMER NOCH

Glauben Sie, dass Gott immer noch zu Menschen spricht? Wenn nein, warum?

„Und du sollst ihn vor den Vorhang stellen, der vor der Lade des Zeugnisses hängt, und vor den Sühnedeckel, der auf dem Zeugnis ist, wo ich mit dir zusammenkommen will." (2.Mo 30,6)

Höchstwahrscheinlich hatten Sie noch nie ein Gespräch mit meinem irdischen Vater. Er ist ein großartiger Mensch, aber kein Prominenter. Wenn man seine Stimme noch nie gehört hat, könnte man den falschen Schluss ziehen, dass mein Vater nicht mit Menschen redet. Natürlich wäre das eine lächerliche Schlussfolgerung. Mein Vater spricht die ganze Zeit mit *mir*. Er spricht nur nicht mit *Ihnen*.

Ich weiß, es ist ein absurdes Beispiel. Aber leider stützen sich genau auf dieses Argument die Lehren und Auslegungen vieler Gemeinden. Die Menschen ziehen lächerliche Schlussfolgerungen aufgrund von Anekdoten.

Heilt Gott? – Nein. Woher wissen Sie das? – Er hat mich nicht geheilt, und ich bin derjenige, der die Lehrmeinung festlegt. Tut Gott Wunder? Ist Prophetie real? Gibt Gott noch heute Träume und Visionen? – Nein, nein, nein, nein, NEIN! Wie können Sie so etwas sagen? Nur weil Sie es noch nicht erlebt haben? Sie wissen, dass es dasselbe Argument ist, das die meisten Menschen anbringen, um nicht an Gott glauben zu müssen. Sie haben ihn nicht gesehen. Das ist die Argumentation der Atheisten – eine dumme Logik. Es ist eine lächerliche Einstellung für ein Kind Gottes. Wenn Gott nicht sprechen würde, dann wäre das Wort nicht aktiv und lebendig. Es wäre nicht scharf und einfach. Es wäre trüb, tot, stagnierend und fruchtlos. Lieber Freund ... Gott spricht!

> *„Es ist aber der Glaube ... eine Überzeugung von Tatsachen, die man nicht sieht." (Hebr 11,1)*

Ich bin hier, um Ihnen zu sagen, dass Gott immer noch zu seinen Kindern spricht. Er spricht sogar zu den Verlorenen. Er sprach zu mir mit hörbarer Stimme, als ich ein ahnungsloser Sünder war. Ich sah ihn mit meinen eigenen Augen und hörte ihn mit meinen eigenen Ohren. Ich glaubte ihm, ordnete mich seiner Herrschaft unter und wurde ein Anbeter Jesu.

Jetzt spricht er dauernd zu mir, auf verschiedene Arten. Aber er ist definitiv ein redender Gott. Und er hat viel zu sagen.

Einer der Gründe, warum Menschen niemals die Stimme Gottes hören, ist, weil sie nicht in das Heiligtum zu ihm eintreten. Das Heiligtum ist Intimität, Erleuchtung, Offenbarung und Fürbitte. Und der Räucheraltar ist der Ort, an dem Gott Menschen begegnet und mit ihnen spricht.

Die meisten Menschen hören die Stimme Gottes nicht, weil sie es ablehnen, in die Intimität mit ihm zu kommen. Oder wenn sie dann dort angekommen sind, verbringen sie zu viel Zeit mit Reden und nicht genug Zeit mit Zuhören. Wir sind wie Vogelküken, die solange kreischen, bis unsere Mutter uns einen Wurm in den Schnabel steckt. Dann nehmen wir sofort wieder unser Geschrei auf, bis wir ihn runtergeschluckt haben. – Es ist schwer zu hören, ohne zuzuhören.

Um mit Kraft zu beten und Fürbitte zu tun, muss es den Moment geben, in dem Gott seinen Geist in uns ausatmet, damit wir, soviel wir können, einatmen. Das Wort *inspiriert* bedeutet *eingehaucht sein*. Es bedeutet auch, mit dem Geist gefüllt zu sein. Gebet und Fürbitte müssen inspiriert sein.

Die Anweisung für alle Gebete und Fürbitten kommt vom Herzen Gottes. Die Leidenschaft dafür ist inspiriert. Die Strategie ist von Gott inspiriert. Die Worte und Handlungen sind von Gott inspiriert. Und das Feuer ist von Gott entzündet.

KEIN FREMDES FEUER

Wussten Sie, dass das Feuer, mit dem der Docht des goldenen Leuchters angezündet wurde, vom Räucheraltar kam? Und die Kohlen, die das Feuer des Räucheraltars entfachen, vom Opferaltar kamen? Also, woher kam das Feuer vom Opferaltar? – Es kam von Gott. Sehen Sie hier:

„Danach streckte Aaron seine Hand aus zu dem Volk hin und segnete es; und er stieg herab, nachdem er das Sündopfer, das Brandopfer und das Friedensopfer dargebracht hatte. Und Mose und Aaron gingen in die Stiftshütte hinein. Und als sie wieder herauskamen, segneten sie das Volk. Da erschien die Herrlichkeit des Herrn dem ganzen Volk, und es ging Feuer aus von dem Herrn und verzehrte das Brandopfer und die Fettstücke auf dem Altar. Als das ganze Volk dies sah, jubelten sie und fielen auf ihr Angesicht." (3.Mo 9,22-24)

Wow! Was für eine Geschichte! Das ist die Geschichte des ersten Lobpreisgottesdienstes in der Stiftshütte, den Gott Mose aufgetragen hatte. Als Mose mit dem Bau des Ortes der Begegnung fertig war, die Priester geheiligt hatte und alle vorgeschriebenen Opfer dargebracht hatte, antwortete Gott mit Feuer.

Das Feuer schoss vom Himmel herunter, fiel auf die Bundeslade, schoss durch das Heiligtum und verbrannte das Opfer auf dem Opferaltar. Als das Volk das sah, jubelten sie und fielen vor dem allmächtigen Gott auf ihr Angesicht.

Hier wurde ein Präzedenzfall geschaffen. In der Bibel erfasst die Herrlichkeit Gottes jedes Mal eine Priesterschaft und eine Stiftshütte, wenn sie Gott geweiht sind. Dies geschah mit der Stiftshütte Moses (beschrieben in der oberen Stelle). Es geschah im Tempel von Salomo. Es geschah sogar am Pfingsttag, als Gott die Jünger als Priester akzeptierte und ihre Leiber zum Tempel des Heiligen Geistes machte. Feuerzungen erschienen über ihren Köpfen. Die Herrlichkeit Gottes war im Tempel.

Können Sie sich vorstellen, dass das in Ihrer oder meiner Gemeinde passiert? Ich warte auf den Tag. Aber beachten Sie, was dann geschah:

„Aber die Söhne Aarons, Nadab und Abihu, nahmen jeder seine Räucherpfanne und taten Feuer hinein und legten Räucherwerk darauf und brachten fremdes Feuer dar vor den Herrn, das er ihnen nicht geboten hatte. Da ging Feuer aus von dem Herrn und verzehrte sie, sodass sie starben vor dem Herrn. Und Mose sprach zu Aaron: Das hat der Herr gemeint, als er sprach:

‚Ich will geheiligt werden durch die, welche zu mir nahen, und geehrt werden vor dem ganzen Volk!'

Und Aaron schwieg still." (3.Mo 10,1-3)

Was geschah dort? – Die neuen Priester, Aarons Söhne, gingen in das Heiligtum, um zu dienen, aber sie waren sofort ungehorsam. Anstatt das Feuer zu benutzen, das Gott auf den Altar brachte, nahmen sie ihre alten Bic-Feuerzeuge und zündeten das Feuer so an, wie es für sie am besten möglich war. Und zum zweiten Mal an diesem Tag kam Feuer aus dem Allerheiligsten. Dieses Mal verwandelte es Nadab und Abihu in Schinken. Warum? – Offensichtlich waren sie ungehorsam. Aber noch etwas anderes als schamloser Ungehorsam gegenüber dem vorgeschriebenen Prozess war hier geschehen. Sie versuchten zu dienen, indem sie ihr eigenes Feuer benutzten. Das einzige Feuer, das für den Dienst akzeptiert wird, ist das von Gott entzündete Feuer.

Waren Sie schon einmal in einer Gemeinde, in der es sich anfühlte, als ob die Menschen sich einfach zu sehr anstrengen? Waren Sie jemals in einer Gemeinde, in der alles mehr Hype als echtes Leben war? Waren Sie jemals in einer Gemeinde, in der die Leiterschaft scheinbar versuchte, etwas zu produzieren, das in diesem Moment nicht Gottes Wille war?

Alles, was Gott tut, möchte das Fleisch nachahmen. Mit Leidenschaft ist das nicht anders. Kraftvolles Gebet wird von Gott angezündet. Kraftvolle Fürbitte wird von Gott inspiriert. Wir können das Feuer nicht produzieren, das die Menschen in die Anbetung Gottes führt. Es muss sein Geist sein, der die Menschen in die Gemeinschaft zieht, sie mit den Gaben und der Frucht des Geistes befähigt und sie in die brennende Fürbitte des Wächters führt.

Wenn es von Menschen produziert wird, ist es ein Gräuel. Von Menschen gemachtes Feuer muss von menschlichen Methoden am Leben gehalten werden. Es wird möglicherweise versagen. Das Feuer Gottes wird durch die Intimität mit dem Herzen Gottes aufrechterhalten.

Erlauben Sie mir Ihnen eine persönliche Beobachtung weiterzugeben. Mir fiel auf, dass dort, wo die Hand des Menschen schwer ist, Gottes Hand leicht ist. Aber dort, wo die Hand des Menschen leicht ist, da ist Gottes Hand schwer.

Ich habe das während einer Erweckungsveranstaltung gelernt. Als junger Christ wollte ich die Salbung der Glaubensväter empfangen. Während dieser Erweckungsgottesdienste sah ich mächtige Männer Gottes den Menschen die Hände auflegen, und die Menschen um mich herum erlebten die Kraft Gottes. Mein Freund und ich suchten zwei Stunden lang einen bestimmten Leiter in der Menge und hofften, dass er uns mit geistlichen Gaben segnen würde. Als wir ihn dann schlussendlich in der Menschenmenge gefunden hatten, schlug er mir so fest an den Kopf, dass es mich rückwärts umwarf. Die Menschen hinter mir griffen unter meine Achseln und ließen mich zu Boden fallen. Ich lag dort eine Minute lang auf dem Boden und dachte: Was ist denn gerade eben mit mir geschehen? Als ich aufschaute, lag mein Freund auch auf dem Boden. Ich fragte ihn: „Hat er dich auch geschlagen?" – „Jawohl", sagte er.

Wir hatten eben gerade das von Menschen gemachte Feuer erlebt. Ich werde es nie vergessen. Seit diesem Erlebnis habe ich das wahre Feuer, die wahre Kraft und die wahre Gegenwart Gottes so oft erlebt, dass diese Nachahmungen wie Plastikspielzeug erscheinen. Billiger Müll.

Das von Menschen gemachte Feuer bewirkt nichts anderes, als die Kinder Gottes zu verletzen. Es ist manipulativ. Das Wort *manipulieren* bedeutet *etwas mit unseren Händen bewirken.* Es bedeutet *etwas mit unserer eigenen Kraft bewegen.* Gott wird nicht mit Manipulation zusammenarbeiten. Sobald wir unsere Hände auf etwas legen, wird er seine Hände wegnehmen. Und wir müssen selbst die Last und Verantwortung tragen. Aber wenn wir uns den Händen Gottes anvertrauen und ihn durch seinen Geist wirken lassen, kann er mächtige Dinge durch unsere Hände tun.

Lobpreisleiter, seid gewarnt. Evangelisten, Prediger, Lehrer, Propheten, Priester – seid gewarnt. Wenn wir es wagen, zu manipulieren und den Dienst in unsere eigenen Hände zu nehmen, dann stehen wir mit Gott, der mit Feuer antwortet, im

Konflikt. Tun Sie das nicht. Wenn jemand meine Kinder grob behandelt oder sie manipuliert, riskiert er meinen irdischen Zorn. Wie viel schlimmer ist es, den Ärger des mächtigen Gott-Vaters zu erregen?

DER ZWECK VON GEBET

Wozu gab es Räucherwerk? Damit das Heiligtum gut roch? – Nein, es war dazu da, das Leben der Priester zu erhalten. Das Räucherwerk war eine Sicherheitsvorkehrung. Huch? – Ja, genau.

Ein Mal pro Jahr wurde das Räucherwerk des Altars in eine Räucherpfanne gefüllt. Der Vorhang zum Allerheiligsten wurde leicht vom Boden angehoben, und der Priester streckte seinen Arm und die Räucherpfanne in das Allerheiligste. Wenn das Allerheiligste mit genügend Rauch ausgefüllt war, krabbelte der Priester unter dem Vorhang durch, um seinen Dienst an der Bundeslade durchzuführen, indem er das Blut des Opfers zwischen die Cherubim auf den Gnadenthron sprengte.

Warum musste er den Raum mit Rauch füllen? – Weil das Wort sagt, dass kein Mensch das Angesicht Gottes sehen und dann weiterleben kann (3.Mo 33,20). Jedes Mal, wenn der Priester vor die Lade trat, riskierte er es, die Herrlichkeit Gottes zu sehen. Und wenn er die Herrlichkeit Gottes sah und Gott Sünde in seinem Leben entdeckte, musste dieser Priester sterben. Der Rauch sollte den Priester vor der Heiligkeit Gottes beschützen:

„... *und er lege das Räucherwerk auf das Feuer vor dem Herrn, damit die Wolke des Räucherwerks den Sühnedeckel verhüllt, der auf dem Zeugnis ist, und er nicht stirbt.*" (3.Mo 16,13)

Das Ganze war so ernsthaft, dass der Saum des Priestergewands mit kleinen Glöckchen, die wie Granatäpfel aussahen, bestückt wurde. Ein Seil wurde an seinem Fußknöchel festgebunden, und die anderen Priester warteten auf dem Vorhof mit dem Seil in der Hand. Solange sie die Glocken klingeln hörten, wussten sie, dass der Priester noch lebte. Aber wenn sie hörten „Kling, kling, bums" und dann nichts mehr, wussten sie, dass Gott ihn niedergestreckt hatte. Sein Körper wurde dann aus dem Allerheiligsten wieder herausgezogen.

Das Räucherwerk beschützte den Priester vor der Heiligkeit Gottes. Hören Sie mir zu. Fürbitte beschützt auch heute noch die Priester vor der Heiligkeit Gottes. Fürbitte beschützt die Welt vor dem gerechten Urteil der Heiligkeit über Sünde. Ich werde Ihnen zeigen, was ich meine, wenn ich später über Jesus sprechen werde. Lassen Sie uns bis hierhin festhalten, dass Gott es nicht erlauben kann, dass sich seine Heiligkeit, seine Herrlichkeit und sein Angesicht ohne die „Wolke" der brennenden, leidenschaftlichen Anbetung und Fürbitte zeigen können. Wenn er das tun würde, würde unser Fleisch in großer Gefahr stehen. Warum? Weil Gott gemein und richtend ist? – Nein, weil Gott Licht ist. Wenn Licht scheint, kann die Dunkelheit nicht mehr existieren. Dunkelheit ist die Abwesenheit von Licht. Gott ist Licht und in ihm gibt es keine Dunkelheit oder Schatten des Lichts. Wenn er sich also zeigt, wird die Dunkelheit bis aufs Äußerste zerstört (1.Jo 1,5; Jak 1,17). Darum brauchen wir Schutz vor der Heiligkeit Gottes.

JESUS – DER LOBPREISLEITER IM HIMMEL

Bis hierhin haben wir gesehen, wie Jesus aufzeigte, in die Tore mit Lobpreis einzuziehen (das Tor). Er veranschaulichte, wie wir unsere Leiber als lebendiges Opfer darbringen sollen (der Opferaltar). Er zeigte die Reinigung durch das Wasserbad des Wortes auf (das eherne Becken). Wir konnten sehen, welchen Wert er der Gemeinschaft (der Schaubrottisch) beimaß und aus dieser Position der Gemeinschaft heraus in geistlicher Kraft diente (der goldene Leuchter). Um diesem Muster zu folgen, müssen wir sehen, wie Jesus den Räucheraltar darstellt – den Ort der Fürbitte –, als er auf der Erde lebte. Er legte ihn am Kreuz dar. Alles, was Jesus bis dahin tat, führte auf diesen Augenblick hin – den Moment, als er in Fürbitte ging, indem er die Hand des Vaters nahm, dann die Hand der Menschheit und diese zwei zusammenbrachte. Das ist die Bedeutung des Kreuzes.

Das Kreuz ist die größte Handlung der Fürbitte aller Zeiten. Es ist die alles entscheidende Handlung eines Retters, der zwischen uns und unserem Schicksal stand. Er wusste, dass wir geistlich hilflos und durch Sünde erdrückt waren, und bezahlte unsere Schuld vollständig, um uns zu retten und einen Weg zu ebnen, um Gott, den Vater, kennenzulernen.

Räucherwerk muss brennen, um aufzusteigen. Brannte Jesu Fürbitte? – Ja! Sie wurde mit der Leidenschaft seines Vaters angezündet. *„Denn so sehr hat Gott die Welt geliebt, dass er seinen eingeborenen Sohn gab ..."* (Joh 3,16). Jesu Fürbitte wurde von der Liebe des Vaters zu seinen Kindern angezündet. Jesus erlaubte seinem Herzen, für das zu brennen, für das auch das Herz seines Vaters brannte. Das war die Leidenschaft, die die Fürbitte Christi antrieb. Die Gebete Jesu (*„Vater, vergib ihnen, denn sie wissen nicht, was sie tun!"*) wurden von Liebe angetrieben. Und sie durchbrachen mächtig und effektiv die Decke.

Das Kreuz, die endgültige Fürbitte, versorgte uns mit genügend Rauch, um uns vor den perfekten Forderungen der Heiligkeit zu bedecken. Durch die Fürbitte Jesu am Kreuz können wir in die Gegenwart eines gerechten Gottes kommen, ohne fürchten zu müssen, zerstört zu werden. Durch die Fürbitte Jesu sind wir dazu fähig, in der Gegenwart des perfekten Lichts zu sein, ohne ausgelöscht zu werden. Jesus bahnte einen Weg für uns, unserem Vater nahe zu kommen. Das Kreuz war nicht nur Fürbitte. Es war die größte Handlung von Anbetung der Menschheitsgeschichte. Wie kann ich sagen, dass das Kreuz eine Handlung von Anbetung war? Wollte Jesus am Kreuz sterben? – Nein, er ordnete sich dem Willen seines Vaters unter, anstatt seinen Willen *„gehe dieser Kelch an mir vorüber"* durchzusetzen (Mt 26,39). Das ist Anbetung. Brachte Jesus seinen Leib als lebendiges Opfer dar? – Das ist Anbetung. Diente Jesus Gott und der Welt? – Das ist Anbetung. Als Jesus ans Kreuz ging, tat er es nicht nur für Sie und mich. Er tat es, weil er seinen Vater liebte. Jesus liebte den Herrn, seinen Gott, mit seinem ganzen Herzen, seinem Verstand, seiner Seele und mit jedem letzten Quäntchen seiner Kraft. Das ist Anbetung.

Jesus ging nicht ans Kreuz, weil Menschen ihn dort hinbrachten. Jesus ging ans Kreuz, weil es seinem Vater gefiel, die Welt auf diese Art und Weise zu retten. Jesus diente am Kreuz als Leibeigener Gottes. Er litt und starb, um den Willen seines Vaters zu erfüllen, aus Liebe zu ihm.

„Und man bestimmte sein Grab bei Gottlosen, aber bei einem Reichen war er in seinem Tod, weil er kein Unrecht getan hatte und kein Betrug in seinem Mund gewesen war. **Aber dem Herrn gefiel es, ihn zu zerschlagen**; *er ließ ihn leiden. ...* **und das Vorhaben des Herrn wird in seiner Hand gelingen**. *Nachdem seine Seele Mühsal erlitten hat, wird er seine Lust sehen und die Fülle haben; durch seine Erkenntnis wird mein Knecht, der Gerechte, viele gerecht machen, und ihre Sünden wird er tragen." (Jes 53,9-11)*

Schlussendlich war das Kreuz ein Akt von perfektem Gehorsam. Hebräer 5,8-10 verkündet das: *„Und obwohl er Sohn war, hat er doch an dem, was er litt, den Gehorsam gelernt; und nachdem er zur Vollendung gelangt ist, ist er allen, die ihm gehorchen, der Urheber ewigen Heils geworden, von Gott genannt: Hoherpriester nach der Weise Melchisedeks"*.

Die letzte Lektion Jesu als Mensch auf Erden war die endgültige Unterordnung durch Gehorsam. Gehorsam, aus Liebe geboren, ist gute Anbetung. Und Jesus betete an diesem Tag so gut an, dass er das ewige Leben für uns alle gewann. Er bekam auch die Stelle des Hohenpriesters im Himmel:

> *„... er aber hat, weil er in Ewigkeit bleibt, ein unübertragbares Priestertum. Daher kann er auch diejenigen vollkommen erretten, die durch ihn zu Gott kommen, **weil er für immer lebt, um für sie einzutreten**. Denn ein solcher Hoherpriester tat uns not ..."* (Hebr 7,24-26)

Das bedeutet, dass Jesus, der uns so gut auf der Erde in die Anbetung führte, uns auch in alle Ewigkeit in die Anbetung führen wird. Jesus führt uns in Lobpreis und Begeisterung; in Unterordnung, Opfer und Geben; durch Reinigung und Veränderung durch sein Wort; in Gemeinschaft mit ihm und seinem Vater. Er sendet uns den Heiligen Geist, um uns zu füllen und uns in sein Bild zu verwandeln, damit wir leben und in seiner Kraft dienen können. Er führt uns in Fürbitte und Gebet. Er bittet an unserer Stelle und wird uns in seine Herrlichkeit führen.

Jesus ist mein Held. Der einzige Mensch, der rein genug war, um sich vor dem Kreuz retten zu können, aber der sich selbst in Liebe und Gehorsam unterordnete, um die Menschen zu erretten, die das Kreuz am meisten verdient hätten. Er ist der

Hohepriester des Himmels und der Hohepriester meines Herzens. Was tat Jesus am Kreuz? – Anbeten.

ANBETER

Es geht hier nicht darum, etwas zu *tun*. Erinnern Sie sich? Anbetung ist eine Einstellung, die jede Handlung unseres Lebens motiviert. Wenn ich ein Anbeter bin, wird mein Leben zur Anbetung. Das bedeutet: Wenn ich ein Leben voll Lobpreis und Dankbarkeit führe, bin ich dazu fähig, ein Leben der Unterordnung und Hingabe zu führen. Das bereitet mich darauf vor, ein Leben zu leben, das durchgängig durch das Wort Gottes gereinigt ist. Das führt mich zu einem Leben der Gemeinschaft und Intimität mit Gott. Daraus kommt die Füllung mit dem Geist Gottes, die es mir ermöglicht, seinen Charakter und seine Kraft zum Leben zu bekommen. Daraus kommt die Inspiration, Triebkraft und Leidenschaft, um für die Welt, in der ich lebe, Fürbitte zu tun – um diese geistlich verarmte Welt mit dem Gott zu verbinden, der alle Reichtümer besitzt.

Bei der Stiftshütte geht es nicht nur darum, etwas zu tun. Es geht nicht nur um den Vorgang der Anbetung. Bei der Stiftshütte geht es darum, etwas zu werden. Wenn wir diese Elemente der Anbetung leben, werden wir lebendige Stiftshütten, in denen die Gegenwart des lebendigen Gottes wohnt. Gott wohnt nicht in Häusern, die von Menschen erbaut wurden, sondern in Menschen, die zur Wohnstätte geworden sind.

Anbeter, es ist weise, diese Dinge nicht einfach nur zu *tun*, sondern sie zu einem Teil von dem werden zu lassen, was wir vor dem Herrn *sind*.

LOBPREISLEITER

Was wäre, wenn Ihre Gemeinde voller Menschen wäre, die leidenschaftlich und selbstlos anbeten würden, das Herz Gottes für ihre Familie, Freunde, Nachbarn, Nation, die Welt und sogar ihre Feinde bestürmen würden? Wie ermutigen wir von der Bühne aus zur Fürbitte? Unterschiedliche Gemeindekulturen haben verschiedene Ideen, wie das geschehen könnte. Fürbitte im International House of Prayer (IHOP) in Kansas City/USA wird möglicherweise anders aussehen als in der First Baptist Church. Aber die Menschen beider Konfessionen müssen lernen, auf diese Art anzubeten.

Ihre erste Verantwortung ist es, die Weisheit und den Willen Gottes zu suchen, um die Menschen zu fürbittenden Anbetern zu machen. Achten Sie darauf, dass Sie mit Ihrem Pastor darüber reden, damit Sie unter seinem Schutz dienen können und in Übereinstimmung mit seiner Vision sind. Wir wollen Gemeinden nicht zerstören. Wir wollen sie stärken.

Für die meisten Gemeinden ist einer der einfachsten Wege, sie zur Fürbitte zu ermutigen, Lieder zu singen, die Fürbittegebete sind. Dann wird die Fürbitte Teil der Lobpreiszeit.

Als ich Jugendpastor war, fing ich an, Gott zu fragen, wie ich die Jugendlichen in Gebet und Fürbitte führen könnte. Er gab mir einen Gedanken. Erstens lehrte ich sie in Seminaren über Gebet. Dann nahm ich einen Teil jeder Lobpreiszeit, in der sie in Gruppen füreinander beten sollten. Wir nahmen uns fünf Minuten Zeit zwischen dem zweiten und dritten Lied und ich bat sie, sich drei weitere Jugendliche zu suchen, sich gegenseitig an die Hand zu nehmen und Gott zu fragen, für was sie beten sollten. Das Lobpreisteam spielte einfach weiter, während sie beteten.

Zu Beginn war es sehr ruhig. Teenager reagieren besonders allergisch auf peinliche Situationen, und laut zu beten kann genau solche Situationen hervorrufen. Aber mit der Zeit waren sie so im Gebet vertieft, dass es für mich schwer war, sie wieder zur Anbetung zurückzuführen. Sie wurden zu Gebetskriegern! Sie lernten, der Stimme und dem Drängen Gottes zu folgen, und ihm kühn und sensibel zu gehorchen. Neue Leute fühlten sich nie unwohl, weil meine Jugendlichen sie baten, sich zu entspannen, wenn sie das erste Mal da waren, und nur Gebet zu empfangen. Wir haben nie jemanden verloren, weil es ihnen unangenehm war. Und wir waren eine der reifsten, anbetenden Jugendgruppen des Landes.

Wenn Sie Gott um Einsichten bitten, wird er Ihnen eine Strategie zeigen, mit der Sie den Räucheraltar im Leben von Menschen entwickeln können. Und wenn das geschieht, garantiere ich Ihnen, wird die Kraft Gottes wie eine Sturzflut durch die Gänge brausen.

KAPITEL 15

DIE BUNDESLADE

„Die Sonne wird nicht mehr dein Licht sein am Tag, noch der Mond dir als Leuchte scheinen, sondern der Herr wird dir zum ewigen Licht werden, und dein Gott zu deinem Glanz. Deine Sonne wird nicht mehr untergehen und dein Mond nicht mehr verschwinden; denn der Herr wird dir zum ewigen Licht werden, und die Tage deiner Trauer sollen ein Ende haben."
(Jes 60,19-20)

Ich erinnere mich noch daran, als der Film *Jäger des verlorenen Schatzes* herauskam. Meine Eltern gingen miteinander ins Kino, und ich war so eifersüchtig. Ich wusste, dass jeder Film mit dem Wort „Jäger" im Titel cool sein musste. Als sie nach Hause kamen, heulte ich ihnen die Ohren voll, dass sie mit mir in den Film gehen sollten. Ein paar Wochen später war meine Großmutter in der Stadt. Sie wollte den Film auch sehen, also fuhren wir mit dem Ford Econoline ins Kino. Ich saß am Ende des Familiengangs und mein kleiner Bruder auf der anderen Seite, an der Seite meiner Oma, die das Gefühl hatte, sie müsste das zarte junge Herz beschützen. Erinnern Sie sich an die Szene, als die Nazis die Lade öffneten? Nun, mein Bruder erinnert sich nicht, denn sobald diese Geister anfingen, aggressiv zu schauen, warf meine Oma ihre Jacke über seinen Kopf und hielt sie dort, bis die Szene vorbei war.

Als kleines Kind beeindruckte mich dieser Film. Ich war noch nicht bekehrt, aber ich vergesse niemals, dass die Bundeslade als etwas sehr Mächtiges dargestellt wurde. Etwas Mysteriöses. Etwas, mit dem der Mensch lieber nicht in Berührung kommen sollte, weil sein Gesicht sonst schmelzen und sein Kopf explodieren würde.

Dieser Film war sachlich nicht immer richtig, aber es war auch nicht alles falsch. Wir befinden uns nun an einer aufregenden Stelle. Wir werden die Bundeslade und das Allerheiligste entdecken. Wir werden herausfinden, wie wir anbeten und leben können, sodass die Kraft, das Geheimnis und die Person unseres Ehrfurcht gebietenden Gottes widergespiegelt und verherrlicht werden.

FLÜCHTIGE BLICKE AUF DIE „LADE"

Die Reformation, die großen Erweckungen von 1740 und 1800, die walisischen Erweckungen von 1859 und 1904, Azusa Street, Asbury, Brownsville, Brasilien, Argentinien, Australien, Großbritannien und Ukraine – Erweckungen traten seit 500 Jahren auf und flachten wieder ab. Jede einzelne ist wie eine Raketenstufe, die die Gemeinde in ihre nächste Wachstumsphase schießt. Erweckungen sind Kurskorrekturen nach Jahren der Ziellosigkeit. Diese „Feuer"-schübe hatten einige Gemeinsamkeiten: die angezündete Leidenschaft für Jesus, Vergebung, die Furcht des Herrn, Buße; und sie befähigten Menschen, einer verlorenen, sterbenden Welt zu dienen und ein Zeugnis zu sein. Und sie hatten noch etwas gemeinsam: Der Heilige Geist manifestierte sich in mächtiger, sichtbarer Art und Weise.

Wie manifestiert sich der Heilige Geist? Wir haben schon über die Frucht und die Gaben des Geistes gesprochen. Er zeigt sich in unserem Leben, wenn wir in Gemeinschaft mit ihm leben, und Erweckung ist ein Ruf zu dieser gemeinschaftlichen Beziehung. Diese Beziehung befähigt den Geist Gottes, in mir zu leben, im Tempel des Heiligen Geistes:

„Oder wisst ihr nicht, dass euer Leib ein Tempel des in euch wohnenden Heiligen Geistes ist, den ihr von Gott empfangen habt, und dass ihr nicht euch selbst gehört?" (1.Kor 6,19)

Aber was passiert, wenn er mehr als nur in mir lebt? Was geschieht, wenn er zu uns körperlich spürbar in einen Raum kommt?

Sie sehen, es gibt einen Unterschied zwischen Gottes Allgegenwart und seiner manifesten Gegenwart. Das Wort sagt, dass Gott uns niemals verlässt oder aufgibt (Hebr 13,5). Selbst wenn wir in die Tiefen der Erde heruntergingen, könnten wir seiner Liebe und seiner Gegenwart nicht entgehen (Ps 139,7-8). Das ist die Allgegenwart Gottes. Er kann überall zur gleichen Zeit sein, und es gibt keinen Ort, an dem er uns nicht finden kann.

Er ist sogar bereit, an Orte zu gehen, die er verabscheut, nur um mit uns zu sein. Aber die manifeste Gegenwart Gottes ist anders. Sie hat bestimmte Grade. Das hebräische Wort für *Herrlichkeit* ist *kavod*. Es bedeutet wörtlich *die Schwere des Glanzes Gottes*. Die Herrlichkeit Gottes hat Gewicht. Sie steigt an und lässt nach (Zum Beispiel ist ihr Gewicht bei einem einzelnen Menschen kleiner, als wenn sie sich auf der ganzen Gemeinde niederlässt.). Wenn ich mit meinen Kindern ringe, muss ich aufpassen, nicht mein ganzes Gewicht auf sie zu legen. Aber wenn sie auf mir liegen, sage ich ihnen, sie dürfen sich mit ihrem ganzen Gewicht auf mich legen. Sie haben einen Vater, der ihr Gewicht aushalten kann (so auch Sie). Aber wenn ich über ihnen bin, lege ich nicht mein ganzes Gewicht auf sie. Ich lege nur so viel Gewicht auf sie, um auf ihnen zu bleiben, sie ein wenig auf den Boden zu drücken und sie die Größe und Kraft ihres Papas spüren zu lassen. Gott macht das Gleiche. Warum konnten die Priester bei der Einweihung des Tempels Salomos nicht mehr hinzutreten, um ihren Dienst zu verrichten?

„Und es geschah, als die Priester aus dem Heiligtum hinausgingen, da erfüllte die Wolke das Haus des Herrn, sodass die Priester wegen der Wolke nicht hinzutreten konnten, um ihren Dienst zu verrichten; denn die Herrlichkeit des Herrn erfüllte das Haus des Herrn." (1.Kö 8,10-11)

Die Herrlichkeit Gottes fiel. Er legte sein Gewicht auf sie und drückte sie zu Boden. Papa war zu Hause angekommen.

Vielleicht denken Sie sich jetzt: „Nun, Zach, das passiert aber nicht mehr". Warum sagen Sie das? Weil Sie es noch nie erlebt haben? Die Bibel sagt uns nicht, dass Gott entschieden hat, seine Herrlichkeit für den Himmel aufzuheben, oder liege ich da falsch? Zum ersten Mal erlebte ich *kavod* ein paar Jahre, nachdem ich aus dem College gekommen war und mit einigen meiner jungen erwachsenen Freunde in der Anbetung und im

Gebet stand. Ich war noch nicht lange bekehrt und überrascht, als ich fühlte, wie sich während der Anbetung etwas auf mir niederließ. Es fühlte sich wie eine Wolke der Elektrizität an, aber es bestand kein Zweifel, dass es Gott war. Seine Persönlichkeit war in dieser Wolke. Sein Gewicht drückte auf meinen Kopf und meine erhobenen Hände. Ich konnte den Druck auf meinen Wangen spüren. Und je mehr wir uns ihm entgegendrückten, umso mehr drückte er auf uns. Am Ende lagen wir alle ausgestreckt und still in der Gegenwart Gottes. Als einige von uns versuchten, doch wieder aufzustehen, war es ihnen nicht möglich. Niemand konnte aufstehen. Unsere Füße waren nicht eingeschlafen, wir wurden einfach nur von unserem Vater auf dem Boden gehalten. Vielleicht war ich jung und unerfahren, aber das alles erschien mir witzig. Ich fing an zu kichern. Gott zwang mich nicht zum Lachen, ich war einfach nur überrascht und hocherfreut. Alle lachten. Nicht laut, sondern in Ehrfurcht, Freude und in der Furcht des Herrn. Wir hatten gerade eine Begegnung mit dem Gewicht der Herrlichkeit Gottes erlebt.

Seit diesem Erlebnis kommt es mir nicht mehr ungewöhnlich vor, wenn Gott etwas von seinem Gewicht auf mich legt. Manchmal geschieht es, wenn ich allein im Gebet bin, manchmal in einer Kleingruppe, die in Einheit zusammengekommen ist, und manchmal in der Gemeinde. Aber es ist immer tröstend, inspirierend, intim und mächtig. Trotzdem gibt es eine Charaktereigenschaft der Herrlichkeit Gottes, die in einer Erweckung nicht oft gesehen wird. Das ist Feuer.

Lassen Sie mich deutlich werden: Ich bete nicht für Erweckung in der Gemeinde. Erweckungen kommen und gehen. Die schlafende Gemeinde wacht auf, aber aus irgendeinem Grund kann sie den Grad der „Aufgewecktheit" nicht halten, so geht sie wieder schlafen. Ich möchte nicht nur eine Erweckung, ich möchte die Herrlichkeit Gottes. Ich möchte das Feuer zurück in der Gemeinde haben. Und ich glaube, dass das letzte große Wirken Gottes in Feuerzungen durchs Land fegen wird.

In der Stiftshütte Moses fiel sie in einer Wolke und in Feuer (2.Mo 40,34+38). Im Tempel Salomos legte sich das Gewicht von Gottes Herrlichkeit so schwer auf die Priester, dass sie ihre Arbeit nicht mehr verrichten konnten. Dann schoss Feuer aus dem Himmel, durch das Allerheiligste und landete auf der Bundeslade (2.Chr 7,3). Schlussendlich: Im Obergemach rauschte der Geist über die betenden Jünger, Feuer fiel und befähigte sie, die Welt mit der Wahrheit zu erreichen:

„Und als der Tag der Pfingsten sich erfüllte, waren sie alle einmütig beisammen. Und es entstand plötzlich vom Himmel her ein Brausen wie von einem daherfahrenden gewaltigen Wind und erfüllte das ganze Haus, in dem sie saßen. Und es erschienen ihnen Zungen wie von Feuer, die sich zerteilten und sich auf jeden von ihnen setzten. Und sie wurden alle vom Heiligen Geist erfüllt und fingen an, in anderen Sprachen zu reden, wie der Geist es ihnen auszusprechen gab." (Apg 2,1-4)

Jedes Mal, wenn eine Priesterschaft und ein Ort der Begegnung in der Bibel geweiht werden, fällt die Herrlichkeit Gottes mit Feuer. Jedes Mal. Und was sind Sie? – Ein Priester. Und was ist Ihre Aufgabe? – Stiftshütten zu bauen ... eine Stiftshütte zu sein. Wenn die Gemeinde ihr ganzes Herz und ihren ganzen Verstand auf diese Wahrheit ausrichten würde, würden wir die Herrlichkeit Gottes in der Gemeinde wieder sehen. Können Sie sich vorstellen, was passieren würde, wenn die Herrlichkeit Gottes durch die Wolken brechen und durch das Dach Ihrer Gemeinde schießen würde? – Die Menschen würden die Feuerwehr rufen. Die Feuerwehrmänner würden kommen, aber sie würden es nicht schaffen, das Feuer zu löschen. Sie könnten nicht im Heiligtum stehen. Sie würden als Sünder hineinrennen und als Kinder Gottes herauskriechen. Sie müssten kein Geld mehr für Werbung ausgeben. Die Menschen würden sich ins Auto setzen und die Gemeinde besuchen, in der Gott lebt. Und sie würden errettet werden. Atheisten würden sich davor fürchten, einen Ort zu besuchen, der all ihre so stolz aufrechterhaltenen Glaubensgrundsätze und Ausrichtungen so klar entkräften würde. Aber wenn sie es wagten hereinzukommen, würden sie nicht mehr als Atheisten gehen.

Die Herrlichkeit Gottes kann wieder zur Gemeinde zurückkommen. Im nächsten Kapitel werde ich Ihnen erzählen, warum ich denke, dass Gott die Bühne dafür bereit macht. Dies ist der Grund, warum ich dieses Buch schreibe: Ich möchte eine Priesterschaft zurüsten, die der Herrlichkeit Gottes einen Ort vorbereitet.

Die Bundeslade repräsentiert die Herrlichkeit Gottes auf Erden – den Thron Gottes unter seinem Volk. Und überall, wo die Lade hinkam, war auch die Herrlichkeit Gottes. Anbetung stellt eine Lade in das Allerheiligste der Menschheit. Sie setzt den Thron Gottes in unsere Herzen. Anbetung sagt zu Gott: „Genau hierhin, Herr! Lagere deine Herrlichkeit genau hier. Mach mein Herz zu deinem Thron, oh König." So wie Charles Finney es in *The Revelation of God's Glory (Die Offenbarung der Herrlichkeit Gottes)* schrieb:

„Die ursprüngliche Bedeutung des Begriffs Herrlichkeit *war* Helligkeit, Klarheit, Glanz*: da heraus kam die Bedeutung* Ehre, Ruhm*; und wieder dass es* ehrenhaft *macht, oder* Ehre *oder* Ruhm, Verehrung *und* Anbetung *verlangt – dass es der Zuversicht und des Vertrauens würdig ist. Die Herrlichkeit Gottes ist essenziell und deklarativ. Mit* essenzieller Herrlichkeit

meint man in ihm ist es herrlich - dass sein Charakter Ehre, Anbetung und Verehrung verlangt. Seine deklarative Herrlichkeit ist die sichtbare, sich offenbarende, sich manifestierende, die Herrlichkeit seines Charakters - seine essenzielle Herrlichkeit - für seine Geschöpfe: die Offenlegung seiner Herrlichkeit zur Besorgnis der Intelligenzen. Und das meinte Mose - dass Gott sich selbst Moses Verstand offenbaren würde, sodass er Gott erkennen könnte - eine klare und starke Befürchtung der Dinge zu haben, die Gottes Herrlichkeit ausmachen."

BAU

Die Beschreibung der Bundeslade kann man in 2. Mose 25 nachlesen. Es ist eine rechteckige Kiste aus Akazienholz, die mit Gold überzogen wurde. Was repräsentiert das? - Wieder beschreibt es die gleichzeitig sündlose Menschlichkeit und Gottheit Jesu. Die Lade hatte Ringe an den Seiten, damit die Priester sie mit Stäben transportieren konnten.

Es gibt drei Gründe, warum man Stäbe brauchte. Erstens durfte die Gegenwart Gottes nur auf den Schultern der Priester getragen werden. Lassen Sie uns jetzt praktisch werden. Ich werde oft gefragt, ob ich denke, ob es O.K. sei, ungläubige Musiker im Gottesdienst spielen zu lassen. Ich frage Sie: Können ungläubige Musiker die Gegenwart Gottes tragen?

David beging einmal diesen Fehler, und das kostete einem Mann das Leben. Überlegen Sie ernsthaft, wem Sie es erlauben, die Gegenwart Gottes zu den Menschen zu tragen. Treffen Sie weise, biblische und Leben spendende Entscheidungen, und keine aufgrund ihrer Nöte. Meine Meinung ist, dass keine ungläubige Person jemals eine Leiterschaftsposition vor dem Herrn erhalten sollte. Selbst ein Gitarrist dient, leitet die

Anbetung und prophezeit durch sein Instrument. Was ist die Quelle seiner Inspiration, wenn es nicht der Geist Gottes ist? Wem dient er, wenn nicht Gott?

Gott übergibt die Leitung und den Dienst in seiner Gemeinde nicht einfach irgendjemand, sondern nur an diejenigen, die er berufen, ausgestattet, befähigt und für diese Verantwortung gegenüber Christus eingesetzt hat. Mit anderen Worten, nur Priestern.

Der zweite Grund für die Stäbe ist, dass wir einen reisenden Gott haben. Er bewegt sich und erwartet von seinen Anbetern, ihm zu folgen. Es ist eine aufregende Reise, dem lebendigen Gott zu folgen. Er hat mich dahin geführt, Zeugnis vor Hexern zu geben, die Kranken von ihren Betten aufstehen zu lassen, die Dämonen auszutreiben (ja, das geschieht noch heute), Lobpreiskämpfe mit Mächten und Gewalten zu haben – Sie wissen einfach nie, was er als nächstes tun wird. Aber der Sieg gehört den Mutigen, und diejenigen, die diesem Gott folgen, werden immer einige interessante Geschichten zu erzählen haben.

Gott zog vor den Israeliten in einer Wolkensäule am Tag und einer Feuersäule in der Nacht her. Wenn die Säule anhielt, hielt das Volk an und schlug das Lager auf. Wenn Gott sich erhob, dann folgte ihm das Volk. Wie Jesus sagte:

„Die Füchse haben Gruben, und die Vögel des Himmels haben Nester; aber der Sohn des Menschen hat nichts, wo er sein Haupt hinlegen kann." (Mt 8,20)

Gott hat sich nicht verändert. Er bleibt niemals lange an einem Ort. Ich denke, das ist ein Grund, warum er seinen Geist in die Menschen legt – wir reisen. Gott sagte David, er wolle niemals in einer Wohnung leben, die von Menschen gebaut wurde. Gott bevorzugt ein mobiles Zuhause. Darum macht er in uns Wohnung. Wir sind mobile Häuser Gottes. Ich sehe es als eine große Ehre an, ein Ruheplatz des Höchsten zu sein. Dies ist eins der Dinge, die Davids Herz von anderen unterschied. Er wollte der Ort SEIN, an dem Gott wohnen konnte. Er wollte ein Platz der Ehre SEIN, auf dem Gott sein königliches Gewicht niederlassen konnte. Das ist der Wunsch meines Herzens, ein Zuhause für meinen König zu sein, wo er willkommen, geehrt und verehrt wird. *„Mache dich auf, o Herr, zu deiner Ruhestätte, du und die Lade deiner Macht!"* (Ps 132,8).

Der dritte Grund für die Stäbe ist sehr wichtig. Niemand darf die Lade je berühren. Die Hände auf die Herrlichkeit Gottes zu legen, ist respektlos. Es war der letzte Fehler von Ussa. Wehe dem Menschen, der die Kraft Gottes manipulieren, kontrollieren, benutzen oder aus ihr Profit schlagen will.

Auf dem Deckel dieser Lade war der Gnadenthron. Es war ein goldener Deckel mit einer Krone am Rand, der das Königreich Christi repräsentiert. Zwei Cherubim standen darauf und schauten sich gegenseitig mit ihren ausgebreiteten Flügeln an. Wir werden über den Gnadenthron später ausführlich sprechen.

Innerhalb der Lade befanden sich drei Dinge: der Stab Aarons, der Knospen trug, ein Krug Manna, das Brot, das Gott vom Himmel wundersam fallen ließ, um die Israeliten in der Wüste zu versorgen, und die Zehn Gebote, die in Steinplatten eingraviert waren. Diese Dinge repräsentieren drei Aspekte von Jesu Leben und Person: Der Stab repräsentiert die Erstlingsfrucht des Lebens aus den Toten, weil Jesus vom Grab „aufblühte", so wie der tote Stab wieder zu blühen begann. Die Auferstehungskraft ist Teil von dem, wer Jesus ist. Das Manna repräsentiert die Versorgung Gottes durch Christus, das Brot des Lebens, der für die Errettung der Welt gegeben wurde. Aufopfernde Liebe ist Teil von dem, wer Jesus ist. Die Zehn Gebote repräsentieren den Charakter und die Voraussetzung der Heiligkeit Gottes. Sie werden niemals aufhören, Teil von dem zu sein, wer er ist. Aber weil wir seinem Anspruch von Heiligkeit nicht Folge leisten können, überzog Gott seine Anforderungen an Gerechtigkeit mit seiner Gnade – repräsentiert durch den Gnadenthron. Heiligkeit, Gerechtigkeit, Gericht und Gnade sind alles Teile dessen, wer Jesus ist. Und diese Charaktereigenschaften stehen bei ihm nicht gegenseitig im Konflikt.

Ein Mal im Jahr, am großen Versöhnungstag (3.Mo 16), füllte der Hohepriester das Allerheiligste mit Rauch vom Räucheraltar, brachte Opfer für sich selbst, die Nation und die Priesterschaft dar und sprengte das Blut des Opfers auf den Gnadenthron der Bundeslade, damit die Sünden des Volkes für ein weiteres Jahr „bedeckt" waren.

DER VORHANG

Nun kommen wir zum Vorhang, der als trennende Tür zwischen dem Heiligtum und dem Allerheiligsten diente:

> *„Du sollst auch einen Vorhang anfertigen aus blauem und rotem Purpur und Karmesin und aus gezwirntem Leinen, und sollst Cherubim in kunstvoller Arbeit hineinwirken."* (2.Mo 26,31)

> *„Und hänge den Vorhang unter die Klammern. Und die Lade des Zeugnisses sollst du innerhalb des Vorhangs setzen; und der Vorhang soll für euch eine Scheidewand sein zwischen dem Heiligen und dem Allerheiligsten."* (2.Mo 26,33)

Der Vorhang, der diese innersten Bereiche trennte, war keine locker zu nehmende Angelegenheit. Er war so dick wie eine Wolldecke. Ich ging in Gedanken immer durch das Heiligtum und sah die Bundeslade durch den hauchdünnen Vorhang. Nun, das war nicht gerade zutreffend. Tatsächlich wissen wir nicht, ob jemand die Lade jemals nach ihrem Bau gesehen hat (ausgenommen die mit Krankheit geschlagenen Männer von Beth-Schemesch in 1.Sam 6,19). Die Priester sahen sie durch den Rauch nur verschwommen und in fast kompletter Dunkelheit. Das einzige Licht, der goldene Leuchter, war im Heiligtum, nicht im Allerheiligsten. Das Allerheiligste wurde nur mit der Herrlichkeit Gottes erleuchtet, welche die Priester versuchten, lieber nicht zu sehen.

Selbst wenn die Lade transportiert wurde, wurde sie *immer* bedeckt. Wenn die Priester die Stiftshütte zum Transport fertig machten, um der Wolke zu folgen, wurde dieser schwere Vorhang als Decke für die Bundeslade benutzt, damit sie niemand sehen konnte. Dann wurden noch weitere Felle und Kleider darauf gelegt, um sie abzudecken (4.Mo 4,4-6). Nur wenige Menschen sahen die Bundeslade wirklich (und blieben am Leben, um davon erzählen zu können).

Es gab einen Grund für solch einen Vorhang. Die Welt sollte wissen, dass Gott bei seinem Volk sein wollte, aber bis der Retter kam, gab es einfach keinen Weg. Es war immer eine Barriere zwischen Gott und seinen Kindern da, bis Jesus sie entfernte und einen Weg für uns bereitete, um in den Thronsaal unseres Vaters zu kommen.

Im letzten Kapitel sprachen wir über das Kreuz, den größten Akt der Fürbitte und Anbetung der Menschheitsgeschichte. Stellen Sie sich den Tag vor, an dem Jesus starb, seinen Geist in die Hände seines Vaters legte und seinen letzten Atemzug tat. Die Bibel sagt, dass die Erde darauf reagierte, als Jesus starb – die Schöpfung reagierte buchstäblich auf den Tod Jesu. Die Sonne verdunkelte sich und ein Erdbeben fand statt. Laut Matthäus 27,51 riss der Vorhang, der die Menschheit vom Allerheiligsten trennte, von oben bis unten entzwei. Warum von oben bis unten? – Weil *Gott* ihn zerriss. Sie sehen, der Leib Jesu war der Vorhang, und als Gott ihn ans Kreuz sandte, wusste er, dass der Tod seines Sohnes, das Zerreißen seines Körpers, seinen verlorenen Kindern wieder Zugang zu ihrem Vater geben würde.

Was bedeutet der zerrissene Vorhang? – „Zugang gewährt". Die Barriere der Sünde, die zwischen uns gekommen war, wurde zerrissen. Darum kommen Sie zu Ihrem Vater:

„Da wir nun, ihr Brüder, kraft des Blutes Jesu Freimütigkeit haben zum Eingang in das Heiligtum, den er uns eingeweiht hat als neuen und lebendigen Weg durch den Vorhang hindurch, das heißt, durch sein Fleisch, und da wir einen großen Priester über das Haus Gottes haben, so lasst uns hinzutreten mit wahrhaftigem Herzen, in völliger Gewissheit des Glaubens, durch Besprengung der Herzen los vom bösen Gewissen und am Leib gewaschen mit reinem Wasser." (Hebr 10,19-22)

Preist den Herrn! Er sandte seinen Sohn, um für uns zu sterben und einen Weg für uns zu bahnen, um zum Vater zu kommen! Jesus hat den Vorhang der Trennung zerrissen. Aber beachten Sie, dass selbst in dieser Bibelstelle einige bekannte Inhalte vorhanden sind: Es gibt einen Priester, ein Haus, ein dargebrachtes Opfer und wir sind mit Wasser gewaschen. Diese Elemente verschwinden nie. Sie sind Teil von Gottes Art anzubeten. Können Sie sich vorstellen, was sich die Pharisäer und Priester gedacht haben müssen, als der Vorhang im Tempel zerriss? Sie müssen das verstehen! Sehen Sie, die Bundeslade wurde erbeutet und ist dann entweder durch die Babylonier oder Assyrer verloren gegangen. Niemand wusste, wo sie war. Salomos Tempel wurde von den einfallenden babylonischen Armeen völlig zerstört. Als dann Herodes der Große den Tempel in Jerusalem wieder aufbaute, hatten sie ein ziemlich großes Problem. Sie hatten die Lade nicht. Was bringt Anbetung ohne die Lade? Wo bringen Sie das Blut der Sühne hin? Wo wohnt die Herrlichkeit Gottes? Was bringt es, Gott anzubeten, wenn die Gegenwart Gottes nicht im Allerheiligsten ist?

Die Juden praktizierten jahrhundertelang gottlose Anbetung – leere Religion voller Riten. Natürlich, das geschieht heutzutage nicht mehr (man beachte den Sarkasmus).

Erinnern Sie sich an die Szene in *Der Zauberer von Oz*, als Dorothee und ihre Freunde schlussendlich das Ende ihrer Reise erreichen? Sie bitten den Zauberer um Hilfe, er schnupft Feuer und Rauch und schüttelt die Türpfosten mit seiner Stimme. Sie sind verängstigt, bis Toto einen Vorhang wegnimmt und offenbart, dass der Zauberer in Wirklichkeit ein kleiner alter Mann mit einer großen Maschine und einiger Theatralik ist.

Das passierte auch den religiösen Führern, als Jesus am Kreuz starb. Der Vorhang wurde entzwei und dort, öffentlich zur Schau gestellt, war das leere Allerheiligste. Die Lade war nicht da! Die Pharisäer und Priester hatten überhaupt keine Macht! Sie hatten Theatralik und leere Rituale praktiziert, die Menschen mit ihrer religiösen „Maschine" manipuliert und kontrolliert, aber es war kein lebendiger Gott in ihrem Tempel.

Kein Wunder, dass sich so viele Priester bekehrten, als Jesus auferstand. Ihre Religion stellte sich als leere Täuschung dar, und sie hatten für sich selbst den wahren und lebendigen Gott erkannt, der allein der Weg zur Rettung ist.

Kind Gottes, wachen Sie auf! Woche für Woche kommen verzweifelte Menschen zu unseren Häusern und Gottesdiensten, auf der Suche nach Gott. Wir spielen ein gutes Spiel, prahlen mit „Kleinigkeiten" und den Traditionen unsere Religion, aber wenn sie den Vorhang beiseite schieben, was finden sie dann? Sitzt Gott in Ihrem Haus auf dem Thron? Sitzt Gott in unserer Gemeinde auf dem Thron? Oder bieten wir der Welt nur einen alten Mann an, der mit Theatralik arbeitet? Ich möchte die Herrlichkeit Gottes in der Gemeinde erleben!

Jesus ist der wahre Hohepriester im Himmel, und nur er konnte den Vorhang der Trennung entfernt haben. Aber der auserwählte Priester Gottes war noch nicht fertig. Die Last der Sünde führte ihn nicht nur zum Tod. Sünde tötet nicht einfach nur unsere Körper, sie tötet unsere Seelen. Darum starb Jesus nicht einfach nur, sondern stieg an den Ort der Verurteilten hinunter. Für drei Tage blieb er in der Hölle. Und er war beschäftigt. Er zerbrach die Tore der Hölle, nahm dem Teufel die Schlüssel des Todes, des Grabes und der Autorität über die Erde und trat auf seinen Kopf. Dann predigte Jesus zu den Gefangenen und führte sie auf dem Saum seines Gewandes hinaus.

Haben Sie sich jemals gefragt, warum die Bibel sagt, dass tote Heilige aus den Gräbern auferstanden, als Jesus starb (Mt 27,52-53)? – Er ließ sie aus der Gefangenschaft frei. Bis zu diesem Zeitpunkt hatte NIEMAND Gott gesehen (Joh 6,46). Niemand fuhr in den Himmel auf.

Als Jesus zu seinem Vater auffuhr, ging er nicht einfach auf die Hauptbühne und ließ den Himmel ihn verehren. Er ging zum himmlischen Gnadenthron, legte seine verwundeten Hände zwischen die Cherubim, blutete über ihnen und bedeckte die Sünde der Welt FÜR IMMER. Dann setzte er sich auf seinen Thron und nahm die Beförderung zum König der Könige und Herr der Herren von seinem Vater an.

Die ganze Zeit betete Jesus an! Weil er alles für die Herrlichkeit des Vaters tat und seinem Willen gehorchte. Er starb, stieg hinab, zerbrach die Hölle, besiegte Satan, ließ die Gefangenen frei, fuhr auf zum Vater, blutete über dem Gnadenthron, bestieg seinen Thron und ging dann zurück auf die Erde. Jeder Augenblick und jede Bewegung waren Anbetung.

Haben Sie jemals angebetet, indem Sie für jemand „gestorben" sind? Haben Sie Opfer gebracht um Gottes oder eines anderen Menschen willen? Haben Sie jemals angebetet, indem Sie im Gehorsam zu Gott durch die Hölle gegangen sind (nicht weil Sie es verdient hätten)? Haben Sie jemals die Mächte der Finsternis besiegt, als Sie Gott angebetet haben? Haben Sie jemals jemanden zu Jesus und in Freiheit geführt? Haben Sie jemals die Autorität eingesetzt, die Gott Ihnen gegeben hat, um das Königreich des Himmels zu bauen und das Reich der Hölle zu zerschmettern? Sind Sie jemals „vom Tod auferstanden"? Aus Kummer, Depression, Sünde oder Sucht zu einem neuen Leben auferstanden? Das sollten Sie! Es ist gute Anbetung!

Wussten Sie, dass Jesus mit Anbetung für alle Ewigkeit fortfahren wird, indem er für Sie als Hoherpriester und oberster Anbeter im Himmel in die Fürbitte geht? Beachten Sie:

„Diese Hoffnung halten wir fest als einen sicheren und festen Anker der Seele, der auch hineinreicht ins Innere, hinter den Vorhang, wohin Jesus als Vorläufer für uns eingegangen ist, der Hoherpriester in Ewigkeit geworden ist nach der Weise Melchisedeks." (Hebr 6,19-20)

Er hört niemals auf! Selbst wenn wir ihn anbeten, betet er seinen Vater an. Er betet an und dient für immer, denn das ist, wer er ist. Wenn ich ein Priester und ein Anbeter werde, werde ich zu einem echten Kind meines Vaters und einem echten Bruder meines Retters.

WIE MAN DEN KÖNIG ANBETET

Das Allerheiligste ist der Thronsaal Gottes. Und die Bundeslade ist sein Gnadenthron – sein Thron. Allein von der Lade her können wir einige Dinge über das wahrhaftige himmlische Protokoll lernen. Wie bete ich meinen Gott und König an?

Wir haben dies schon angeschnitten, als wir in Kapitel 4 über Lobpreis sprachen. Aber die Lade ermöglicht es uns, noch weitere Details zu entdecken:

„Und die Cherubim sollen ihre Flügel darüber ausbreiten, dass sie mit ihren Flügeln den Sühnedeckel beschirmen, und ihre Angesichter sollen einander zugewandt sein; die Angesichter der Cherubim sollen auf den Sühnedeckel sehen." (2.Mo 25,20)

Vielleicht haben Sie die Namen Gottes studiert. Aber die meisten Menschen sind mit einem ganz bestimmten Namen nicht vertraut. Hier sind drei Belegstellen aus der Bibel für diesen übersehenen Namen:

„Du Hirte Israels, höre, der du Joseph führst wie Schafe; **der du thronst über den Cherubim***, leuchte hervor!" (Ps 80,2)*

„Der Herr regiert als König – die Völker erzittern; **er thront über den Cherubim** *– die Erde wankt!" (Ps 99,1)*

„O Herr der Heerscharen, du Gott Israels, **der du über den Cherubim thronst***, du allein bist Gott über alle Königreiche der Erde! Du hast den Himmel und die Erde gemacht." (Jes 37,16)*

Wann hatten Sie das letzte Mal eine Begegnung mit dem, der über den Cherubim thront? Gott wird so genannt, weil das

Feuer seiner Herrlichkeit zwischen den Cherubim auf dem Gnadenthron lagert. Von dieser Position aus sprach er mit Mose und wies ihn an, wie er das Volk Israel führen sollte. Der Gnadenthron ist nicht nur der Thron der *Herrlichkeit* Gottes auf Erden, er ist auch der Thron seiner *Herrschaft* auf Erden.

Was bedeuten die Cherubim? (Das ist ein weiteres Thema, über das ich gerne ein Buch schreiben würde.) – Die himmlischen Wesen, die Cherubim genannt werden, sind die „bedeckenden" Wesen, die vor dem Herrn dienen. Sie schirmen den Ort ab, unter dem der Herr seinen Thron baut. Die Cherubim auf der Lade haben ihre Flügel als Haltung des Lobpreises und der Verehrung erhoben. Wie wir schon gesehen haben, ist dies die Atmosphäre, in der Gott IMMER erhoben wird. Psalm 22,4 erinnert uns: „*Aber du bist heilig, der du wohnst unter den Lobgesängen Israels!*" – Kein Lobpreis. Kein König.

Ich habe einen guten Freund namens Billy. Als Jen und ich in Pennsylvania lebten, nahmen wir einige junge Erwachsene in Jüngerschaft. Eine von ihnen war eine kleine, süße Blondine namens Bethany. Ich wünschte, ich könnte sagen, Billy kam zu uns, weil er nach Jesus verlangte. Aber in Wirklichkeit wollte er sich einfach nur bei Bethany beliebt machen. Doch Gott gewann Billys Herz, bevor Billy das von Bethany gewann – und das schon lange, bevor er zu uns nach Hause kam, selbst wenn sie überhaupt nicht da war.

Das Problem war, dass Billy ein sehr dicker Typ war und Jen und ich sehr arm waren. All meine Möbel wurden mir geschenkt, und nichts war wirklich stabil. Es wurde zu einem alltäglichen Witz, dass wir einen Stuhl verlieren würden, wenn Billy vorbeikam. Ich hatte einfach keinen Stuhl, der sein Gewicht tragen konnte.

Unsere Abende verliefen dann ungefähr so: „Billy, nimm Platz. Möchtest du etwas zu Abend essen?" Billy setzte sich hin, es gab ein splitterndes „Krach", und ein weiterer Stuhl konnte in den Kamin geworfen werden. In Kürze realisierte ich, dass ich entweder stabilere Stühle brauchte oder Billy auf dem Boden sitzen musste.

Nun, Gott ist größer als Billy, und Könige sitzen nicht auf dem Boden. Damit der König der Könige einen Platz hat, um seine *kavod* (schwere Herrlichkeit) in unseren Häusern und Gemeinden zu lagern, müssen wir herausfinden, wie wir einen Stuhl bauen können, der sein Gewicht aushält. Dafür stehen die Cherubim – einen Thron, der Gottes Gewicht hält.

DER ERSTE BESTANDTEIL: LOBPREIS

Wie schon früher in diesem Buch erwähnt, ist Lobpreis ein Ausdruck unserer Anbetung, und ohne ihn werden wir niemals die Herrlichkeit Gottes in der Gemeinde sehen. Der König wird durch unseren Lobpreis verherrlicht.

DER ZWEITE BESTANDTEIL: DEMUT

2. Mose 37,7 sagt uns: *„Und er fertigte zwei Cherubim aus Gold an; in getriebener Arbeit machte er sie, an den beiden Enden des Sühnedeckels ..."*

Dieser Gnadenthron war ein Wunder des Handwerks. Wie schmiedet man aus einem Deckel dieser Größe solche Wesen? Und warum würde man es überhaupt auf diese Art tun? Das muss der schwerste Weg sein, einen Deckel zu bauen. Nun, es *musste* auf diese Art gebaut werden. Warum? – Weil es noch etwas Wertvolleres als Gold gibt, das durch den Prozess des „Schlagens" entsteht.

Die Bibel sagt, dass selbst Jesus den Gehorsam durch sein Leiden am Kreuz lernte (Hebr 5,8). Bin ich besser als mein Meister? Wie können wir erwarten, Demut und Gehorsam auf einem anderen Weg als dem unseres Lehrers zu lernen? Jesus wurde aus einer demütigen Position erhöht und erhoben (1.Petr 5,6). Das ist die Position, von der aus Jesus anbetete. Er hätte seine Kraft und Autorität ausüben können, um dem Kreuz zu entgehen, aber er wählte den Weg der Demut. Wenn wir Demut wählen, beten wir wie Jesus an. Die Demütigen sind in der Gegenwart Gottes willkommen. Jesaja 57,15 sagt: *„Denn so spricht der Hohe und Erhabene, der ewig wohnt und dessen Name ‚Der Heilige' ist: In der Höhe und im Heiligtum wohne ich und bei dem, der zerschlagenen und gedemütigten Geistes ist, damit ich den Geist der Gedemütigten belebe und das Herz der Zerschlagenen erquicke."* Ich kenne niemanden, der kein Problem mit Stolz hat. Darum sagt uns die Bibel in 1. Petrus 5,6, dass wir uns demütigen sollen. Sich den Hammerschlägen des Lebens unterzuordnen, ist etwas anderes, als nur die Hammerschläge des Lebens zu ertragen.

Ich war sehr mutig, als ich jünger war, und realisierte nicht, wie zerbrechlich Menschen sind. So hatte ich selbst auch ein paar Verletzungen. Als ich achtzehn wurde, brach ich mir den Rücken an drei Stellen. Es war mir jetzt genug. Mein Rücken hat mir jahrelang Ärger gemacht. Und ich betete jahrelang für Heilung – dass der Schmerz geht. (Nun bin ich hier transparent und verletzbar, also möchte ich keine Briefe über Mangel an Glauben. Ich habe Glauben.)

Eines Tages stand ich am Altar, vielleicht vor neun Jahren, als die Gegenwart des Herrn im Raum und Glaube für Heilung da waren. Die Menschen um mich herum wurden geheilt und ich dachte bei mir: „Das ist mein Tag!". Auf jeder Seite um mich herum wurden die Menschen geheilt, und ich war auf den Knien und wartete auf das Gebet, als ein angesehener Pastor (mit einer prophetischen Gabe) zu mir kam und in mein Ohr flüsterte: „Gott sagt, jetzt noch nicht."

„Was?!!! Noch nicht???!" Junge, war ich verärgert. „Gott! Was tust Du da? Du hast die Frau neben mir von einem Niednagel geheilt und den Jammerer dort drüben von Grippe. Warum heilst du mich nicht? Ich habe ein *echtes* Problem!" Ich wurde so ärgerlich, dass ich vor Frustration weinte. Als ich dort lag und weinte, hörte ich Gottes Stimme so klar wie nie zuvor, voller Mitleid und Geduld: „Wenn ich es nicht erlauben würde, dass du dies erleidest, würden deine Kinder deinen Stolz erben."

Das war verblüffend. Ich liebe meine Kinder. Ich nehme meine Verantwortung als Vater sehr ernst. Und ich würde alles für sie tun. Wenn wegen mir meine Kinder Stolz erben würden, würde es mein Herz brechen.

Ich fing wieder an zu weinen – dieses Mal aus Dankbarkeit und Liebe: „Gott", sagte ich, „danke. Ich möchte gesund sein, aber ich liebe meine Kinder. Was immer es kostet, sie in Demut aufzuziehen, ich bin bereit, es zu tun."

Ich kann Ihnen, ohne überheblich zu sein, sagen, dass ich Demut gelernt habe. Es ist nicht, weil ich besser bin als jemand anderes. Ich kann es sagen, weil ich meine Position erkannt habe. Ich weiß, wer der König ist, und ich bin es nicht. Ich weiß, wer Herr ist: ich nicht. Ich weiß, wer Gott ist und was sein Platz ist, und ich weiß, wer ich bin und was mein Platz ist. Ich weiß, woher meine Kraft kommt, und ich kenne die Wahrheit über mich.

Mein erster Name, Paul, bedeutet *der Demütige* und ist ein Name, in den mir Gott geholfen hat, mein ganzes Leben lang hineinzuwachsen. Ich weiß jetzt, dass Gott mächtige Dinge durch demütige Menschen tun kann, weil sie nicht versucht sein werden, die Herrlichkeit auszunutzen.

Pastor und Autor Tommy Tenney sagte einmal etwas, was mich bewegte: „Vertraue nie einem Mann, der nicht humpelt." Jakob kämpfte mit Gott und kam mit einem Humpeln davon. Warum? – Um die Welt daran zu erinnern, dass die Dinge, die Gott durch ihn tun würde, nicht durch seine eigene Kraft geschehen – sondern durch Gottes Kraft. Alle großen Männer Gottes in der Bibel humpelten – Bereiche der Schwachheit, Verlust oder Leid, die ihnen Demut beigebracht hatten und durch die Gott verherrlicht werden konnte.

„Da nun Christus für uns im Fleisch gelitten hat, so wappnet auch ihr euch mit derselben Gesinnung; denn wer im Fleisch gelitten hat, der hat mit der Sünde abgeschlossen ..." (1.Petr 4,1)

Etwas an den Hammerschlägen härtet uns – so wie auch Stahl gehärtet wird. Ein Samurai-Schwert wird so hergestellt. Der Stahl wird mit Feuer erhitzt, geschmiedet, erhitzt, in Wasser getunkt, erhitzt, zusammengefaltet, erhitzt und wieder geschmiedet. Sie werden geschmiedet und wieder zusammengefaltet, immer und immer wieder. Je besser die Schneide sein soll, desto öfter muss sie zusammengefaltet und geschmiedet werden. Und das Endresultat ist rein, scharf, stark, sicher und tödlich. Die Schneide wird nicht brechen, nicht stumpf und ihrem Meister gut dienen.

Ich ertrage lieber Hammerschläge und bin im Dienst meines Meisters, statt als unnützer, ungeformter Stahl in seinem Laden liegen zu bleiben. Das Feuer, das Schlagen, das Zusammenfalten und das Untertauchen sind die Werkzeuge, die Gott benutzt, um mich zum treuen Dienst zu härten.

Erinnern Sie sich, wie wichtig es ist, sich in der Anbetung zu beugen? Wo keine Demut ist, gibt es keinen Thron. Kein Thron, kein König. Das erklärt, warum die Gemeinde weniger

Leben – weniger Gegenwart Gottes – in reicheren, stolzeren Nationen als in demütigeren hat. Meine Brüder und Schwestern, ich flehe Sie an, demütigen Sie sich unter die mächtige Hand Gottes, damit er Sie zu gegebener Zeit erhöhen kann.

Materiellen Segen zu haben, ist nicht falsch, aber es macht uns nicht reich im Geist. Wir brauchen die Herrlichkeit Gottes! Wir sterben an einer Überdosis kraftloser Religiosität! Und wir sind irrational stolz auf unseren Umstand!

*„Denn du sprichst: Ich bin reich und habe Überfluss, und mir mangelt es an nichts! – und du erkennst nicht, dass du elend und erbärmlich bist, arm, blind und entblößt. Ich rate dir, von mir Gold zu kaufen, das im Feuer geläutert ist, damit du reich wirst, und weiße Kleider, damit du dich bekleidest und die Schande deiner Blöße nicht offenbar wird; und salbe deine Augen mit Augensalbe, damit du sehen kannst! Alle, die ich liebhabe, die überführe und züchtige ich. So sei nun eifrig und tue Buße! ... **Wer ein Ohr hat, der höre, was der Geist den Gemeinden sagt!**"* (Offb 3,17-19+22)

Demut ist Anbetung. Und ohne sie werden wir nie die Herrlichkeit Gottes in der Gemeinde sehen.

DER DRITTE BESTANDTEIL: EINHEIT

Was sagte Jesus? – *„Denn wo zwei oder drei in meinem Namen versammelt sind, da bin ich in ihrer Mitte"* (Mt 18,20). Mit diesem im Hinterkopf berücksichtigen Sie ...

*„Und die Cherubim sollen ihre Flügel darüber ausbreiten, dass sie mit ihren Flügeln den Sühnedeckel beschirmen, **und ihre An-***

gesichter sollen einander zugewandt sein; die Angesicht er der Cherubim sollen auf den Sühnedeckel sehen." (2.Mo 25,20)

Der Teufel hat uns beschwindelt. Wir sind so beschäftigt, über dumme Dinge zu streiten, dass wir den eigentlichen Punkt verfehlen. Gott wird von Einheit angezogen! Und was tun wir? – Endlos streiten über minimale theologische Unterschiede. Warum? – Weil wir lieber richtig liegen als nahe bei Gott sein wollen. Nehmen Sie zum Beispiel die Diskussion über die „Zungensprache". Ob Sie nun daran glauben oder nicht, die geistliche Gabe der Zungensprache wurde gegeben, um den Leib Christi zu segnen und zu vereinen. Wir nehmen dieselbe Zungensprache, streiten uns um deren Anwendung und verursachen endlose Empörung, Verletzung und Spaltung. Findet das noch jemand anderes lächerlich? Ist es das wert, darüber zu streiten? Ich persönlich liebe das Wort von Paulus dazu: „*Denn ich hatte mir vorgenommen, unter euch nichts anderes zu wissen als nur Jesus Christus, und zwar als Gekreuzigten*" (1.Kor 2,2).

Hören Sie mit dem Unsinn auf! Zügeln wir unsere Tendenz zu kindlicher Dummheit und Zänkerei. Jesus erschuf nicht die Spaltung und Konfessionalität. Der exklusive Stolz des Menschen schuf dies. Haben Sie jemals über die Briefe Jesu an die sieben Gemeinden in der Offenbarung nachgedacht? Jesus offenbarte sich Johannes in Offenbarung 1. Sein Haar war weiß wie Schnee, sieben Sterne waren in seinen Händen, ein Schwert kam aus seinem Mund, seine Augen waren wie eine Feuerflamme, sein Angesicht leuchtete wie die Sonne und seine Füße waren wie schimmerndes Erz.

Johannes verbrachte drei Jahre seines Lebens in engem Kontakt und unmittelbarer Nähe zu Jesus. Er kannte ihn möglicherweise besser als irgendeine andere lebende Person. UND er hatte ihn auf dem Berg verklärt gesehen (Mt 17,2). Aber als Johannes ihn in Patmos sah, war Jesus so herrlich, dass Johannes von dieser Offenbarung seines Glanzes wie ein Toter umfiel. Jesus fährt damit fort, ihm Briefe für die sieben Gemeinden Kleinasiens zu diktieren. Er eröffnet jeden Brief mit einem Teil der Beschreibung, was Johannes sah. Ephesus offenbart er sich als der Eine, der die sieben Sterne hält. Für Smyrna ist er Alpha und Omega. Für Pergamus ist er der Eine, der ein Schwert hat. Für Thyatira ist er der Eine mit Augen wie eine Feuerflamme und Füßen aus Erz usw.

Jeder Gemeinde gibt er eine andere Offenbarung von dem, wer er ist. Nun, was wetten Sie, dass die Menschen sich darum stritten, wer Jesus wirklich war?

„Seht her, Jesus sagte uns, dass er Alpha und Omega ist."

„Nein, da liegen Sie falsch. Er ist derjenige, der die sieben Sterne hält. So steht es in dem Brief, der uns geschickt wurde."

„Es tut mir leid, aber Ihr habt beide unrecht. Laut der Bibel ist Jesus derjenige mit Augen wie eine Feuerflamme."

Kommt Ihnen das bekannt vor? Gott gab jeder Gemeinde eine Offenbarung, um sie damit zu erleuchten. Aber er tat alle sieben Briefe in das gleiche Buch! Wenn sie doch nur ihre Offenbarungen weitergegeben und gegenseitig anerkannt hätten, dann hätten sie eine umfassende Sicht von dem, WER ER WIRKLICH IST, gehabt!

Wir tun das die ganze Zeit. Wir stehen fest auf unseren spezifischen Offenbarungen von Jesus, als wären sie die einzigen. Und wir lehnen es ab, anderen zuzuhören. Was, wenn diese sieben Gemeinden die Briefe einander weitergegeben hätten? Was, wenn sie die Offenbarungen einander weitergegeben hätten? – Sie hätten den gleichen Jesus gesehen, den Johannes sah. Ich sage nicht, dass es keine Wahrheit gibt. Es gibt wirklich absolute Wahrheit, aber die Wahrheit ist Jesus, nicht meine Meinung, Tradition, Kultur, Theologie oder Logik. Und die Gemeinde muss Sünde als Sünde bezeichnen. Aber wir dürfen Brüder nicht hassen und uns von ihnen wegen solcher Dinge abwenden:

> „Ich habe dich ja bei meiner Abreise nach Mazedonien ermahnt, in Ephesus zu bleiben, dass du gewissen Leuten gebietest, keine fremden Lehren zu verbreiten und sich auch **nicht mit Legenden und endlosen Geschlechtsregistern zu beschäftigen, die mehr Streitfragen hervorbringen** als göttliche Erbauung im Glauben; das Endziel des Gebotes aber ist Liebe aus reinem Herzen und gutem Gewissen und ungeheucheltem Glauben. Davon sind einige **abgeirrt und haben sich unnützem Geschwätz zugewandt**; sie wollen Lehrer des Gesetzes sein und verstehen doch nicht, was sie verkünden und als gewiss hinstellen." (1.Tim 1,3-7)

Ein bisschen Demut würde viel dazu beitragen, die Gemeinde Gottes wieder in Einheit zu bringen. Was wäre, wenn die Gemeinde wieder in Einheit zusammenkommen würde? Hier ist eine Anleitung:

> „Siehe, wie fein und wie lieblich ist's,
> wenn Brüder in Eintracht beisammen sind!
> Wie das feine Öl auf dem Haupt,
> das herabfließt in den Bart,
> den Bart Aarons,
> das herabfließt bis zum Saum seiner Kleider;
> wie der Tau des Hermon,
> der herabfließt auf die Berge Zions;
> denn dort hat der Herr den Segen verheißen,
> Leben bis in Ewigkeit." (Ps 133)

Erstens wird Gott Einheit gut gefallen und gegenüber der Welt gut aussehen. Beide sind es leid, uns streiten zu sehen.

Zweitens, wie der Psalmist sagt, würde die *Salbung* fließen. Wenn wir (moderne Christen) die Menschen mit Öl salben, betupfen wir sie. Wenn Gott das tut, dann leert er das Öl über dem Menschen aus. Hier sehen wir das Öl, das den Geist Gottes repräsentiert, und vom Haupt Aarons fließt. Aaron war der Hohepriester. Dies ist ein Hinweis auf Jesus als Hoherpriester und „Kopf" der Gemeinde (Eph 1,22; Kol 1,18). Die Salbung kommt von Jesus. Sie fließt auf das Priestertum (uns). Sie fließt über den ganzen Leib (die Gemeinde) und sammelt sich an den Füßen der Priester.

Wenn wir in Einheit zusammenkommen, wird Gott etwas tun, worüber Sie sich wundern werden. Er wird solch eine Salbung über der Gemeinde ausgießen, dass sie nicht nur uns segnet, sondern das ganze Land, auf das wir treten und in dem wir leben, unser Heimatland und die Nachbarn um uns herum. Und das Endergebnis ist nicht nur Kraft, es ist „Leben in Ewigkeit".

Was bedeutet das? Errettung? Auferstehung? Sieg über den Tod? Ich weiß es nicht, aber ich möchte es sicher herausfinden!

Der Grund, warum der Teufel uns gegeneinander ausspielt, ist, weil er Todesangst davor hat zu sehen, was passieren wird, wenn wir in Einheit zusammenstehen. Der Teufel weiß, dass er verloren ist, wenn Gott seinen Segen ausgießt. In Einheit zu stehen ist Anbetung! Und ohne sie werden wir niemals die Herrlichkeit Gottes in der Gemeinde sehen.

DER VIERTE BESTANDTEIL: EIN PRIESTERTUM

Jetzt ist diese Aussage bestimmt ein „Logo!"-Argument für Sie, aber ohne ein Priestertum, das Gott und der Welt dient, wird es keine manifeste Herrlichkeit Gottes auf der Erde geben. Lesen Sie Hebräer 4-9. Der Grund, warum Jesus auf die Erde kam, war, weil die Menschheit selbst keinen Priester stellen konnte, dem es möglich war, in Reinheit und Beständigkeit zu dienen. Jesus ist der oberste und beständige Priester im Himmel. Aber er ruft auch auf der Erde ein Priestertum für sich heraus.

Ich habe Ihnen schon dargelegt, dass ich bei diesem Buch einen Hintergedanken habe. Ich möchte die Herrlichkeit Gottes auf der Erde sehen! Damit das geschehen kann, muss das königliche Priestertum der Gläubigen aufstehen und wieder dienen. Als Priester zu dienen bedeutet anzubeten. Kein Priestertum – kein Thron. Kein Thron – kein König.

DER FÜNFTE BESTANDTEIL: DAS BLUT

Bis jetzt haben wir Lobpreis, Demut, Einheit und Priestertum als wichtige Bestandteile in authentischer, welterschütternder, Herrlichkeits-manifestierender Anbetung. Ein weiterer ist absolut lebenswichtig und steht über allen anderen – das Blut Jesu. Ohne das Blut des Lammes haben wir nichts. Das Blut Jesu ist der Auslöser jeder himmlischen Segnung, und es aktiviert auch die Herrlichkeit Gottes.

Wenn wir blutlose Anbetung leiten, leiten wir kraftlose Anbetung. Wenn wir ohne die Geschichte des Blutes evangelisieren, evangelisieren wir ohne eine Chance auf Effektivität.

Wenn wir das Blut in unserem Leben anwenden, kommen wir in Gemeinschaft mit Gott. Wenn das Blut über einem Haus steht, geht der Todesengel vorbei. Es ist das Blut des Lammes, das unsere Feinde bedeckt hält.

Die Herrlichkeit Gottes sucht nach Orten, um sich niederzulassen, und sie wird nur auf dem Blut Jesu absteigen. Wo auch immer das Blut ist, ist heiliger Boden, sowohl in unseren Gemeindegebäuden als auch in unseren Herzen. Und die Herrlichkeit lagert sich nur auf heiligem Boden. Lobpreisleiter, vergessen Sie nicht das Blut Jesu, während Sie leiten, sonst können Sie niemanden an einen Ort führen, an den es sich lohnt, hingeführt zu werden. Bitte beobachten Sie:

> *„Und ich hörte eine laute Stimme im Himmel sagen: Nun ist gekommen das Heil und die Macht und das Reich unseres Gottes und die Herrschaft seines Christus! Denn hinabgestürzt wurde der Verkläger unserer Brüder, der sie vor unserem Gott verklagte Tag und Nacht. Und **sie haben ihn überwunden um des Blutes des Lammes** und um des Wortes ihres Zeugnisses willen und haben ihr Leben nicht geliebt bis in den Tod!"* (Offb 12,10-11)

Und da haben Sie es. Wenn wir der Gegenwart Gottes Raum geben wollen, müssen wir in Einheit, Anbetung und als Priester zusammenkommen und Gott mit demütigen Herzen durch das Blut Jesu loben. Wenn wir wollen, dass die Herrlichkeit Gottes in unsere Gotteshäuser, Häuser und Leben zurückkommt, müssen wir dem schweren Glanz unseres Ehrfurcht gebietenden Gottes einen Ehrenplatz schaffen.

KAPITEL 16

WIE STEHT ES UM DAVID?

„... und uns zu Königen und Priestern gemacht hat für seinen Gott und Vater – ihm sei die Herrlichkeit und die Macht von Ewigkeit zu Ewigkeit! Amen." (Offb 1,6)

Warnung: Wenn Sie ein Student der Anbetung des Alten Testaments wären, bevor Sie dieses Buch gelesen hätten, würde das Folgende Ihr Boot ein wenig ins Wanken bringen. Sie haben sich vielleicht schon gefragt, ob ich etwas über das Zelt Davids sagen würde. Vielleicht haben Sie sich sogar gefragt: „Warum fährt dieser Typ mit der Stiftshütte Moses immer weiter fort, wenn das wirklich Spannende im Zelt Davids geschah?"

Lassen Sie uns dieser Frage nachgehen. Davids Zelt ist ein wichtiger Teil dieses Themas. „Davids" Zelt (es gehörte eigentlich Gott) bestand nur aus dem Allerheiligsten. David stellte ein Zelt in Jerusalem auf, um die Bundeslade zu beherbergen, und er stellte Gruppen ausgebildeter Priester ein, um den Herrn 24 Stunden pro Tag mit Instrumenten und Gesang zu loben.

Nun gibt es hier ein großes Missverständnis, das wir ansprechen müssen. Seit ungefähr 30 Jahren gibt es eine Bewegung, die die „Anbetung Davids" wieder in der Gemeinde einführen will und beruft sich auf die Prophetie in Amos 9,11 und den Apostel Jakobus in Apostelgeschichte 15,16:

„Nach diesem will ich zurückkehren und die zerfallene Hütte Davids wieder aufbauen, und ihre Trümmer will ich wieder bauen und sie wieder aufrichten ..."

Diese Prophetie macht deutlich, dass es etwas an Davids Zelt gab, das für eine Zeit lang verloren ging, aber von Christus wieder aufgerichtet wurde. Das Missverständnis liegt darin, was wieder aufgerichtet wird. Die vollständige Aufrichtung von Davids Zelt könnte mehrere Dinge bedeuten:

1. ES KÖNNTE BEDEUTEN, DASS GOTT DAS GEFALLENE REICH DER LINIE DAVIDS DURCH JESUS WIEDER AUFBAUEN WIRD

Stiftshütte (bzw. hier *Zelt*) heißt auf Hebräisch *mischkan*. Es bedeutet *Wohnstätte* oder *Haus*. Das Zelt, das David Gott baute, wurde im Alten Testament eigentlich gar nicht „Zelt Davids" genannt. Es wurde als „Haus Gottes" bezeichnet. Das Zelt ist praktisch Davids Haus – sein Wohnort oder Haushalt. Diese Passage könnte meinen, dass, aufgrund der vor vielen Jahren gefallenen Königslinie Davids (seinem Haus), Gott die Linie wieder neu aufbauen würde. Das Kommen Jesu als Messias wurde als „Wiederaufbau" von Davids gefallenem Haushalt (Zelt) dargestellt, die Erfüllung von Gottes Versprechen, dass aus Davids Linie (Haus) immer ein König auf dem Thron sitzen würde. König Jesus, der Sohn Davids, ist die ewige Erfüllung dieses Versprechens. Oder ...

2. ES KÖNNTE BEDEUTEN, DASS GOTT DIE ANBETUNGSART DAVIDS WIEDER NEU BELEBEN WÜRDE

Die Menschen, die dieser Theorie zustimmen, sagen, dass Gott das alte, legalistische Modell der Stiftshütte Moses gegen etwas Neueres ausgetauscht hat: dem Zelt Davids. Sie sagen, Gottes endzeitliche Gegenwart wird durch tägliche 24-Stunden-Anbetung und -Gebet eingeführt – so wie David sie eingesetzt hatte.

Ich möchte mich nicht darüber streiten, ob David vom Herrn inspiriert war, als er die musikalischen Lobpreisteams einsetzte, um dem Herrn zu dienen. Und ich stimme damit überein, dass leidenschaftlicher Lobpreis und Gebet den Weg für Christi Wiederkunft vorbereiten. Ich denke, die Anbetung Davids ist mächtig, prophetisch und angebracht, aber geht es in diesem Abschnitt darum? – Ich glaube nicht. Man müsste die Stellen beider Bücher total aus dem Kontext reißen, um das zu behaupten. Es ist einfach nicht möglich, dass Amos 9,11 und Apostelgeschichte 15,16 den Schatten der himmlischen Anbetung, symbolisiert durch die Stiftshütte Moses, aufheben. Es sei denn, man liest die Stellen ohne Kontext und versteht jeden anderen Bezug auf Stiftshütten oder Tempel in der Bibel falsch.

In der Tat demontierte David die Stiftshütte Moses in keinster Weise. Er betete dort an. Wussten Sie, dass David nicht nur Lobpreisteams in seinem Zelt in Jerusalem anstellte? Er stellte auch Lobpreisteams ein, um an einem Ort namens Gibeon zu dienen. Wissen Sie warum? – Weil dort die Stiftshütte Moses stand. Manche glauben, dass Gott David erlaubte, die Bundeslade ohne die Stiftshütte Moses nach Jerusalem zu bringen, um sie als sichtbare Entkräftigung des Gebotes, in der Stiftshütte Moses anbeten zu müssen, zu trennen.

Das ist nicht wahr. So steht es nicht in der Bibel. Jemand muss es erfunden haben. Die Wahrheit ist: David wusste, dass er die Anbetung, die durch Mose befohlen war, nicht ablehnen oder unbeachtet sein lassen konnte, darum stellte David sicher, dass die Vorgaben der Stiftshütte Moses immer leidenschaftlich eingehalten wurden. Wann immer David nach der Führung Gottes suchte, was denken Sie, wo er immer hinging? – Zur Stiftshütte Moses nach Gibeon. Raten Sie mal, wo Salomo mit dem Herrn sprach und ihn um Weisheit bat! Sie haben es erraten – in der Stiftshütte Moses in Gibeon. Warum? – Weil David und Salomo keine Priester waren. Sie konnten nicht in die Nähe der Lade kommen. Wie vorher angemerkt, war das Zelt Davids ein reines Allerheiligstes. Niemand betrat es, ausgenommen der Hohepriester ein Mal im Jahr. David und Salomo konnten nicht in das Zelt, das David aufgerichtet hatte, weil sie keine Priester waren. Sie mussten den Herrn suchen und anbeten so wie jeder andere, der kein Priester war – im Vorhof in Gibeon.

Mit anderen Worten: David verneinte oder entkräftigte den Dienst der Stiftshütte Moses nicht, sondern er hielt ihn aufrecht, ehrte ihn und wertete ihn auf. Wir sehen das klar in zwei Schlüsselpassagen:

*„So ließ David den Asaph und seine Brüder dort vor der Lade des Bundes des Herrn, um allezeit vor der Lade zu dienen, wie es Tag für Tag vorgeschrieben war; und Obed-Edom und seine 68 Brüder, Obed-Edom, den Sohn Jeduthuns, und Hosa als Torhüter; aber den Priester Zadok und seine Brüder, die Priester, ließ er vor der Wohnung des Herrn auf der Höhe von **Gibeon**, damit sie dem Herrn täglich Brandopfer darbrächten auf dem Brandopferaltar, morgens und abends, **und zwar nach allem, was geschrieben steht im Gesetz des Herrn**, das er Israel geboten hat ..."* (1.Chr 16,37-40)

*„Zu jener Zeit, als David sah, dass der Herr ihn auf der Tenne Ornans, des Jebusiters, erhört hatte, pflegte er dort zu opfern. **Die Wohnung des Herrn aber, die Mose** in der Wüste gemacht hatte, **und der Brandopferaltar** waren zu jener Zeit auf der Höhe von **Gibeon**. David aber konnte nicht vor denselben tre-*

ten, um Gott zu suchen; so sehr war er erschrocken vor dem Schwert des Engels des Herrn." (1.Chr 21,28-30)

David erhielt und erfüllte alle Elemente der Anbetung in Moses Stiftshütte in Gibeon. Wie Sie in 1. Chronik 16,40 sehen, überwachten die Priester noch immer den Opferaltar und das Rauchopfer. Sie waren nicht in Jerusalem, sondern in der Stiftshütte Moses („dem Haus des Herrn") in Gibeon. Aber warten Sie, da ist noch mehr:

„Und diese sind es, die David für den Gesang im Haus des Herrn bestimmte, seitdem die Lade einen Ruheplatz hatte. Und sie dienten mit Singen vor der Wohnung der Stiftshütte, bis Salomo das Haus des Herrn in Jerusalem gebaut hatte, und sie standen nach ihrer Ordnung ihrem Dienst vor." (1.Chr 6,16-17)

Alles, was David tat, war, das Allerheiligste nach Jerusalem zu verlegen und Musiker an beide Orte zu stellen. Der Anbetungsstil von David war also keine Entkräftigung des Prozesses der Stiftshütte Gottes, sondern eine Bekräftigung. Das Zelt Davids wurde durch die Stiftshütte Moses geboren. Die Anbetung Israels wurde kalt und herzlos, da die Riten und Rituale ihre Bedeutung für sie verloren hatten. David fügte zur „Liturgie" der Stiftshütte aufrichtigen musikalischen Lobpreis, Glauben und Zeugnisse hinzu. Er gab dem Volk Gottes Lobpreisliteratur, die ein wahres Herz der Anbetung vor dem Herrn widerspiegelte. Er stellte seine Beziehung mit Gott zur öffentlichen Schau, er machte seine Gebete zu einer öffentlichen Angelegenheit und gab der Gemeinde die Psalmen. Er erfand und baute sogar für die Priester Instrumente, um in die Anbetungskultur einzutauchen, die er erschuf. Aber David lehnte den Dienst der Stiftshütte Moses niemals ab oder entkräftigte ihn.

Der Grund, warum David die Bundeslade an einen anderen Ort brachte, war, weil er das Herz Gottes verstand. Gott wollte nicht irgendwo auf einem Hügel versteckt sein; er möchte in der Mitte seines Volkes wohnen. Darum brachte David die Lade nach Jerusalem, in die Mitte des Volkes. Die Ankündigung von Jakobus in Apostelgeschichte 15,15-17, dass die *„Hütte Davids"* neu aufgebaut wird, dreht sich nicht um den Anbetungsstil Davids. Es geht um Gott, der unter seinem Volk sein möchte. Er wollte schon immer unter seinem Volk wohnen. An Pfingsten kam die „Lade" der Gegenwart Gottes wieder nach Jerusalem zurück, so wie sie zurückkam, als David sein Zelt aufbaute. Und das Ergebnis davon war, dass das Evangelium in die ganze Welt gebracht wurde, damit jeder, einschließlich der neuen heidnischen „Priester", den Herrn suchen konnten. Das führt uns zur dritten Theorie:

3. DER WIEDERAUFBAU DER HÜTTE DAVIDS KÖNNTE DAS MITEINBEZIEHEN DER HEIDEN IN DAS PRIESTERTUM BEDEUTEN

Der Bezug auf die Heiden ist *sehr* wichtig. Die Worte in Apostelgeschichte 15,15-17 wurden im Konzil in Jerusalem gesprochen, das darüber entschied, ob Heiden wirklich Jesus anbeten konnten oder nicht. Liest man Apostelgeschichte 15 im richtigen Kontext, geht es dabei nicht darum, *wie* wir anbeten (in einem davidschen Anbetungsstil), sondern es geht darum, *wer* anbeten kann. Es spricht davon, ob die Heiden in die Errettung und das Priestertum mit einbezogen werden konnten. Lassen Sie uns die entsprechende Bibelstelle anschauen:

„Und damit stimmen die Worte der Propheten überein, wie geschrieben steht:

‚Nach diesem will ich zurückkehren und die zerfallene Hütte Davids wieder aufbauen, und ihre Trümmer will ich wieder bauen und sie wieder aufrichten, **damit die Übriggebliebenen der Menschen den Herrn suchen, und alle Heiden, über die mein Name ausgerufen worden ist**, *spricht der Herr, der all dies tut.'"*

Wenn Sie kein Jude sind, ist die Hütte Davids eine gute Botschaft für Sie. Sie bedeutet, dass auch Sie Priester sein können. Und nur Priester können in das Heiligtum und das Allerheiligste kommen. Glückwunsch, Sie können nun Gott dienen! David musste das schon verstanden haben, denn er stellte einen Heiden an, um im Zelt zu dienen. Sein Name war Obed-Edom. 1. Chronik 16,28 erwähnt, dass Obed-Edom ein Torwächter im Hause Gottes war. Die Lade stand bei Obed-Edoms Haus, als Ussa getötet wurde (2.Sam 6,10). Wir wissen daher, dass Obed-Edom nicht nur in Davids Zelt diente, sondern dass er die Bundeslade, die Gegenwart Gottes, für eine gewisse Zeit in seinem Haus beherbergte.

Obed bedeutet *Diener*, und *Edom* ist ein Wort, das als Synonym für Heidenvölker gebraucht wird. Also bedeutet *Obed-Edom Diener der Heidenvölker*. Er war ein Gatiter, kein Jude. Ein Gatiter ist ein Mensch aus Gat. Goliath war ein Gatiter (2.Sam 21,19). Mit anderen Worten: Obed-Edom war ein Philister. Wie konnte ein Philister in die Position eines Priesters kommen? Nur Leviten konnten das! Nun, David war ein Prophet, und er sah den Tag kommen, an dem das Priestertum auch die Heiden mit einschließen würde.

Gott musste wohl auch kein zu großes Problem damit gehabt haben, denn er ließ Obed-Edom nicht von einem Blitz treffen. In der Tat segnete Gott das ganze Haus Obed-Edoms. Darum bekam David neuen Mut, nachdem Ussa getötet wurde, um noch einmal zu versuchen, die Lade nach Jerusalem zu bringen.

Obed-Edom war ein Philister, der als Priester diente. Er, der einst ein Feind Gottes war, wurde nun als Diener Gottes berufen. Das sind gute Neuigkeiten. Dies ist möglicherweise das erste Mal in der Geschichte, dass es einem Heiden gewährt wurde, vor dem Herrn zu dienen.

Das meinten Amos und die Apostelgeschichte mit *Wiederaufbau* der „Hütte Davids". Die „Hütte Davids" bezieht die *abgelehnte Menschheit*, die Heiden, mit ein.

Ist Ihnen jemals aufgefallen, dass der Vorhang das Einzige war, das Gott vom Tempel entfernte, als Jesus gekreuzigt wurde? Er entfernte nicht das Heiligtum, nicht den Schaubrottisch, nicht den Opferaltar, nicht den Räucheraltar, nicht den goldenen Leuchter und nicht das eherne Becken. Er entfernte nur den Vorhang. Was bedeutet das? – Als Jesus am Kreuz starb, machte Gott keinerlei Anzeichen, dass die Anbetung der Stiftshütte (als Schatten der himmlischen Anbetung) aufhören sollte. Er entfernte nur den Vorhang – die Barriere zwischen sich selbst und seinen Priestern.

Der Vorhang trennte die Priester vom Allerheiligsten, und nur der Hohepriester konnte ein Mal im Jahr eintreten. Jesus, unser Hoherpriester, entfernte die Barriere, die uns alle (Priester) davon abhielt, zur Bundeslade zu gehen, wo die manifeste Gegenwart Gottes zwischen den Cherubim wohnt. Nun kann jeder, der in das Heiligtum gehen kann, auch in das Allerheiligste kommen. Aber nur Priester können in das Heiligtum gehen. Darum ist es so wichtig, dass wir verstehen, wer wir sind. Wenn Sie gläubig sind, dann haben Sie Zugang zum Heiligtum UND zum Allerheiligsten. Egal, ob Sie Jude oder Heide sind: Wenn Sie Jesus anbeten, sind Sie ein Priester und haben Zugang zur Gegenwart Gottes.

Aber niemand, der *kein* Priester ist, kann in die Gegenwart Gottes kommen. Nicht in das Heiligtum und sicher nicht in den Bereich hinter den zerrissenen Vorhang. Nur Priester haben Zugang zu Gott. Darum möchte Gott das Priestertum der Gläubigen erweitern. Gott möchte seine Gegenwart in die Mitte des Volkes setzen (und unter sie), damit *alle* Menschen ihn suchen werden. Einschließlich derer, die einst seine Feinde waren, so wie ich. Bei der Hütte Davids geht es um einen Gott, der von Jerusalem aus scheint, um die Verlorenen aus aller Welt Enden zu retten (Juden und Heiden). Herr, lass deine Herrlichkeit fallen!

David und Mose stehen nicht im Konflikt oder Wettbewerb miteinander. Das Zelt Davids dient der Stiftshütte Moses, und beide sind von Gott. Moses Stiftshütte lehrt uns, wie wir in Gemeinschaft mit Gott leben und ihm dienen können. Das Zelt Davids lehrt uns, *wer* mit Gott Gemeinschaft haben kann. Und Gott möchte *allen* Menschen Zugang zu ihm geben, nicht nur den Juden. Die zwei sind niemals gegensätzlich. Als Salomo die Wahrheiten beider Wohnstätten erkannte und sie in seinem Tempel vereinte, fiel die Herrlichkeit Gottes erneut.

EIN WORT AN DIE LOBPREISLEITER

Wie sieht die Anbetung im Thronsaal aus? Geben wir unseren Leuten die Gelegenheit, dies herauszufinden?

Wenn der Vorhang zerrissen und der Weg frei gemacht worden ist, wenn wir es verstehen, Menschen zu helfen, geistlich und psychologisch zum Thronsaal zu kommen, warum kommen wir dann nicht dorthin? – Ich glaube, die Antwort ist, dass die Gemeinde immer noch sehr unreif ist. Wir fokussieren uns noch sehr stark auf uns selbst. Anbetung im Thronsaal fokussiert sich vollkommen auf Gott. Ich frage mich, wie oft wir Lieder singen, die nichts mit uns zu tun haben. Wie oft singen wir Lieder, die nicht die Wörter „ich" oder „mich" im Text beinhalten?

Im Thronsaal sind alle Augen auf den König gerichtet. Im Thronsaal liegen alle Kronen zu seinen Füßen. Im Allerheiligsten beugt sich jedes Knie. Nur der König sitzt auf dem Thron. Sogar die Ältesten des Himmels fallen in demütiger Anbetung vor der Majestät Christi nieder. Es gibt keine Erhöhung des Menschen. Kein Fleisch mit Herrlichkeit. Keine Finsternis hat Autorität. Und es ist keine Frage, wer der Herr ist. Hier ist ein flüchtiger Blick auf den Himmel:

„Und jedes Mal, wenn die lebendigen Wesen Herrlichkeit und Ehre und Dank darbringen dem, der auf dem Thron sitzt, der lebt von Ewigkeit zu Ewigkeit, so fallen die 24 Ältesten nieder vor dem, der auf dem Thron sitzt, und beten den an, der lebt von Ewigkeit zu Ewigkeit; und sie werfen ihre Kronen vor dem Thron nieder und sprechen:

Würdig bist du, o Herr, zu empfangen den Ruhm und die Ehre und die Macht; denn du hast alle Dinge geschaffen, und durch deinen Willen sind sie und wurden sie geschaffen!" (Offb 4,9-11)

Was wäre, wenn unsere Anbetungsgottesdienste das widerspiegelten, was wirklich um den Thron Gottes herum passiert? Lesen Sie weiter. Die Bibel drückt es am besten aus:

„Und ich sah, und siehe, in der Mitte des Thrones und der vier lebendigen Wesen und inmitten der Ältesten stand ein Lamm, wie geschlachtet; es hatte sieben Hörner und sieben Augen, wel-

che die sieben Geister Gottes sind, die ausgesandt sind über die ganze Erde. Und es kam und nahm das Buch aus der Rechten dessen, der auf dem Thron saß. Und als es das Buch nahm, fielen die vier lebendigen Wesen und die 24 Ältesten vor dem Lamm nieder, und sie hatten jeder eine Harfe und eine goldene Schale voll Räucherwerk; das sind die Gebete der Heiligen. Und sie sangen ein neues Lied, indem sie sprachen:

Du bist würdig, das Buch zu nehmen und seine Siegel zu öffnen; denn du bist geschlachtet worden und hast uns für Gott erkauft mit deinem Blut aus allen Stämmen und Sprachen und Völkern und Nationen, und hast uns zu Königen und Priestern gemacht für unseren Gott, und wir werden herrschen auf Erden. Und ich sah, und ich hörte eine Stimme von vielen Engeln rings um den Thron und um die lebendigen Wesen und die Ältesten; und ihre Zahl war zehntausendmal zehntausend und tausendmal tausend; die sprachen mit lauter Stimme: Würdig ist das Lamm, das geschlachtet worden ist, zu empfangen Kraft und Reichtum und Weisheit und Stärke und Ehre und Ruhm und Lob! Und jedes Geschöpf, das im Himmel und auf der Erde und unter der Erde ist, und was auf dem Meer ist, und alles, was in ihnen ist, hörte ich sagen: Dem, der auf dem Thron sitzt, und dem Lamm gebührt das Lob und die Ehre und der Ruhm und die Macht von Ewigkeit zu Ewigkeit! Und die vier lebendigen Wesen sprachen: Amen! Und die 24 Ältesten fielen nieder und beteten den an, der lebt von Ewigkeit zu Ewigkeit." (Offb 5,6-14)

Wenn die Anbetung des Himmels zur Anbetung auf der Erde wird, werden die Dinge des Himmels auf der Erde Realität. Ich sehne mich danach, den Thron meines Königs auf der Erde unter seinem Volk fest verankert zu sehen. Ich sehne mich danach, dass er die Ehre und Liebe empfängt, die er so reich verdient hat. Und ich sehne mich danach, dass der Wunsch seines Herzens erfüllt wird – dass seine Kinder zu ihm nach Hause kommen.

Darum bin ich ein Priester im Haus Gottes. Und darum bin ich zu einem Haus Gottes geworden, zu einer wandelnden Stiftshütte. Wenn das Volk Gottes zum Heiligtum wird, richtet der Herr seinen Thron wieder unter ihnen auf – seine Lade –, inmitten seines Volkes. Die Herrlichkeit wird wieder auf die Erde zurückkommen. Komm, Herr Jesus!

KAPITEL 17

BEREITE DEN WEG

„Siehe, ich sende meinen Boten, der vor mir her den Weg bereiten soll; und plötzlich wird zu seinem Tempel kommen der Herr, den ihr sucht; und der Bote des Bundes, den ihr begehrt, siehe, er kommt! spricht der Herr der Heerscharen." (Mal 3,1)

SCHATTEN DER KOMMENDEN DINGE

Gott spricht immer. Traurigerweise glauben manche Menschen, dass Gott stumm geworden ist. Ich habe Gott nicht als still erlebt. Ich habe jedoch gesehen, dass Menschen oft Probleme haben zuzuhören.

Es mag wahr sein, dass die Stimme Gottes wie in den Tagen Samuels selten ist. Aber unser Gott war schon immer auf der Suche nach Menschen wie Mose, die mit ihm wie mit einem Freund sprechen – von Angesicht zu Angesicht. Auf der einen Seite möchte Gott seine Beziehung zu seinen Kindern wertschätzen. Aber er möchte uns auch auf das Kommende vorbereiten:

„Nein, Gott, der Herr, tut nichts, ohne dass er sein Geheimnis seinen Knechten, den Propheten, geoffenbart hat." (Am 3,7)

Ich glaube, dass die Stiftshütte Moses ein Schatten der himmlischen Anbetung ist. Aber ich glaube, sie ist noch etwas anderes. Sie ist eine Offenbarung von Gottes Plan für die Zukunft der Menschheit.

Was, wenn die Stiftshütte Moses mehr als eine Offenbarung über Anbetung ist? Was, wenn sie auch eine Zeitschiene ist – eine prophetische Karte – der Wiederkunft der Herrlichkeit Gottes auf Erden? Was, wenn jede Einzelheit der Stiftshüttenanbetung auch einen Aspekt des Dienstes der Gemeinde repräsentiert, der wiederhergestellt werden muss, um die endgültige Wiederkunft Jesu Christi herbeizuführen – die Herrlichkeit Gottes auf Erden? Mit dieser Sicht im Hinterkopf: Was machen wir dann mit Apostelgeschichte 1,11? Dort sagt ein Engel: *„Ihr Männer von Galiläa, was steht ihr hier und seht zum Himmel? Dieser Jesus, der von euch weg in den Himmel aufgenommen worden ist, wird in derselben Weise wiederkommen, wie ihr ihn habt in den Himmel auffahren sehen!"*

Wenn das wahr ist, sollten wir die Aspekte der Anbetung sehen, die der Christenheit vor Jahren verloren gingen, die historisch zur Gemeinde schon zurückgeführt wurden. Wir sollten jede Einzelheit der Anbetung, die wiederhergestellt wurde, als den Plan Gottes ansehen, der sich vor uns offenlegt. Und ich glaube, genau das sehen wir.

Ich glaube, dass die Stiftshütte nicht nur der Ablaufplan einer wachsenden Beziehung eines Einzelnen mit Gott ist, sondern auch der der reifenden Beziehung der Gemeinde mit Gott. Die Stiftshütte repräsentiert die Zeitalter der Gemeinde, wie Gott uns auf die Wiederkunft Jesu vorbereitet.

DIE ERSTE REFORMATION – DER ALTAR UND DAS BECKEN

Am Anfang des Buches erwähnte ich die Tragödie des frühen Mittelalters. Es war nicht nur wegen Hungersnöten, Plagen, Kriegen und Ignoranz finster. Es war dunkel, weil die Kirche von Amts wegen Gottes Volk der Rolle als Priester beraubte.

Die ganze Bibel war in Latein geschrieben und nur ausgebildeten Priestern vorbehalten. Von 500 bis ca. 1500 n. Chr. siechte Europa (die christliche Welt zu dieser Zeit) in Finsternis dahin.

Was passierte im Jahr 1500, das diesen Standard durchbrach? Gott gab Gutenberg eine Offenbarung. Ein Gedanke kam wie ein „Lichtstrahl" zu Johannes Gutenberg, und 1440 erfand er den Buchdruck. 1455 druckte er eine lateinische Bibel. Im Jahr 1500 wurden überall in Europa Bücher gedruckt.

Dies machte die Bühne frei für die größte Revolution seit der Auferstehung Jesu. 1517 schrieb Martin Luther die *95 Thesen*, die Fragen beinhalteten, die zur protestantischen Reformation führten. Aufgrund des Buchdrucks dauerte es nur zwei Wochen, die Gedanken Luthers in Deutschland zu streuen, und nach zwei Monaten waren sie in ganz Europa verbreitet.

Es war die protestantische Revolution, die die Errettung aus Gnade durch Glauben (den Opferaltar) zur Gemeinde nach 1.000 Jahren toter Religion zurückbrachte. Die Reformation öffnete auch den Weg für den Druck der Bibel und machte sie den Menschen in ihrer Sprache zugänglich. Es war die Rückführung des ehernen Beckens – das Wort konnte wieder die Gemeinde reinigen, die Priester Gottes. Die protestantische Reformation gab der Gemeinde nach über 1.000 Jahren Finsternis den Dienst des Vorhofs zurück.

DIE ZWEITE REFORMATION – DER LEUCHTER

Es dauerte weitere 500 Jahre, bis der Dienst des Heiligtums wieder zurückgeführt wurde. Natürlich gab es teilweise „Heiligtums-Anbetung". Die Herrnhuter Gemeinschaft, die Gründer der modernen Missionsbewegung, waren Menschen echten Gebets und wahrer Anbetung. Aber sie wurden gleichermaßen von Katholiken und Protestanten gehasst und verfolgt. Sie waren ein Überrest, aber ihre Gedanken änderten die Kirche nicht als Ganzes.

Es dauerte bis zum Beginn des 20. Jahrhunderts, bis die nächste große Reformation stattfand. Gott entzündete 1904 einen Funken in Wales, das ein Feuer in Kalifornien auslöste, welches durch das ganze Land fegte. Allein in Wales wurden mehr als 100.000 Seelen gerettet, und die Menschen erlebten die Erfüllung aus Joel 3,1-2:

„Und nach diesem wird es geschehen, dass ich meinen Geist ausgieße über alles Fleisch; und eure Söhne und eure Töchter werden weissagen, eure Ältesten werden Träume haben, eure jungen Männer werden Gesichte sehen; und auch über die Knechte und über die Mägde will ich in jenen Tagen meinen Geist ausgießen ..."

Die Erweckung war von radikalen Lebensänderungen, wundersamen Heilungen und Gaben der Zungensprache und Prophetie gezeichnet. Die Menschen, die Wales besuchten, brachten eine Leidenschaft mit, um eine ähnliche Bewegung Gottes in Amerika zu sehen.

Die „Azusa Street"-Erweckung fing in Los Angeles, Kalifornien, im Jahr 1906 an. Azusa Street wurde von den einen gelobt und von den anderen verschmäht, aber es gibt keinen Zweifel, dass sie die Tür für den Heiligen Geist in der Gemeinde öffnete. Menschen aus allen Gesellschaftsschichten, Rassen und Konfessionen besuchten die bedeutungsvollen Treffen. A-capella-Gesang, wundersame Heilungen und Zungensprache, zusammen mit vielen Berichten aus erster Hand von deutschen, jiddischen und spanisch sprechenden Immigranten, die bezeugten, dass englischsprachige Mitglieder der Gemeinde plötzlich in deren Sprachen redeten, waren die Normalität in diesen Gottesdiensten.

Die Pfingstreformation hatte begonnen. Es ist egal, welcher Denomination Sie angehören, die protestantische und die Pfingstreformation haben die Art und Weise verändert, wie Sie anbeten. Und so, wie der Buchdruck die evangelische Theologie und das Wort auf der Welt verbreiteten, sendeten die neuen Medien, Radio (und später TV), diese neue Reformation – die manifestierte Kraft des Heiligen Geistes in der Gemeinde – in die Wohnzimmer auf der ganzen Welt.

Die Pfingstreformation führte das Priestertum der Gläubigen in das Heiligtum und brachte den goldenen Leuchter wieder zurück. Sie setzte auch den Schaubrottisch wieder in Kraft – das Leben der Gemeinschaft und Intimität mit Gott –, aber es brauchte eine weitere Bewegung und Gruppe von Menschen, um den Schaubrottisch in der Gemeindekultur wirklich wieder fest einzubauen. Tatsächlich gebrauchte Gott die Hippies dazu.

DIE DRITTE REFORMATION – DER SCHAUBROTTISCH

Die 1960er und 1970er Jahre waren eine interessante Zeit, und auf unterschiedliche Weise fügten sie unserer Kultur und Moral großen Schaden zu. Aber etwas Gutes kam auch aus dieser Zeit: Eine Gruppe junger Christen, die sich „Jesus People" oder „Jesus Freaks" nannten, eröffneten eine Bewegung, die das Herz der Anbetung beständig veränderte.

Die „Jesus People"-Bewegung hatte ihre Fehler, aber sie brachte die Liebe in die Gemeinde zurück. In einer Zeit der „freien Liebe" war sie eine Gegenkultur gegen die Gegenkultur. Die Jesus Freaks wollten zur Einfachheit der frühen Christenheit zurückkehren. Sie glaubten an die Kraft Gottes inmitten seines Volkes. Und sie glaubten, dass Jesus ungezwungen und real ist und man mit ihm eine echte Beziehung haben kann.

Das größte Vermächtnis der „Jesus People"-Bewegung ist möglicherweise die moderne christliche Anbetung. Warum ist das wichtig? – Weil sie nicht nur über Jesus sangen, sie sangen ZU ihm. Die Reformatoren schrieben Lieder, die die Theologie nährten; die Pfingstbewegung schrieb Lieder, die den Glauben und die geistliche Leidenschaft pflegten; aber die „Jesus People" sangen Lieder, die die Beziehung mit Gott förderten. Sie bezogen eine Theologie mit ein, die einen Lebensstil der Gemeinschaft mit Gott durch Jesus beinhaltete. Sie luden die Welt ein, am Schaubrottisch zu sitzen.

Sie führten auch die Gitarre in den Lobpreis ein, wodurch weltweite Anbetungs- und Gebetstreffen ermöglicht wurden. Gitarren sind nicht besser als andere Instrumente, aber sie sind günstig, handlich und transportabel. Gitarren erlauben sogar weniger ausgebildeten Gläubigen in den ärmsten Ecken des Planeten als Priester und Lobpreisleiter zu dienen. Und sie erlauben es Anbetern, vollkommen mobil zu sein.

Die „Jesus People" sind die Vorväter der christlichen Jugendbewegung und der charismatischen Bewegung, die jede Konfession der Erde beeinflusst und verändert hat – sogar Ihre. Meine Eltern bekehrten sich während der „Jesus People"-Bewegung. Bis zur „Jesus People"-Bewegung gab es keine „moderne christliche Musik" (jede Generation von Gläubigen in der Geschichte der Gemeinde wandte moderne Musik für ihre Zeit an, aber in den ersten beiden Dritteln des 20. Jahrhunderts ist die Musik nicht mit der Zeit mitgegangen und wurde von der Tradition dominiert). Es gab noch keine Lobpreispastoren. Es gab keine Jugendgruppe. Die meisten von uns stehen in der Schuld der „Jesus People". Während diese Bewegung den Schaubrottisch wiederherstellte, fing sie auch an, die Gemeinde in Richtung Räucheraltar zu schieben. Aber, wie Sie sehen werden, brauchte es eine weitere Bewegung Gottes, um dieses priesterliche Element wiederherzustellen.

DIE VIERTE REVOLUTION – DER RÄUCHERALTAR

1999 startete Mike Bickle eine Gebetsbewegung mit 20 Leuten in einem Wohnwagen in Kansas City, Missouri. Seit diesem Zeitpunkt wurde das International House of Prayer zu einem Modell und einer Inspiration für, meines Erachtens, das letzte Teil des Stiftshütten-Puzzles. Das International House of Prayer (oder „Harp and Bowl") praktiziert kontinuierliche Anbetung. So, wie König David es tat, wechseln sich Gebets- und Lobpreisteams ab, damit ein konstantes Anbetungs- und Gebetsopfer für den Herrn 24 Stunden am Tag dargebracht wird, sieben Tage die Woche, ohne aufzuhören. Und das International House of Prayer ist nicht mehr der einzige Ort dieses Modells auf unserem Planeten. Sie entstehen überall und bringen dem König ein kontinuierliches Rauchopfer durch leidenschaftliches Gebet und Anbetung. Vergleichen Sie diese Entwicklung mit dem Fenster, das uns in Offenbarung 5,7-8 zum Himmel geöffnet wird:

„Und es kam und nahm das Buch aus der Rechten dessen, der auf dem Thron saß. Und als es das Buch nahm, fielen die vier lebendigen Wesen und die 24 Ältesten vor dem Lamm nieder, und sie hatten jeder eine Harfe und eine goldene Schale voll Räucherwerk; das sind die Gebete der Heiligen."

Ich glaube, das ist die letzte Reformation der Gemeinde. So, wie Gott seine Herrlichkeit nicht zur Lade sandte, ohne dass die Lade völlig vom Rauch des Allerheiligsten umschlossen war, wird er auch nicht zurückkommen, ohne dass die Erde mit dem Rauch des Gebets und der Anbetung gefüllt sein wird. So, wie Pfingsten nicht ohne die Fürbitte Christi am Kreuz kam, wird das nächste „Pfingsten" der Gemeinde nicht ohne die aufopfernde Fürbitte der Gemeinde kommen.

Was bedeutet das? – Es bedeutet, dass wir an der Schwelle der nächsten und letzten Bewegung Gottes stehen. Der Vorhang ist nicht mehr da, und Gott lehrt die Gemeinde, am Räucheraltar zu dienen. Sobald die Gemeinde ihre Rolle am Räucheraltar eingenommen hat, steht nichts mehr zwischen uns und der Bundeslade – und erinnern Sie sich: Die Herrlichkeit Gottes fällt auf die Lade. Wir sind nun sehr nahe.

Priester Gottes, bitte beten Sie! Leidenschaftliches Gebet und Anbetung sind der Rauch, der die Erde auf die Wiederkunft Jesu vorbereitet. Unsere Gebete füllen die Schalen des Himmels, und wenn sie überfließen, wird Gottes Kraft als Reaktion darauf ausgegossen.

Bitte beten Sie! Beten Sie für unsere Regierungen, unsere Nachbarn, unsere Kulturen und Kinder, unsere Nationen und für die Verlorenen. Die Herrlichkeit fällt, wenn die Priester das Allerheiligste mit dem Rauch des brennenden Gebets füllen. Unsere Tage sind sehr kurz. Und so, wie Esther in den Palast kam, um dort für ihr Volk zu beten, wurden Sie *„gerade wegen einer Zeit wie dieser"* geboren. Sie wurden auf die Erde in dieser Zeit der Geschichte gesetzt, um den Weg des Herrn zu bereiten. Darum geht es bei der Stiftshütte, einen Weg zu bahnen – die Braut für die Wiederkunft des Bräutigams vorzubereiten –, ein geistliches Haus, in das er zurückkommen kann.

"Die Stimme eines Rufenden ertönt: In der Wüste bereitet den Weg des Herrn, ebnet in der Steppe eine Straße unserem Gott! Jedes Tal soll erhöht und jeder Berg und Hügel erniedrigt werden; was uneben ist, soll gerade werden, und was hügelig ist, zur Ebene! Und die Herrlichkeit des Herrn wird sich offenbaren, und alles Fleisch miteinander wird sie sehen; denn der Mund des Herrn hat es geredet." (Jes 40,3-5)

Er kommt.

DIE KOMMENDE HERRLICHKEIT

Schauen Sie sich nun die Beschleunigung der Ereignisse an. Die Gemeinde florierte in ihren ersten 300 Jahren, dann begann sie zu verfallen, als Politiker und Machthaber die Leiterschaft der Kirche übernahmen. Die Kirche (nicht die organisierte religiöse Kirche, aber die wahre Christenheit) war für 1.000 Jahre, zwischen 500 und 1500 n. Chr., untätig und am Sterben!

Nach 1.000 Jahren (1517) gab Gott der Gemeinde durch die protestantische Reformation die Erlösung und das Wort Gottes zurück. Während dieser Zeit wurde die Anbetung durch den Opferaltar und das eherne Becken in der Gemeinde erneuert. Fünfhundert Jahre später (1904–1915) fing Gott an, den Dienst des Heiligtums durch die Pfingstreformation der Gemeinde zurückzuführen. Während dieser Zeit wurde der goldene Leuchter wiederhergestellt.

Nur 50 Jahre später gab Gott der Gemeinde den Dienst der Intimität und den Lebensstil der Gemeinschaft durch die „Jesus People" zurück. Während dieser Zeit – Sie haben es erraten – wurde der Schaubrottisch wiederhergestellt. Und 25 Jahre

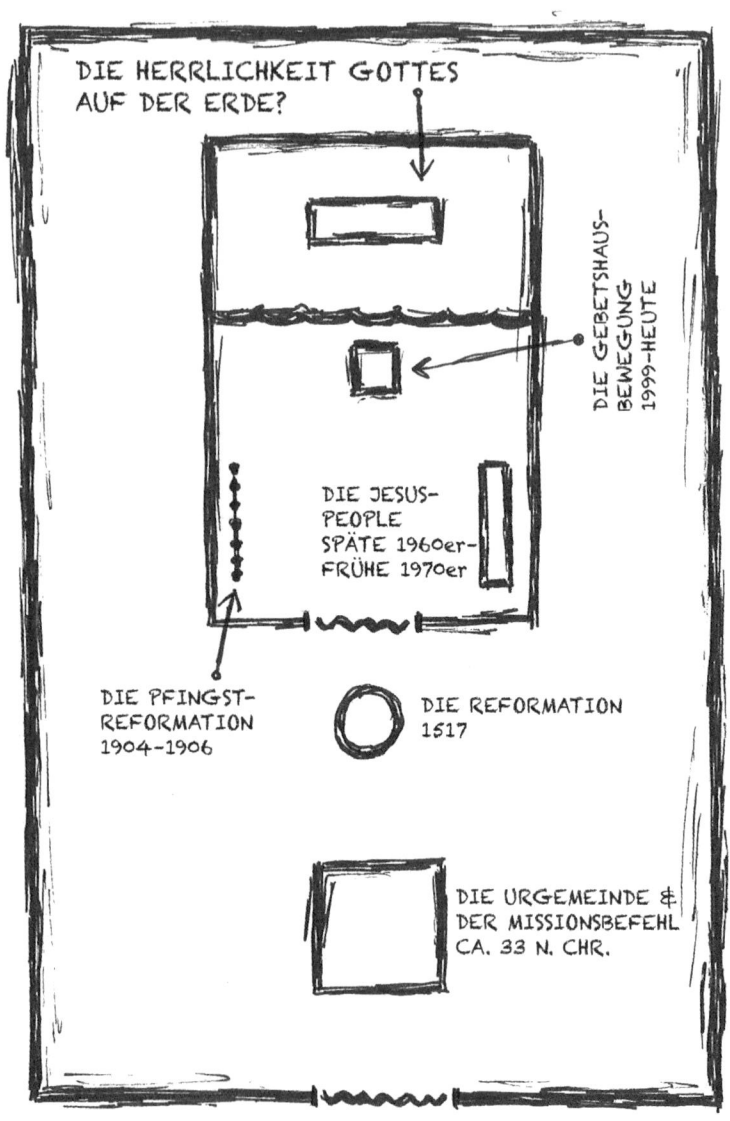

später gab Gott dann der Gemeinde den Dienst der Fürbitte und des Gebets durch den Dienst der 24/7-Gebetshausbewegung zurück. Der Räucheraltar wurde wiederhergestellt.

Haben Sie erkannt, was geschah? Die Zeiten wurden halbiert: 1.000 Jahre, 500 Jahre, 50 Jahre und dann 25 Jahre. Wo stehen wir heute in der prophetischen Zeitspanne der Geschichte? – Genau an der Türschwelle zur Ewigkeit. Wir, die Gemeinde, stehen am zerrissenen Vorhang, füllen das Allerheiligste mit dem Rauch unserer brennenden Gebete und Anbetung, und bereiten den Tag für die Wiederkunft des Gottes der Herrlichkeit Gottes vor.

Bitte verstehen Sie das nicht falsch. Ich mache keine Voraussage über den Tag oder die Stunde oder Sonstiges. Alles, was ich sage, ist: Wir sind sehr nahe an der nächsten und möglicherweise letzten großen Bewegung Gottes. Ich glaube, dass ich und meine Kinder dies aus erster Hand sehen werden, was Generationen von Christen sich erhofft und wofür sie gebetet hatten: die Wiederkunft des Königs der Könige.

Was ist Ihre Rolle? – Nun, Sie sind ein Priester. Es ist Ihnen eine Ehre, den Weg des Herrn zu ebnen und die Herzen seines Volkes auf seine Wiederkunft vorzubereiten. Was werden Sie tun? Werden Sie Ihre Rolle in der Geschichte ernst nehmen? Oder werden Sie sich über unwichtige Punkte der Lehre streiten? Werden Sie in die Gemeinde gehen, oder werden Sie die Gemeinde SEIN? Werden Sie an der Anbetung teilnehmen, oder werden Sie Anbetung SEIN? Werden Sie die geistlichen Dienste konsumieren oder ein Zuschauer bzw. Beobachter davon sein? Werden Sie ein Unterstützer der geistlichen Dienste sein? Oder werden Sie als Priester zwischen dem Vorbau und dem Altar stehen und die Welt in die Gegenwart Gottes führen?

Ich wurde nicht für Religion geboren. Ich wurde nicht geboren, um eine Kirchenbank zu wärmen, um „Gottesdienste" zu besuchen und die Mitgliederrolle zu spielen. Ich wurde nicht für tote, kraftlose, leere, unnütze, traditionelle Bestrebungen geboren. – Ich wurde für den Thronsaal geboren! Ich wurde zur Herrlichkeit meines Vaters geboren. Und ich wurde geboren, um die Welt zu verändern. Zu was wurden Sie geboren? Das ist Ihre Zeit.

DIE ZEITALTER DER GEMEINDE

Die Zeitalter der Gemeinde folgen dem Lebenszyklus eines Menschen. Ich glaube nicht, dass das zufällig ist. So, wie diese schönen Sommertage ewig zu sein schienen, als Sie noch ein Kind waren, aber wie der Wind vergehen, seit Sie erwachsen sind, können wir fühlen, dass die Zeit schneller und schneller vorangeht, je näher wir dem Ende kommen. Und unsere Aufgabe scheint immer wichtiger zu werden.

1. **Geburt** – Jesu Dienst, Tod und Auferstehung waren die Geburtsstunde der Gemeinde.

2. **Jugend** – Die ersten drei Jahrhunderte waren die Jahre der Jugend. Die Gemeinde wuchs, reifte und gewann an Stärke und Weisheit.

3. **Rebellion** – Ich denke nicht, dass alle Teenager rebellieren, aber es IST die Natur des Menschen. Die Jahre des frühen Mittelalters waren verlorene Jahre für die Gemeinde.

4. **Buße** – Die Reformation repräsentiert die Umkehr der Gemeinde zu Gott-Vater. Die Gemeinde wandte sich wieder dem Wort ihres Vaters zu.

5. **Reife** – Die Pfingstreformation führte die Gemeinde zu ihrer Kraft und Stärke. Potenz dient der Reproduktion, und die Gemeinde ist im letzten Jahrhundert mehr gewachsen als in allen vorherigen Jahrhunderten zusammen.

6. **Beziehung** – Die „Jesus People"-Bewegung repräsentiert das Heiratsalter der Gemeinde, das Alter der Intimität. In den letzten 40 Jahren hat die Gemeinde ihr dynamischstes Wachstum in der Geschichte erlebt. Warum? – Kinder werden aus intimer Beziehung heraus geboren.

7. **Selbstloser Dienst** – Gerade jetzt lernt die Gemeinde das Gebet und die Fürbitte kennen. Das sind unsere Kreuzjahre, und es werden mehr Christen verfolgt und sterben den Märtyrertod für Jesus als in irgendeiner anderen Zeit in der Geschichte (schauen Sie sich mal „The Voice of the Martyrs" an, www.persecution.com). Wir beginnen unsere freiwilligen Jahre. In diesen Jahren lernen wir, dass es mehr gibt als das Hier und Jetzt. Wir leben mit einer größeren Vision und bereiten uns auf den nächsten Schritt auf unserer Reise vor. Aber bevor wir gehen, möchten wir der Welt unseren König, dem wir dienen, vorstellen – egal, was es uns kosten mag.

8. **Überqueren** – Was kommt als nächstes? Was ist hinter dem Vorhang? Am Ende unserer irdischen Reise ist die einzige Erwartung eines Kindes Gottes: in der Gegenwart unseres Vaters zu sein. Wie sieht das aus? Wird die Herrlichkeit Gottes auf die Erde zurückkommen? Wird die Gemeinde in die Gegenwart ihres Königs eingehüllt werden? Es ist möglich, dass wir es bald sehen werden. Die Zeit ist

knapp. Ist das aufregend für Sie? Können Sie spüren, wie Ihr Puls schneller wird und Ihre Erwartungen steigen? Vielleicht liegt es daran, dass der Geist, der in Ihnen ist, von dem Geist zeugt, von dem ich spreche.

Sie und ich wurden für die Zeit geboren, in der wir leben. Und vielleicht, wenn Gott will, werden wir die kommende Zeit sehen.

DIE WICHTIGKEIT DES PROZESSES

Früher ging ich gerne klettern. Ich war ziemlich unsozial und verletzend, als ich jung war, und ich kam in Mannschaftssportarten immer in Schwierigkeiten. Die Felsen reizten mich mehr. Gegen das dynamische Duo aus einem großen, unbeweglichen Objekt und dem Gesetz der Anziehungskraft anzutreten, ist ziemlich aufregend – besonders wenn man wie ich Höhenangst hat. Sie können sich vorstellen, wie mir das Adrenalin durch die Venen schoss.

Als junger Mann hatte ich auch Probleme, mich zu beherrschen, sodass ich oft verletzt wurde. Klettern ist für einen schlecht gelaunten, unfallanfälligen Angstsüchtigen mit Beherrschungsproblemen vielleicht eher eine schlechte Wahl, aber es ist wirklich eine der sichersten Sportarten des Extremsports. Sie hätten meine Versuche beim Snowboarden, Motocross und Geländewagenfahren sehen sollen – nicht annähernd gut.

Ein *guter* Kletterer ist eine sehr vorsichtige Person, weil Kletterer leben wollen, um am nächsten Tag wieder klettern zu können. Sie gehen mit ihrer Ausrüstung sehr behutsam um. Sie achten sehr darauf, wer sie sichert und wie man sich auf diese Person verlassen kann. Und sie befolgen die Vorschriften genau, bevor sie den Felsen auch nur berühren. Ich war nie ein guter Kletterer.

An einem Tag wollte ich vor ein paar Freunden angeben (ein paar dieser „Freunde" waren hübsche Mädchen) und ich entschied mich dazu, frei an einer Art Cliff zu klettern, was man auch „Schornstein" nennt. „Schornsteine" sind einfach, weil sie normalerweise drei Oberflächen haben, auf die man seine Hände und Füße platzieren kann. Aber als ich hinaufstieg, neigte sich einer der zwei Steine des Kamins weg und war nicht mehr zu erreichen. Plötzlich war ich nicht mehr an einem Kamin, sondern an einer Klippe. Diese sind schwieriger zu erklettern.

Es war ein langer Weg herunter. Ich war schon fast an dem Punkt, nicht mehr herunterzukommen. Und entgegen dem, was die Leute denken, ist es schwieriger, herunterzuklettern als hoch (und beängstigender), außer man entscheidet sich, den einfachen Weg zu nehmen und sich einfach wie ein Stein fallen zu lassen. Ich habe das schon ausprobiert – und es tut weh.

Also musste ich eine Entscheidung treffen. Die Chancen, dass ich herunterfallen würde, waren sehr hoch. Wenn ich an diesem Punkt stürzen würde, würde ich mir wohl etwas brechen, aber ich würde es überleben. Wenn ich weitergehen würde, würde ich vielleicht nicht fallen; aber wenn doch, könnte ich mich möglicherweise selbst umbringen.

Ich schaute hinunter und sah diese hübschen Mädchen zu mir aufschauen, ihre Münder offen vor Ehrfurcht. Sie sahen sehr beeindruckt aus. Ich entschied mich weiterzugehen. Die Oberfläche war sehr bröckelig, und ich verlor den Halt. Meine Hände und Füße fingen an, vom Stein wegzurutschen, und ich wurde nervös, als ich meine Hand über den Sims schob. Ich war nicht aufs Klettern vorbereitet und trug nur meine Chucks, nicht wirklich das richtige Schuhwerk dafür. Die Spitzen meiner Schuhe verkeilten sich im hauchdünnen Felsen, und ich klammerte mich nur mit meinen Fingernägeln meiner linken Hand fest.

Der Rand des Kamins war geneigt und brüchig. Er bot mir keinen sicheren Halt. Also griff ich, so weit ich konnte, über den Rand nach Halt suchend. Ich fand einen Stein und rüttelte ein wenig an ihm. Er würde halten. Ich klammerte mich an ihm fest und war bereit hochzuklettern. Aber als ich ihn ergriff, lag er plötzlich lose in meiner Hand.

Der Schwung des wegbrechenden Steines warf mich nach hinten. Meine Hände glitten vom Felsen ab und ich stürzte rückwärts, wobei nur noch meine Füße den Felsen berührten. Als ich fiel, dachte ich, ich sei tot. Doch dann geschah etwas Seltsames: Ich spürte, wie mir jemand mit seiner Hand in die Mitte meines Rückens drückte. Diese Hand drückte mich zurück zum Felsen, und bevor ich wusste, was geschehen war, lag ich mit dem Gesicht nach unten auf dem Boden und küsste ihn. Alle, die das gesehen hatten, sagten mir, es war eins der seltsamsten Dinge, die sie je gesehen hätten.

Das geschah ungefähr ein Jahr, bevor ich errettet wurde. Ich glaube, dass Gott mein Leben an diesem Tag rettete. Vielleicht lag meine Großmutter richtig. Vielleicht beschützt Gott Dumme und Betrunkene. Und ich wusste, dass an diesem Tag seine Gnade mich in meiner Dummheit gerettet hatte.

Ich hatte die Vorschriften abgelehnt und den Prozess der Vorbereitung gering geschätzt. Es kostete mich fast alles. Wir behandeln in der Gemeinde ständig Prozesse mit Verachtung. Manchmal aus Bequemlichkeit, manchmal aus Tradition, manchmal aus Ignoranz, Dummheit oder Stolz. Aber Gott ist gnädig. Er beschützt uns. Ein weiser Mensch lernt jedoch aus solchen Situationen und ehrt das Geschenk des Lebens, indem er sich den Wegen seines Retters unterordnet.

Für die Gemeinde ist es Zeit, sich einem Weg, der Gott mehr ehrt, unterzuordnen – einem sichereren, exzellenteren Weg. Es ist Zeit, die Prozesse Gottes anzunehmen.

MEIN PROZESS

Ich wurde als Kind manchmal gehänselt, also lernte ich es, einzustecken und einen guten Kampf zu kämpfen. Gott gebrauchte das. Ich habe keine Angst, spiritueller „Gewalt" oder geistlichen Kämpfen gegenüberzustehen.

Mein Vater wurde während des Vietnamkrieges eingezogen, und ich wuchs als Soldatenkind auf, das häufig umzog. Gott gebrauchte das. Ich bin geistlich sehr mobil, anpassbar und flexibel. Meine Eltern gaben mir immer eine Bibel, damit ich nachschauen konnte, was ich falsch gemacht hatte. Gott gebrauchte auch das. Ich kannte das Wort, bevor ich den Herrn kannte, darum ist es für mich nicht schwierig, Gottes Wort zu studieren. Ich ging in der Grundschule zum Förderunterricht. Sie lehrten mich, kritisch und logisch zu denken sowie die griechische Mythologie. Gott gebrauchte auch das. In der siebten Klasse war ich in einer Schulband und in einem Chor. Gott gebrauchte auch das. Mit 14, bevor ich überhaupt errettet war, brachte mir ein Jugendpastor der Gemeinde meiner Eltern Gitarrespielen bei. Gott gebrauchte auch das. Meine besten Freunde in der Schule waren ein Drogensüchtiger, ein jüdisches Kind und ein irischer Fußballspieler. Gott gebrauchte auch das. Ich brach mir im Abschlussjahr den Rücken und musste Theater anstatt Wrestling wählen. Gott gebrauchte auch das. Ich schlief auf der Couch vor dem Büro des Dekans zwischen den Unterrichtsstunden. Gott gebrauchte auch das. Meine Eltern schickten mich für ein Semester auf ein christliches College in der

Hoffnung, ich würde errettet werden. Gott gebrauchte auch das. Ich hatte als Hauptfächer Kunst, Marketing, Astronomie, Medizin und schlussendlich Englisch. Gott gebrauchte auch das alles. Ich brachte eine Frau, die ich „liebte", dazu abzutreiben. Gott gebrauchte das (und erlöste mich auch davon). Ich bekam meine Lehrerlaubnis. Ich wurde in eine Gruppe echter Christen eingegliedert. Ich nahm Unterricht, um ordiniert zu werden. Ich arbeitete als Autismus-Therapeut. Ich lehrte psychisch kranke Kinder. Und Gott gebrauchte all diese Dinge. Ich heiratete eine Pastorentochter. Gott gebrauchte auch das sehr. Verstehen Sie das?

Von San Antonio ging es für mich nach Houston, von Houston nach El Paso, von El Paso nach Fort Leonard Wood, von Fort Leonard Wood zurück nach San Antonio, und dann nach Austin, weiter nach Kentucky, dann nach Belton, über Maryland, Pennsylvania, Dallas bis nach Alabama, und von dort nach Fort Worth – mit etlichen Zwischenstationen.

Der Grund, warum ich fähig bin, all diese Dinge zu tun, die ich *heute* tue, ist, weil Gott mit mir durch den Prozess von *gestern* ging. Unser Leben geht weiter. Kein Tag steht nur für sich. Jeder einzelne baut auf dem vorherigen auf – wie eine Treppe; jede Stufe bringt uns näher zu ihm. Gott gebraucht jedes Erlebnis, jede Lektion, jede Beziehung, sogar unsere Traumata und Tragödien, als Schritte im Prozess, um uns zu dem Menschen zu machen, der wir sein sollen. Sie sind Schritte im Prozess, um dieser Bestimmung näherzukommen. Wir sind Reisende, die den Weg nach Hause finden.

Was ist die Reise wert? – Wenn die Reise uns zu dem macht, wer wir wirklich sind, dann ist die Reise unschätzbar viel wert.

Wir haben über die Stiftshütte als eine Reihenfolge der Anbetung in unserem Leben gesprochen. Wir haben über die

Stiftshütte als historische und prophetische Abfolge bis zur Wiederkunft Jesu gesprochen. Wie sieht es mit der Stiftshütte als Modell für unsere Gottesdienste aus?

GOTTESDIENSTORDNUNG

Ich habe bereits früher erwähnt, dass unsere bestehende Gottesdienstordnung (der nicht-liturgischen Gemeinden) so ist, wie sie ist, weil die evangelischen Konfessionen ihre Anbetung mitunter aus Protest gegen die katholischen Missbräuche gestalteten. Liturgie ist nur eine Art von Ordnung. Aber wenn es um Liturgie geht, dann haben viele das Kind mit dem Bad ausgeschüttet. Gott braucht keine Liturgie. Aber in der Liturgie geht es um Prozesse, und Gott ist ein großer Befürworter von Prozessen. Prozesse sind Teil der Schönheit der Stiftshütte. Gott interessiert sich sowohl für unseren Weg als auch für unsere Bestimmung. Anbetung und Beziehung betreffen beides, aber wir sind den Großteil unseres Lebens auf einer Reise – im Prozess.

Liturgie wird nur kläglich, wenn sie zu einem leeren Ritual wird. Wenn Liturgie das Herz und die Symbolik verliert, wird sie zu toter Religion. Tote Religion ist eine Reise in den Tod, weil die Gegenwart Gottes nicht am Ende des Prozesses steht (und auch nicht währenddessen).

Anstatt uns zu helfen, näher zu Gott zu kommen, hält uns leblose Liturgie um Armlängen von ihm entfernt. Sie dient nicht dem ursprünglichen Ziel, uns zu helfen, ihn besser kennenzulernen. Sie verwirrt unser Verständnis von ihm. Aber wie ist es, wenn die Liturgie nicht leblos ist? Was, wenn Liturgie voller Herz, Wahrheit und Symbolik ist? Dann wird sie zum Leben spendenden Teil unseres Anbetungsprozesses.

Es gibt unter den jüngeren Generationen ein wieder auflebendes Interesse an Liturgie. Viele junge Erwachsene entdecken die Wege ihrer Vorväter wieder neu, und es gibt „gemischte" Gottesdienste im ganzen Land, die sowohl dem modernen Geschmack als auch dem Wunsch nach historischer Verbundenheit Rechnung tragen. Jahrzehntelang hatten die Hauptdenominationen die „Wir beten so an, weil wir es so vorgeben"-Einstellung, die nicht gut mit denkfähigen, media-versierten jungen Christen zusammenpasst. Sie wollten wissen, warum wir das tun, was wir tun. Und sie wollten einen Beweis, dass es ein größeres Ziel dahinter gibt, als eine Leiterschaft, die sagt: „Weil ich es so sage". Hier kommt die Stiftshütte wieder ins Spiel. Die Stiftshütte Moses ist die ursprüngliche Liturgie für Anbetung. Sie ist die älteste, originellste und am besten dokumentierte Form von Anbetung in der jüdisch-christlichen Welt. Sie dient nicht nur dazu, uns mit der Anbetung der alten Patriarchen zu verbinden, sondern sie verbindet uns auch mit der Anbetung von Jesus selbst. Wie cool ist das? UND sie verbindet uns mit unserer zukünftigen, ewigen Anbetung im Himmel. Mit anderen Worten: Moses Stiftshütte bringt uns in Übereinstimmung mit der Anbetung der Zeitalter. Sie verbindet uns mit unserer gesamten Vergangenheit der Gemeinde, mit unserer Zukunft und gleicht uns an die ewige Anbetung des Himmels an. Sie kann sich auch ihrer Originalität rühmen.

Wenn ich der Hauptpastor einer Gemeinde wäre (was ich nicht vorhabe, einmal zu werden), würde ich das in Betracht ziehen, um meine Gottesdienste zu strukturieren. Gemäß des Modells der Stiftshütte Moses sollte eine biblische Gottesdienstordnung eine Art liturgischen Prozess beinhalten. Als Leiter in unseren Gemeinden müssen wir Gott fragen: „Wie sollen wir dir diese Woche dienen? Wohin soll uns der Prozess in diesem Gottesdienst führen? Wie helfe ich deinem

Volk, dir zu dienen? Wie kann ich ihnen helfen, an einen Ort zu kommen, an dem du ihnen dienst?"

Fragen Sie Gott solche Fragen, oder machen Sie einfach das, was sie schon immer getan haben? Wenn Sie eine leitende Person in irgendeiner Form sind – in der Gemeinde, zu Hause, in einer Kleingruppe –, wie bauen Sie die Stiftshütte mit ein?

Wie helfen Sie Menschen, durch das Tor zu kommen, Gott Dank und Lob darzubringen und dabei diesen triumphalen Einzug wertzuschätzen? Wie erinnern Sie sie daran, dass Jesus sein Leben für uns opferte? Wie leiten Sie sie an, ihre eigenen Opfer Gott unterzuordnen – Opfer der Heiligkeit und des Gehorsams ebenso wie materielle Opfer? Wie leiten Sie sie durch das Wasserbad im Wort?

Dieser Prozess sollte nicht steif sein. Er muss nicht jede Woche gleich aussehen. Und er muss auch sicher nicht genauso aussehen wie in meiner Gemeinde. Es gibt unzählige Wege, um jedem Aspekt der Anbetung gerecht zu werden. Meistens ist das eherne Becken die Predigt. Manchmal dienen Sie mit dem ehernen Becken während einer Anbetungszeit, indem Sie eine Bibelstelle vorlesen, manchmal durch ein Zeugnis, das uns hilft, uns selbst mit den Augen Gottes zu sehen. Manchmal kann der Dienst des ehernen Beckens durch ein Lied erreicht werden, manchmal durch eine Serie von Proklamationen der Gemeinde aus der Bibel. Die lebensnotwendige Frage lautet: Wie machen Sie es DIESES Mal?

Wie möchte Gott durch Sie andere in die Gemeinschaft mit ihm bringen? Wie führen Sie das Volk Gottes in ein Leben der tieferen Intimität mit ihm durch Jesus Christus? Es ist mehr als nur ein Mahl. Wie kommen wir also heute zu einem persönlichen Gespräch mit Gott?

Wie erlauben Sie Gott, in der Gemeinde mit der Erleuchtung und Kraft seines Geistes zu wirken? Werden Sie den Gaben des

Geistes genug Raum geben? Wie werden sie ausgedrückt und in einer geordneten Abfolge ausgeübt? Kann der Heilige Geist in der Gemeinde wirken oder nur auf der Bühne? Wie werden Sie die Frucht des Geistes prüfen und fördern? Wie wird die Gemeinde Zugang zu seiner Kraft für ihr Leben und ihre Nöte erhalten? Das geschieht, wenn Gott *durch* den Leib *dem* Leib dient.

Wie werden Sie die Menschen in leidenschaftliche Fürbitte führen? Ist Gebet der Hauptgang der Anbetung oder nur die Petersilie am Rand des Tellers? Wie können Sie Teil der Füllung des Allerheiligsten mit der Rauchwolke sein, die einen Ort für die Herrlichkeit Gottes vorbereitet? Und wie kann, unter Ihrer Leiterschaft, der Gemeindesaal ein Thronsaal werden? Kann Ihr Wohnzimmer zu einem Thronsaal werden? Kann es Ihr Büro? Kann Ihre vereinte, demütige, Blut-bedeckte Anbetung einen Ehrenplatz für den König aller Schöpfung schaffen, um seine schwere Herrlichkeit zu tragen? Werden Sie Teil der Generation sein, die ihm den Weg für seine Wiederkunft vorbereitet? Das sind die Fragen, die in den kommenden Jahren die toten Gemeinden von den lebenden trennen werden.

Ich nehme meine Verantwortung als Priester ernst. Das Leben von Menschen hängt davon ab. Warum sollte ich mir so viel Zeit nehmen, um einen 20-minütigen Lobpreis vorzubereiten und dafür zu beten? Warum sollte ich so viel Zeit im Gebet und im Zuhören verbringen, nur um die richtige Bibelstelle lesen oder das richtige Zeugnis mitteilen zu können? Warum so leidenschaftlich sein? Warum so tief eintauchen? Warum so viel Energie in Lobpreisleitung investieren? Warum? – Weil ich einen Auftrag habe. Gott hat mich dahin geführt, wo ich bin und das tue, was ich tue, um ein Volk und einen Ort auf seine Gegenwart vorzubereiten. Sie haben auch einen Auftrag. Sie sind ein Priester Gottes – die höchste Autoritätsstellung und Position mit Einfluss, die ein Mensch erreichen kann.

Sie haben einen lebendigen Gott, und es gibt eine Welt, die eher am Sterben ist (bildlich gesprochen), als ihm zu begegnen. Es gibt so viele verlorene, verletzte oder verfluchte Menschen, und es gibt nur einen Gott, der ihre Wunden heilen kann. Was werden Sie mit diesem großen Auftrag machen, der Ihnen gegeben wurde? Ihnen wurden die Protokolle des Thronsaals Gottes anvertraut. Was machen Sie mit Ihrer Offenbarung? Sie haben Zugang und Gunst des Königs der Könige. Was werden Sie damit tun? Sie wissen, wie man die Waisen in eine Familie aufnimmt. Werden Sie es tun?

Sie können einen Ort der Begegnung für die Menschen auf der Erde bauen, um Zugang zum Gott des Himmels zu bekommen. Was werden Sie tun? Wenn Sie das Wissen hätten, um ein Leben zu retten, was würden Sie damit tun? Wenn Sie das Geheimnis kennen würden, das die Welt retten kann, was würden Sie tun? Ich habe eine frohe Botschaft für Sie, Priesterkollege: Sie haben das Wissen. Der König kommt bald zurück. Also verändern Sie die Welt. Lehren Sie sie, wie sie zu ihrem König kommen kann.

Lehren Sie die Welt, wie man den König anbetet.

Weitere Bücher aus dem Glaubenszentrum:

David Ravenhill

DIE SALBUNG GOTTES ERHALTEN

Paperback, 232 Seiten, Best.-Nr.: 111 024 00

Die Salbung Gottes erhalten ist ein gehaltvolles Lehrwerk für Gemeindeleiter und Mitarbeiter, die nicht nur ihren eigenen Kämpfen gegenüberstehen, sondern auch die Früchte des Abfalls moralischer Verfehlungen bekannter Gemeindeleiter ernten.

David Ravenhill beleuchtet die sehr realen Themen des Wie und Warum heutige Pastoren und Gemeindeleiter dem Feind erliegen. Er bietet praktische Wege zum Erhalten der Berufung und der Salbung an. Offen diskutiert er die Fettnäpfe des Berufenseins und vergleicht die heutigen Belastungen und Probleme mit denen, denen sich die biblischen Leiter und Mitarbeiter gegenübersahen.

Dieses Buch behandelt auf ehrliche Art und Weise eine große Auswahl an wichtigen Themen wie Intimität, Beharrlichkeit, Demut, Unterschiedlichkeit, Einheit, Autorität, Empathie, Anbetung, Familie, Integrität und Ewigkeit.

Horst Krüger

ENGEL, PROPHETEN UND DAS GUTE AUGE

Paperback, 240 Seiten, Best.-Nr.: 111 023 00

Dieses Buch ist eine Einstiegshilfe in die wunderbare Sprache von Gottes Volk und die tiefen Bedeutungen ihrer Worte und Ausdrücke. Es bietet einen Zugang zur Sprache der Juden, insbesondere für solche ohne Hebräisch-Kenntnisse. Dadurch bekommt man ein ganz neues Verständnis für viele Bibelstellen – nicht nur des Alten Testaments.

Wilkin van de Kamp

DIE SIEBEN WUNDER DES KREUZES

Paperback, 318 Seiten, Best.-Nr.: 111 027 00

Nie zuvor wurde ein Buch verfasst, in dem die letzten achtzehn Stunden vor Jesu Tod so intensiv beschrieben wurden. Sie werden auf eine eindrückliche Reise zu den sieben Ereignissen mitgenommen, in denen das Blut Jesu floss, wodurch die sieben Wunder des Kreuzes auch in Ihrem Leben wirksam werden können.

Die sieben Ereignisse, bei denen Jesus blutete, sind nicht zufällig geschehen. Jedes Ereignis war für sich eine prophetische Handlung, die Jahrhunderte zuvor vorhergesagt wurde. Wenn wir daran glauben, dass Jesus sein Blut für uns auf vollkommene Art und Weise vergoss, dann wird das Blut des Sohnes Gottes unser Leben beeinflussen und Wunder über Wunder hervorbringen.

Wilkin van de Kamp

WER DU BIST IN CHRISTUS

Gebunden, 96 Seiten, Best.-Nr.: 111 030 00

In einer sehr klaren und ansprechenden Art und Weise erklärt Wilkin van de Kamp, wer du „in Christus" bist. Es geht insbesondere darum, dass du dir bewusst bist, wie Gott dich sieht, da du „in Christus" bist. „In Christus" formst du eine unzertrennliche Einheit mit Jesus und wirst in Gottes Augen besonders wertvoll. Jesus und du, ihr seid so miteinander verbunden, dass Gott erst einmal Jesus in dir sieht und dann erst dich! Deshalb kann er seine Augen nicht von dir lassen.

Wenn du entdeckt hast, dass Gott dich durch Jesus anschaut, wirst du deine Mitmenschen auch mit den Augen Jesu betrachten. Hör damit auf, deine alte Identität aufzupolieren, und genieße deine funkelnagelneue Identität in Christus! Du wirst ein toller Mensch werden.

Buchreihe „Schöpfung und Wissenschaft"

Dennis Gordon Lindsay

Der Evolutionsgedanke prägt unsere heutige Gesellschaft, insbesondere die junge Generation, da dieses Thema in der Schule offiziell im Lehrplan enthalten ist, und schließt die Existenz Gottes aus – so sagt es doch die „Wissenschaft". Die Evolutionstheorie ist jedoch nur eine Theorie und kann widerlegt werden.

In diesen drei Bänden wird die Evolutionstheorie durch viele Beispiele in etlichen Punkten widerlegt. Dennis Lindsay versteht es, die einzelnen Beweise für Laien verständlich zu erklären. Diese Bücher helfen, sich ein klares Bild von der Schöpfung und dem heutigen „Mainstream" des Evolutionsdenkens zu verschaffen.

DIE ENTSTEHUNG DER WELT – BAND 1
Evolution oder Schöpfung?

Paperback, 304 Seiten, Best.-Nr.: 114 020 00

BIBEL UND WISSENSCHAFT – BAND 2
Stimmen sie überein?

Paperback, 292 Seiten, Best.-Nr.: 114 022 00

DAS ALTER DER ERDE – BAND 3
Wie jung ist sie wirklich?

Paperback, 240 Seiten, Best.-Nr.: 111 021 00

Alle 3 Bände im Set, Best.-Nr.: 111 103 00

Glaubenszentrum e.V. – Mediendienst
Dr.-Heinrich-Jasper-Str. 20 • 37581 Bad Gandersheim
Tel.: (0 53 82) 9 30-2 22 • Fax: (0 53 82) 9 30-1 00
E-Mail: mediendienst@glaubenszentrum.de
shop.glaubenszentrum.de